教育强国理论丛书

本书系中国教育科学研究院中央级公益性科研院所基本科研业务费专项资助青年专项项目"数字化时代普通高中学生自主学习模式建构研究"（项目批准号：GYD2023005）的阶段性研究成果。

谁的素质教育

王利利　著

——高中生自主学习的幕后

知识产权出版社
全国百佳图书出版单位
——北京——

图书在版编目（CIP）数据

谁的素质教育？：高中生自主学习的幕后/王利利著.—北京：知识产权出版社，2025.3
ISBN 978-7-5130-9339-2

Ⅰ.①谁… Ⅱ.①王… Ⅲ.①高中生—素质教育—研究 Ⅳ.①G631

中国国家版本馆CIP数据核字（2024）第071188号

内容提要

本书以北京一所全日制普通高中为研究对象，通过质性方法研究了该校实施素质教育、促进学生个性化成长的指导思想和实践效果，全面揭示了学生、家庭和学校在推行走班制、书院制和选课制等改革实践过程中的心理、行为和价值观等方面发生的变化。本书的研究结论既充实了进步主义、结构主义等教育理论，又体现了鲜明的中国教育实践特色；结论中的一些概念，如小径分叉的花园、自我筛选、自我成长等，特别适合描述国内教育实践的变革，具有一定的指导意义。

责任编辑：郑涵语　　　　　　　责任印制：孙婷婷

谁的素质教育？——高中生自主学习的幕后
SHUI DE SUZHI JIAOYU? ——GAOZHONGSHENG ZIZHU XUEXI DE MUHOU

王利利　著

出版发行：知识产权出版社 有限责任公司	网　址：http://www.ipph.cn
电　话：010-82004826	http://www.laichushu.com
社　址：北京市海淀区气象路50号院	邮　编：100081
责编电话：010-82000860转8569	责编邮箱：laichushu@cnipr.com
发行电话：010-82000860转8101	发行传真：010-82000893
印　刷：北京中献拓方科技发展有限公司	经　销：新华书店、各大网上书店及相关专业书店
开　本：720mm×1000mm　1/16	印　张：16.5
版　次：2025年3月第1版	印　次：2025年3月第1次印刷
字　数：242千字	定　价：68.00元
ISBN 978-7-5130-9339-2	

出版权专有　侵权必究
如有印装质量问题，本社负责调换。

前　言

六年前选择博士论文题目时，笔者感兴趣的话题是精英中学高中生那种高度紧张而又淡定自如的学习状态。在所接触的学校，学生的高中生活与笔者所经历的大不相同，没有固定班级、没有班主任、没有固定教师、也没有固定教室；但是有宽敞明亮的书院活动室、有丰富多彩的课外活动、有多种多样的选修课和俱乐部、有宽松自由的学习氛围……这一切笔者既感到有些陌生，又极具吸引力。深究背后的原因，从社会环境和教育系统内部发生的变化来看，笔者将学校呈现这种现象的主要原因归结为——选择，学生可以拥有多种选择。这也符合素质教育的初衷，既指向个体人的全面发展，又兼顾每个人的个性化发展。

那么，"选择"是如何形成的？如何实现自主学习？追问学生多元选择与自主学习的制度支撑，便自然而然追溯到素质教育的推行和第八次课程改革（以下简称"新课程改革"）的兴起。尤其是笔者的受访者（学生）恰好都出生于2000年后，国际上有一个专门的术语称他们为"千禧一代"；对整个研究来说，更适合叫他们"选择的一代"，他们是伴随新课程改革成长起来的一代。

自2001年国家实行新课程改革以来，基础教育中勃兴了一股区别于传统"严苛式教育"的"博放教育"思潮和实践；学校教育中越来越凸显学生自由，让学生能够拥有多种"选择"。一方面，为了使学习更加个性化，学校创设多元选择的制度环境，让学生在不同的成长轨道和多样化资源中进行自主学习；另一方面，让学生通过自主选择组成生活社区，开展学生自治，构建一种民主共同体的共同生活的理想模式。需要探究的是，在多元选择的制度环境之下，学生个性化学习与共同生活的背后机理。多元选择的制度设计如何？学生个性化和自主学习的机制是什么？谁能主动

选择而谁又被选择？为什么出现分化？他们之间如何共同生活？学校教育将如何发挥引导作用？

为了深入探究高中生在多元选择育人环境下个性化学习与共同生活的背后机理，在导师刘云杉老师亲自带领和林小英老师指导支持下，笔者以F中"多元自主"育人模式为案例，采用质性研究方法，深入学校做田野调查。通过问卷搜集和调查获取群体的基本样貌之后，又通过对学生、家长以及各科教师和学校管理者开展"一对一"深入访谈，了解学生的真实生活和学习细节，探索在多元选择的学校制度环境下，学生的各种"选择"是如何形成的，以及不同类型学生选择背后的家庭教养方式如何。更进一步，通过对布尔迪厄的惯习理论、杜威的经验与教育理论以及民主与教育理论等概念，分析不同类型学生选择的背后机制，揭示家庭教养方式与学生在学校各种选择之间的关系及个性化学习和自主学习背后学生共同生活的真实困境。

最终的研究成果可以简单归结为以下几点。

第一，多元选择的制度设计让学校看起来像是一个"小径分叉的花园"。注重个性化学习和自主学习意味着提供给学生真正可供选择的空间和余地，意味着宽松和包容的氛围，意味着丰富的资源和平台，也意味着相关的制度支撑。基于此，学校为目标不同的学生提供各自学习和成长的轨道；而且，不同类型的学生各自聚集，使整个学校像是一个由不同道路隔开的花园。

第二，学生个性化和自主学习的类型分化。不同类型的学生由于目标和方向以及所获得的条件支持不同呈现出不同样态的学习状态和精神面貌。学校自由宽松和开放的教育为学生提供了个性化的课程、丰富多样的活动，以及共同生活的空间，希望每个人都能选择自己擅长和适合的，人人获得优秀和成功，实现个性化学习和自主学习。然而事实可能并不完全如人所愿：有人游刃有余，有人不知所措，有人漫不经心，有人小心翼翼，有人光彩照人，有人黯然失色。学生用自己的真实成长经历展现了"适者生存"的逻辑法则；而且，强者表现得越强，弱者表现得越弱。

第三，家庭成为学生在学校进行各种选择的基本支持和动力。在社会发展和学校教育改革的背景下，家校关系发生了逆转，这也成为越来越被人们广泛注意到的事实。问题的重点不在于只看到变化，而在于知晓变化的内容，探索变化的机制。一是家长在参与学校和家庭教养方式上的确存在明显的"阶层差异"，如研究反映出来的，低收入阶层的家庭参与显得更为被动，而中产阶层的家庭参与较为主动而且更加有"力量"。二是优势阶层内部对于培养子女以及家庭参与和家校关系方面也存在着较大的差异。

第四，学生共同生活的形式化与群体间的区隔。作为学生共同生活社区的"书院"将不同年级、不同类型的学生聚集在一起共同生活，培养学生关注公共事务的热忱与能力。由于目标、兴趣等各种主客观原因，不同类型学生之间的共同生活显现出"形式化"特点，脱离"集体"限制之后的学生个人和小团体呈现出"疏离""圈层化""分裂""区隔"的特点，学生共同生活面临着一些独特的困难。值得一提的是，不同类型学生的区隔实际上是社会不同群体的区隔在学校场域中的再现。

总之，由于学校和教师作用被限制所导致的引导和约束力量弱化，加之家庭资本的介入（或不介入），使得学生自由选择和自主学习实际上在很大程度上是家庭整体的选择；有人能主动选择，有人却被选择。事实上，学校教育通过多元选择的制度设计让学生通过"自己选择"完成了一种"自我筛选"和"自我成长"。而且，自由宽松和开放包容的学校环境实际上更适合优势阶层家庭的学生，优势阶层的选择性契合与处境不利群体面临的隐性排斥由此也成为共同生活的天然屏障。

目 录

第一章 绪 论 ··· 1
　一、问题提出 ··· 1
　二、文献述评 ··· 9
　三、理论视角 ·· 21
　四、创新之处 ·· 33
　五、研究方法 ·· 35
　六、本书结构 ·· 42

第二章 "魔法"背后：多元选择的制度逻辑 ····················· 44
　一、"多元自主"：以学生成长为中心 ························· 44
　二、自由选课与学分制 ······································ 48
　三、书院制：走班制之后 ···································· 58
　四、活动及其育人价值 ······································ 78
　五、小结：自由宽松与自我成长 ······························ 91

第三章 选课的技艺：学习的开始 ······························ 93
　一、个性化的课程表 ·· 94
　二、选课之后 ··· 104
　三、选课的"门道" ·· 115
　四、小结：自由选择还是被选择 ····························· 126

第四章 多样化活动：另一种学习 ····························· 130
　一、破旧与立新 ··· 130
　二、"我的地盘我做主" ···································· 133
　三、作为另一种学习的活动 ································· 152

四、小结：多样化活动中的个性差异 ················156

第五章　选择书院：参与共同生活 ····················158
　　一、选择书院：择其"适"者而从之 ················158
　　二、"个人"在书院中生活 ······················163
　　三、共同生活的困难 ··························173
　　四、小结：共同生活的形式化 ····················177

第六章　自我与他人：在关系中成长 ··················179
　　一、教师与学生 ····························180
　　二、同学与朋友 ····························188
　　三、小结：关系的"逆转"与"区隔" ················196

第七章　不可选择：家庭及教养方式 ··················199
　　一、家庭：教养方式与习惯 ······················200
　　二、自我与心灵：成长的痛点 ····················217
　　三、小结：主动选择与被选择 ····················231

第八章　讨论与结论 ····························232
　　一、学校：小径分叉的花园 ······················233
　　二、学生：自主学习的分化 ······················236
　　三、家庭：学生选择的依据 ······················241
　　四、共同生活：群体间的区隔 ····················243
　　五、总结：何为"多元选择" ·····················244
　　六、讨论：自由的限度 ························246
　　七、结语：平衡的技艺 ························248

参考文献 ····································249
后　记 ·····································255

第一章 绪 论

一、问题提出

(一) 研究背景

1. 素质教育与新课程改革

自1977年恢复高考以来,教育改革成了基础教育的主题。其发展经历了四个阶段:1978年至1985年是基础教育的恢复阶段;1985年至1993年是教育体制改革和创新阶段;1993年至2000年是教育实行跨越式发展的时期;21世纪以来是深化改革、提高质量的转型期。❶其中,对"应试教育"和学生学习负担问题的批评早在20世纪80年代中期基础教育恢复时期就开始了。由于片面追求升学率,学校成了"应试教育"的场所,以分数高低论优劣,以考试成绩论奖惩,以升学率高低论成败,教育功能受到窄化,育人功能受到影响。针对这些问题,国家试图从政策角度进行引导。1983年,《关于全日制普通中学全面贯彻党的教育方针、纠正片面追求升学率倾向的十项规定(试行草案)》要求减轻学生过重的学习负担,不要为了应付升学考试随意砍掉或挤占某些课程,不要按照高考考什么就只设什么课程。❷不破不立,不立不破。随着对"应试教育"及学生学业负担问题的反思越来越多,"素质教育"呼之欲出。自1985年5月《中共中央关于教育体

---

❶ 顾明远.解放思想 深化改革 进一步推进基础教育的发展[J].生活教育,2009(Z1):6-7.
❷ 殷玉新,郝健健.新中国成立70年来我国学业负担政策的演进历程与未来展望[J].首都师范大学学报(社会科学版),2019(6):172-179.

制改革的决定》提出"提高素质"和"国民素质与教育"之后,"素质教育"经由概念转变为教育政策,成为基础教育改革的行动指南。❶1999年,中共中央、国务院《关于深化教育改革全面推进素质教育的决定》提出:"调整改革课程体系、结构、内容,建立新的基础教育课程体系。"

2001年,教育部出台《基础教育课程改革纲要(试行)》,标志着我国正式启动新一轮基础教育课程改革,这也是自1949年至2024年的第八次课程改革。新课程改革按照国务院"深化教育教学改革,扎实推进素质教育"的工作部署,研究制定义务教育课程方案和课程标准,并于2001年9月在全国38个国家级实验区开展义务教育课程实验。至此,以"课程改革"撬动学校"育人方式"等各方面的整体变革,成为基础教育改革的核心内容,也是全面实施和推进素质教育、减轻学生过重学业负担的关键环节。为把课程教学改革引向深入,2019年,中共中央、国务院发布《关于深化教育教学改革全面提高义务教育质量的意见》,国务院办公厅印发《关于新时代推进普通高中育人方式改革的指导意见》,对深化课程教学改革、构建高质量教育体系作出了新部署,提出了新要求。2023年,教育部办公厅印发《基础教育课程教学改革深化行动方案》,秉承了第八次课程改革的根本指导思想和行动策略,是新课程改革的发展和深化;所要解决的问题依然是"片面应试教育倾向"❷,背后仍然是如何破解减轻学生负担和培养学生综合素质的难题。

以"减负"和提高学生"综合素质"为宗旨的新课程改革,倡导学生主动学习、乐于探究、勤于动手,开展综合课程和综合实践活动;改革的

---

❶ 1985年5月,《中共中央关于教育体制改革的决定》提出"提高素质"和"国民素质与教育"后,"素质教育"概念初见端倪;1997年10月国家教育委员会印发的《关于当前积极推进中小学实施素质教育的若干意见》中,"素质教育"第一次作为核心词出现在国家教委文件中,成为政策话语。1999年6月,全国教育工作会议后印发的《中共中央 国务院关于深化教育改革全面推进素质教育的决定》意味着"素质教育"成为国家层面自上而下强力推进的基础教育改革行动指南。

❷ 教育部.教育部办公厅关于印发《基础教育课程教学改革深化行动方案》的通知[EB/OL].(2023-05-26)[2023-06-21]. http://www.moe.gov.cn/srcsite/A26/jcj_kcjcgh/202306/t20230601_1062380.html.

目标是全面推进素质教育，强调学生的主动性和积极性、学科的选择性、内容的多样性、评价的多方面性（多元化）等。❶一批有声望的课程教学专家不断为新课程改革发声，钟启泉等学者认为课程改革应以课程结构为突破口，要重建新的课程结构，尤其强调课程结构的综合性（克服学科门类过多和相互独立的倾向）、选择性（适应地方、学校、学生发展的多样化需求）和均衡性（促进学生全面、和谐地发展）。❷新课程改革的这些观念被概括为"自主、合作、探究"。❸在这一理念的引导下，全国范围内兴起了轰轰烈烈的基础教育改革浪潮，各地涌现出一批新课程改革的典型学校，如湖北黄冈中学、上海建平中学、重庆沙坪坝区实验中学、江苏启东中学等。高等学校中的研究者也积极参与基础教育课程改革，例如，华东师范大学叶澜教授主导的面向21世纪的新基础教育"关注学生发展的潜力和多样性的统一，关注潜能的开发"，重视"学生发展的潜在性、主动性和差异性"❹；北京师范大学裴娣娜教授团队提出的"主体教育理论"❺，希望通过对"人的主体性"建构和"学校作为办学主体的主体性建构"，实现"每个人的全面、自由、充分地发展"，以及"学校教育的现代化发展"这两个基本目标。改革或者基于理念，或者回应现实。而素质教育的兴起和新课程改革既回应了现实社会和教育中存在的问题，以及人们的需要，又被作为一种先进的理念指导教育教学实践。

2.教育均衡化改革策略

效率与公平是对立统一的关系。改革开放之后效率与公平的关系大

---

❶ 教育部.基础教育课程改革纲要（试行）[EB/OL].（2001-06-08）[2023-04-03]. http://old.moe.gov.cn/publicfiles/business/htmlfiles/moe/moe_309/200412/4672.html.

❷ 钟启泉，崔允漷，张华，等.[J].全球教育展望，2001（2）：3-8.

❸ 2011年，人民网发表题为《十年课改：超越成败与否的简单评价》的报道中指出：74%的教师认同"合作、自主、探究"新课程改革的理念，说明"自主、合作、探究"被认为是新课程改革的核心理念。参见：http://edu.people.com.cn/GB/15911286.html.

❹ 叶澜."面向21世纪新基础教育"探索性研究理论纲要[J].上海教育科研，2001（2）：2-4.

❺ 裴娣娜.主体教育理论研究的范畴及基本问题[J].教育研究，2004（6）：13-15.

致经历了三个阶段。❶第一阶段是改革开放初期，二者的关系表现为"兼顾效率与公平"，而关于"效率优先、兼顾公平"的说法在20世纪80年代后期就被提了出来。20世纪90年代尤其是21世纪后，社会贫富差距日益突出，如何在经济发展的基础上解决好公平分配的问题越来越引起社会各界的普遍关注。于是在这种背景之下出现了"效率优先、兼顾公平"，要更加注重社会公平的观点。党的十八大以来，我们追求的是"更有效率、更加公平"❷的发展。其实，随着社会经济发展中效率与公平关系的演变，自改革开放到20世纪90年代，教育公平的问题开始日益凸显并日渐被人们关注。教育公平在第一阶段的目标主要是数量和规模的扩大，以增加供给为主要特征的教育增长；第二阶段追求在保持教育增长的同时，更加重视教育资源与机会分配机制的合理性。❸2000年全国基本普及九年义务教育缓解了入学机会均等的问题，此后，对于优质资源和教育获得的期待成了人们共同的追求，教育资源供应不足使优质教育资源稀缺，"择校"问题愈演愈烈，教育发展进入矛盾冲突期，教育公平进入第二个阶段。一方面人们讲求教育机会平等，要求同样的资格；同时，为避免"差异"话语引起冲突，教育过程中多以"多元选择"代之。另一方面又讲求结果平等。因此，除了通过"供给侧"改革拓展优质资源的布局之外，改革策略还包括使课程和考试评价"降低难度，弱化中考的选拔功能，助推学生自信心的树立和学校间生源均衡"。❹由此可见，教育公平既要满足"均衡"的需求，又要实现"优质"——稀缺资源的高位均衡。

人民对教育的期待既是"有学上"又是"上好学"，解决"有学上"的问题之后，难点就在于"上好学"。然而什么是"好"？政府和学校能

---

❶ 黄有璋.改革开放以来效率与公平关系演变的历史考察及启示[J].广西社会科学，2017（10）：171-175.

❷ 决胜全面建成小康社会　夺取新时代中国特色社会主义伟大胜利——习近平同志代表第十八届中央委员会向大会作的报告摘登[N].人民日报，2017-10-19.

❸ 谢维和.中国教育改革发展新阶段及其主要特征[N].中国教育报，2014-05-16（06）.

❹ 北京市教育委员会.基础教育综合改革的"北京理念"[J].人民教育，2016（16）：12-16.

提供什么样的"好"？有学者讲道："人民满意的教育既在于均等化的基本公共教育服务，更是受教育机会、公共教育资源配置机制、教育制度规则的公平状况都有显著提高的教育。"❶人民群众对"均衡"和"优质"的双重追求，不断催生着新的教育改革措施出台。值得一提的是，近年来北京市开展的优质资源"名额分配"招生政策备受关注。"名额分配"招生包括优质高中的校额到校、名额分配和市级统筹三种招生方式，如表1.1所示。

表1.1 名额分配志愿填报顺序

第一志愿	第二志愿	第三志愿
校额到校	名额分配	市级统筹

校额到校。"校额到校"是指针对上一年中招升入优质高中比例低于30%的一般公办初中，将采用定向分配到校的方式补足名额到30%，以此鼓励更多的学生选择在家门口的一般公办初中就近入学。（注意：校额到校定向到某一所学校招生，一般都是面向本区的具体中学招生，部分会面向外区的某一所学校招生）

名额分配。所谓"名额分配"，指的是优质高中拿出招生计划的一部分，分配给本区初中的招生方式。其中初中学校分为"优质高中所属初中"和"其他初中"两种不同的学校类型，各自占有一定比例的优质高中名额分配数。（注意：名额分配一般是针对本区的中学招生的，每个招生学校拿出一定的名额在本区招生，不规定具体的学校）

市级统筹。市级统筹是为了加强对优质高中教育资源的统筹力度，充分发挥部属高校附中作用，进一步扩大本市普通高中优质教育资源，引导全市义务教育均衡发展建立的市级优质高中教育资源统筹工作机制。（注意：市级统筹招生学校拿出招生名额向外区的学校招生，是跨区报考的一个重要途径）

---

❶ 袁贵仁.努力办好人民满意的教育[J].中国高等教育，2012（24）：4-7.

总的来说，通过这几种途径，优质教育资源可以实现再分配。也正是通过这几种途径，处境不利的孩子才能够跨越学校和区县获得优质的教育资源。然而我们研究关注的问题是，这些背景相差悬殊的孩子进入相同的学校后，他们各自会获得什么样的成长？他们之间如何共同生活？

3.功利主义的社会思潮

学校教育改革面临的问题不仅有来自教育内部的理论争论和实践落地的问题，而且更在于它常常被复杂的社会情境裹挟。

功利主义价值观根深蒂固的影响使教育改革屡遭劲敌。自改革开放以来，国家坚持"以经济建设为中心"的基本路线，经济建设在总体布局中处于基础地位，有研究曾指出，当前我国经济发展模式正在转型，教育需正视和纠正现阶段自身功能和定位的偏离问题：一是对教育作用的理解过于功利主义。现代教育仿佛不再为了人的情怀和自我实现，反而成了升学、就业和获得更高收入的手段。二是功利主义背景下，对个性培养的缺失。受教育者的兴趣被家长和教师扼杀，为其指定他们认为最有利的，甚至不惜强迫孩子放弃自己的选择，这种划一式的教育与越来越丰富多彩的社会是不相适应的，因此未来教育应是一种可选择的教育，尊重学生的个性化选择。三是创新教育的缺失。与标准化教育和功利主义强调的适用和获得现实的"好处"不同，未来社会是让自主性、主动性、创造性和批判性思维得到更好发展，创造型人才脱颖而出的社会，因此创新教育应被摆在更重要和更显著的位置。❶由此可见，功利主义虽然是教育的外部影响因素，但是它早已被植入教育内部，成为影响教育教学、学生培养和教育评价的不可忽视的因素。

如今，社会上流行一个词"内卷化"，它指的是存在于某一团体中非

❶ 童世骏，徐辉，陈锋，等.聚焦2035中国教育现代化（笔谈）[J].中国高教研究，2018（2）：18-21.

理性的内部竞争的行动和风气。班级与班级之间、年级与年级之间、学校与学校之间弥漫着竞争性个人主义的气氛。高度竞争的环境中,"比流行性感冒更严重的是流行性育儿焦虑"❶,育儿焦虑问题日益凸显。2019年1月《半月谈》中的《中年老母:一个"新物种"的诞生》一文引起了人们极大关注。复旦大学家庭发展研究中心主任沈奕斐副教授表示,一个"老"字,折射出其力不从心的困扰,也表达了广大中青年女性面对飞速发展的时代、日新月异的变化、更高标准的育儿需求,一种不知如何做得更好的焦虑。❷人们显现出对教育普遍焦虑情绪的主要原因是功利主义价值观和竞争性个人主义风气在作祟。孩子在别人看来已经非常优秀了,父母仍然不满意,还要继续和更优秀的人比较。2018年上海市妇联公布的相关调查报告显示❸,近九成女性期望孩子至少拥有本科学历,超过1/5的家长希望孩子能读研究生。2019年,中国青年报社社会调查中心的一项数据显示❹,68.8%的受访家长表示对孩子有很高期待,57.7%的受访家长坦言会羡慕别人家孩子优秀。调查分析结果发现❺,父母学历在大学专科及以上的比例并不多,但期望自家孩子读到大学专科以上的比例却占到87%。进一步比较发现,父母不只是想让孩子"有书读",还希望"孩子读得比自己好",父母对孩子的学历期望"和自己相同"或"超过自己"的高达98.6%。此间隐含了父母对通过教育改变孩子命运或者维持社会地位的期待,以及让孩子通过教育获得"成功"的教育焦虑。中低阶层或者

---

❶ 王小艾.比流行性感冒更严重的是流行性育儿焦虑[J].婚姻与家庭(家庭教育版),2020(10):40-41.

❷ 半月谈.中年老母:一个"新物种"的诞生[EB/OL].(2019-01-12)[2023-03-02]. https://baijiahao.baidu.com/s?id=1622429478043280331&wfr=spider&for=pc.

❸ 中国日报网.2018年上海女性的生活与思想状况调查报告发布[EB/OL].(2018-09-04)[2023-04-03]. https://sh.chinadaily.com.cn/2018-09/04/content_36865377.htm.

❹ 中国青年报.过半受访家长承认会羡慕"别人家的孩子"[EB/OL].(2019-01-10)[2024-01-03]. http://zqb.cyol.com/html/2019-01/10/nw.D110000zgqnb_20190110_2-08.htm.

❺ 彭拜新闻.调查:近七成受访家长对孩子有高期待,过半家长羡慕别家孩子[EB/OL].(2019-01-10)[2023-03-01]. https://www.thepaper.cn/newsDetail_forward_2834933.

较低学历的人群希望孩子通过教育获得更多的教育和更好的就业机会,获得社会优势地位;中高阶层或较高学历人群希望孩子享受优质教育资源,继续维持社会优势地位,防止地位下滑。不同群体各有诉求,教育改革能否实现"让人民满意"的普遍性目标?

(二)研究问题

无论从理念传播还是从教育实践来看,学校教育改革应提供多样、可选择的制度环境和课程内容,建立多元化的评价体系,鼓励学生自主学习与个性化发展。实际上试图以横向的"分类选择"规避(缓解)以学习成绩为唯一评价标准的纵向"分层竞争",减轻学生负担,培养学生综合素质,促进个人全面发展。本书聚焦于"多元选择"下的学生个性化学习❶与共同生活的状态,试图探究"多元选择"的制度环境下,学生个性化学习与共同生活的背后机理。具体来说,"多元选择"的制度设计如何?学生个性化和自主学习的机制是什么?谁能主动选择而谁又被选择?为什么会出现分化?他们之间如何共同生活?学校教育将如何发挥引导作用?

具体来说,研究问题可以分解为以下几个子问题:

(1)多元选择的制度设计如何?即随着教育改革深入发展学校教育到底发生了什么变化?它是如何形成的?

(2)多元选择之下,学生个性化学习和自主学习的机制是什么?学生选择的动力和依据是什么?学生背后家庭发挥着什么样的作用?

(3)学生之间是如何分化为不同类型的?不同类型学生之间如何共同生活?

---

❶ "个性化学习"在本书中指学生依据自己的目标进行的自主学习或自我成长。为了行文方便,本书有时将个性化学习等同于自主学习,两者可能会同时出现,也会混合使用。

二、文献述评

（一）教育中的自由、个性与约束

纵观近现代教育史，卢梭首先发现了"儿童"，在《爱弥儿·论教育》中他旗帜鲜明地提醒人们正视"童年的地位"：在万物的秩序中，人类有它的地位；在人生的秩序中，童年有它的地位：应当把成人看作成人，把孩子看作孩子。分配给每个人的地位，并且使他固定于那个地位，按照人的天性处理人的欲念，为了人的幸福，我们能做的事情就是这些。❶为了防止"各式各样的东西把孩子围起来"的过度教育及"为了不可靠的将来而牺牲现在"的野蛮教育对学生的伤害，"应该趁早就让他支配他的自由和体力，让他的身体保持自然的习惯，使他经常能自己管自己，只要他想做什么，就应该让他做什么"❷。要保护儿童，让他们调动感官，运用身体的力量，到大自然中接触真实存在的事物，让他们跑，让他们玩，让他们自己跌倒自己爬起来……享受喜笑颜开、心情恬静的童年和生活的乐趣，这是大自然给予的珍贵短暂的时光，也是自然教育的恰当节奏。自然教育的第一原则是自由：只有自己实现自己意志的人，才不需要借用他人之手来实现自己的意志。由此可见，在所有一切的财富中最为可贵的不是权威而是自由。真正自由的人，只想他能够得到的东西，只做他喜欢的事情。这就是我的第一个基本原理。❸卢梭提醒我们，不能用权威和专制去压制儿童，这样只会培养出来"暴君"或"奴隶"。应该给予儿童自由，让他们学会用自己的手、脚、眼睛和心灵去接触事物，同时遵循自然的节奏，按照从"感觉—知觉—理性"的顺序培养儿童，不要在学生还没有经验的时候，脑袋里就堆积一箩筐的知识和概念。

---

❶ 卢梭.爱弥儿·论教育[M].李平沤，译.北京：商务印书馆，2010：74.
❷ 同❶：49.
❸ 同❶：30.

自由并不等于放纵。卢梭提倡给儿童以充分的自由，并不意味着他不重视约束的力量。他深刻认识到文明社会处处存在枷锁：文明人在奴隶状态中生，在奴隶状态中活，在奴隶状态中死；他一生下来就被人捆在襁褓里；他一死就被人钉在棺材里；只要他还保持着人的样子，他就要受到我们的制度的束缚。❶人受到自然需要和社会需要双重束缚，儿童最先能感受和理解的是自然需要的束缚。满足自然需求之外，人们还要处理个人能力（体力）与欲望和需要之间的关系，"你天生的体力有多大，你才能享受多大的自由和权力，不要超过这个限度；其他一切全都是奴役、幻想和虚名"❷。个人的需要和欲望超过能力的限度，是人们产生痛苦的根源。不恰当的教育剥夺了个人运用自己力量的权利，如父母的溺爱、教师的专制等。此外，不恰当的教育给学生超过他个人能力的各种需要、妄想、虚荣、贪婪等，使他们心灵放纵，变得柔弱。最有成效限制学生过多欲念和妄想的教育手段是有节制的自由。这需要教师的引导，教师要知道如何引导孩子做人，不是教给孩子抽象的道理和规范，也不是进行口头的说教，而是更多地让学生从经验中取得教训，去发现事情的法则和准绳。

在权威统治的时代卢梭呼唤个人"自由"，重视童年的位置，"把孩子当作孩子"，被后人铭记为"儿童中心"教育思想的首创者。而所谓的儿童中心主义思想被视为"教育界哥白尼式的革命"（Copernican Revolution in Education），实现教育中心从成人转向儿童的转折也要归功于卢梭。❸在《爱弥儿·论教育》中卢梭颇费心力地传递如何将作为自然教育第一原则的"自由原理"运用到学生的教育中，他提倡给予学生自由，同时也让自

---

❶ 卢梭.爱弥儿·论教育[M].李平沤，译.北京：商务印书馆，2010：15.

❷ 同❶：79.

❸ 林玉体.西洋教育思想史[M].台北：三民图书股份有限公司，1995：327. 卢梭在思想史上是划时代的人物，在教育理念上更掀起惊天动地的效应，他在教育史上的地位，犹如哥白尼在天文学上的地位一般，二者都在各自的领域将重点作了一百八十度的转变。哥白尼将传统的天动说改为地动说，认为地球绕太阳转动而非太阳绕地球转动；卢梭则扭转了由来已久的成人本位立场，而大倡儿童中心说，相信文明社会的败坏，歌颂自然状态的完美，教育的重点从成人转为儿童，所以卢梭是发动"教育界哥白尼式的革命"的大教育家。

然、事物和教师去限制可能存在的心灵"放纵"与"妄念"。然而人们似乎只偏爱卢梭对自然自由的肯定，而忽略了自然自由的限制，以及"道德自由"和"公民自由"。❶

这可能跟18世纪"个人主义"理想盛行有关，这个时候的"自然"要求个人才能的多样化和个性在很多不同方面的自由发展，顺应自然的教育，提供教学和训练的方法。❷遵循自然的积极意义和价值在于让人们开始关注那些不顾受教育者自身禀赋而施以控制的野蛮教育手段。但这个理念的缺陷在于将"自然"（nature）等同于"人性"（human nature），相信天生的器官和能力独立、"自发的"发展，不论人们如何利用这些器官和能力，这种自发的发展都能不断进行。❸就像白璧德所批评的："我们的教育者由于担心人们的天生禀赋受到妨碍，于是鼓励个人任其自然地发展他的性情；从幼儿园时代就开始了……这一做法被奉为神明。"然而这种起源于卢梭的"自然主义教育"倾向被19世纪末20世纪初兴起于欧洲的新教育运动所捕获。教育史研究者❹指出，这些教育家之所以推崇卢梭，实际上是为了给他们所极力倡导的"新教育"寻找历史依据与合法性基础。

与欧洲新教育运动相呼应的是兴盛于美国的进步主义教育运动。劳伦斯·阿瑟·克雷明（Lawrence A. Cremin）在《学校的变革》一书中梳理了"进步教育运动"的历史并对其进行了重新的评价，19世纪90年代的美国，学校已成为一个令人沮丧的地方，在那里死记硬背占据了统治地位，而美国学校之所以发生变革，就是为了消除学校教育死气沉沉的情况。"进步"这个词解释了这种活动的真正含义：以鲜明的形式表示美国进步主义的教育侧面。进步教育实际上是教育中的进步主义：一种通过学校去

---

❶ 渠敬东，王楠.自由与教育[M].北京：生活·读书·新知三联书店，2012：153-180.
❷ 约翰·杜威.民主主义教育[M].王承绪，译.北京：人民教育出版社，2012：102.
❸ 同❷：125.
❹ 张斌贤，王慧敏.从神话到历史：教育中未曾发生的"哥白尼革命"[J].教育学报，2014（2）：102-111.

改善个人生活的多方面活动。❶被约翰·杜威（John Dewey）称为"进步教育之父"的帕克（Parker），早在1875年就进行了马萨诸塞州昆西市学校的改革。当他尽量努力去宣传这个改革时，"昆西制度"已经在全国甚至世界范围内引起人们的兴趣。❷在"进步教育之父"帕克的昆西学校实验的影响下，美国各地从19世纪90年代开始出现各具特色的教育革新实验活动。此后，进步教育协会成立，又进一步推动了进步教育思想对整个美国学校教育乃至世界学校教育的影响。例如，1921年尼尔（Neill）在英格兰创办夏山学校，实施的自由教育的方式，被称为"最富人性化的快乐学校"：夏山学校的基本理念是让学校适应学生，而不是让学生适应学校。因此它坚信孩子的天性是善良的而不是邪恶的，孩子生来是聪明的、现实的，假如成年人不给他约束，他就会尽可能地发展他的潜能。❸杜威在《明日之学校》中描述了"教育要遵循儿童的自然发展"的一些典型案例：阿拉巴马州菲亚普地区约翰逊（Johnson）女士指导的儿童学校、梅里亚姆（Meriam）教授领导的哥伦比亚的密苏里大学附属小学等。诸如此类的"自由学校"在当时并不少见，形成了一股风气。

在杜威看来，如果说要总结进步学校中一些共同的原理，那就是：反对从上面的灌输，主张表现个性和培养个性；反对外部纪律，主张自由活动；反对向教科书和教师学习，主张从经验中学习；反对通过训练获得孤立的技能和技术，主张把技能和技术当作达到直接的切身需要的手段；反对或多或少地为遥远的未来作准备，主张尽量利用现实生活中的各种机会；反对固定的目的和教材，主张熟悉变化着的世界。❹归纳起来，就是重视儿童的天性、个性、自由、兴趣（重视儿童），重视活动和经验，这与传统教育中重视"教材""教师""课堂"形成了鲜明的对立。

---

❶ 劳伦斯·阿瑟·克雷明.学校的变革[M].单中惠，马晓斌，译.济南：山东教育出版社，2009：2.

❷ 同❶：41.

❸ 尼尔.夏山学校[M].王克难，译.海口：南海出版公司，2009：3.

❹ 约翰·杜威.我们怎样思维·经验与教育[M].姜文闵，译.北京：人民教育出版社，2005：245.

这些理念经过不断的演绎，一定程度上也构成了我国基础教育改革的理论支持和指导思想。自20世纪80年代我国开始提出"素质教育"以来，一批国内专家和学者不断学习吸收国外的理念和成果，形成了具有中国特点的教育改革理念。例如，以华东师范大学钟启泉为首的基础教育课程改革专家认为，教育改革的核心是课程改革，新课程改革的基本理念是：破除书本知识桎梏，构造具有生活意义的课程内容；摆脱被知识奴役的处境，恢复个体在知识生产中的合法身份；改变学校个性缺失的现实，创建富有个性的学校文化。❶早在新课程改革正式启动前，钟启泉就指出：教育重心的转移在于从"应试教育"向"素质教育"的转变，是从"本本"向"人本"的转变，是从"人人失败"向"人人成功"的转变，这是符合当今世界教育发展的大潮的，也是我国教育现代化的必由之路。❷说到底，落实到学校教育中，新课程改革过程的关键是在课程与教学中如何处理学生"自由"的问题，尤其是如何处理学生自由、个性与学校、教师的约束和引导，学生经验与教材，学生活动与课程教学的关系。温情的人文主义者是新课程改革的重要推手和拥护者，他们控诉对"应试教育"的种种不满，甚至把"应试教育"等同于杂技团训练猴子，小狗走钢丝、钻火圈，是一种以重复训练为主的教学模式。因此教育改革要重建教育的人文主义价值，采取开放的、灵活的、全方位的学习方法，为所有人提供发挥自身潜能的机会。❸温情的人文主义者以独生子女家长居多，希望孩子有自由快乐、轻松愉悦的童年，认为教育改革要提倡解放儿童的天性、轻松学习、快乐学习、个性化学习，甚至反对一定程度的限制和约束。

　　有国内研究者提出近年来新课程改革之后中国基础教育领域出现的一种不同于传统的理念型教育模式——博放教育：它致力于将约束降到最

---

❶ 钟启泉，崔允漷，张华，等.为了每一个学生的发展——新世纪中国基础教育课程改革刍议[J].全球教育展望，2001（2）：3-8.

❷ 钟启泉.跨世纪教育课题：教育重心的转移[J].教育研究，1997（2）：44-47.

❸ 杨东平.教育改革要重建教育的人文主义价值[J].中国教师，2017（9）：5-8.

低，主张解放学生，让学生在集体之外成长，让每一个学生可以变得伟大。它的关键词是：学生兴趣、选课、个性化的课表、走班、取消行政班、社团、俱乐部、为自己的成长负责……❶博放教育的制度逻辑是将"有趣"等同于"兴趣"，使"兴趣"脱离"努力"；最大限度地尊重个体差异，多样化课程供给和个性化的课程表满足不同学生不同需要；信奉无拘无束、自由与主动，鼓励学生成为"自己对自己负责的独立个体"。为此，集体解散了，权威被打倒了，人与人之间淡漠了，这些构成个体发展的外在限制都不再有了。这些博放教育之下生长出来的孩子，"他们善于表演，得体的乖巧，适度的反叛，场面的堂皇发言，私下的调侃嬉笑，切换自如；这种病症让人孤寂，他们在孤独却热闹地成长中，成功地回避了潜在的挑战、挫折，也生硬地切断了一切自然、质朴的连带，他们自觉且自然地走向自我的封闭"。❷他们是研究者笔下"了不起的一代人"，也是大众社会中"被宠坏的孩子"。他们任性无羁，自豪放纵、无拘无束，视准则为戒律，视规矩如束缚；视谨慎如胆怯，视鲁莽为勇敢；视反抗为自由，视差异为个性。这种状态早就存在于柏拉图描述的民主城邦中："事实上，他一天又一天地沉迷于快乐之中。今天是饮酒、女人、唱歌，明天又喝清水，进严格规定的饮食；第一天是剧烈的体育锻炼，第二天又是游手好闲，懒惰玩忽；然后一段时间里，又研究起哲学。他常常想搞政治，经常心血来潮，想起什么就跳起来干什么、说什么。有的时候，他雄心勃勃，一切努力集中在军事上，有的时候又集中在做买卖发财上。他的生活没有秩序，没有节制。他自以为他的生活方式是快乐的、自由的、幸福的，并且要把它坚持到底。"❸

总的来说，新教育改革绝不是一条比传统教育更好走的路，诚如杜威所言："根据一套新的概念来管理学校，比之因循守旧是更为困难的……

---

❶ 刘云杉.自由的限度：再认识教育的正当性[J].北京大学教育评论，2016（2）：27-62，188-189.

❷ 同❶.

❸ 柏拉图.理想国[M].郭斌和，张竹明，译.北京：商务印书馆，2012：338.

一种标榜以自由观念为基础的教育哲学也可能变成像它所反对的传统教育那样武断。"❶人们的确容易用极端对立的方式去思考和行动,用力过猛就会矫枉过正。现实的种种情况表明,学校改革中如何做到"自由"与"约束"之间的平衡依然任重道远。

(二)学校中的平等、包容与区隔

作为早期公立学校运动的领导人,贺拉斯·曼(Horace Mann)在他的普及教育观点中注入了一种无限的信念:人类生活和教育机构的臻于完善。公立学校一旦建立,任何邪恶都不能抵抗它们的有益影响。普及教育能够成为人类环境的"伟大平衡器""社会机构的摆轮",以及"无穷财富的创造者"。贫穷无疑将消失,标志全部人类历史的"富人"和"穷人"间充满仇恨的不和也将随之消失。罪恶将减少,疾病将减轻,普通人将生活得更长久、更美好、更幸福。❷贺拉斯·曼认为接受教育是每一个儿童天赋权利的一部分,所以学校应该是公立的,免费对所有人开放,由州和地方社区提供,不仅是免费的,而且要对富人和穷人一视同仁。贺拉斯·曼希望将来自不同背景的孩子们集合在一起,为孩子们提供共同的教育,因为他相信公共教育能够给予处境不利家庭的孩子们更多教育机会,使得社会更公平。"为公立学校教育的实现而进行的斗争是美国历史上迷人的一章。在贺拉斯·曼的积极领导下,马萨诸塞州在许多方面成为全国普及教育的典范……虽然为免费学校而战是一场艰苦的战斗,有时立法在这一年通过了,在第二年就被废除了……(但是)总的来说,普及教育完全赢了——即使有时是勉强的——但全社会都承认这一点。"❸到了20世纪50年代,美国北部各州已确立由地方行政当局出资兴办和领导管理、面向全

---

❶ 约翰·杜威.我们怎样思维·经验与教育[M].姜文闵,译.北京:人民教育出版社,2005:241-247.

❷ 劳伦斯·阿瑟·克雷明.学校的变革[M].单中惠,马晓斌,译.济南:山东教育出版社,2009:7-12.

❸ 同❷:11-12.

体国民、免费和世俗性的公立学校体系。公立学校教育运动通过教育平等促进社会公平的想法向前迈进了一步。

与之形成合流的是进步教育运动。约翰·杜威将学校看作是一个"雏形社会",要布置活生生的社会环境,让学生在这个"特殊的社会环境"中不断促进各种不同经验之间的交流、改组和改造。学生通过经验的交流和改造克服隔离的状态,共同分享利益,形成尊重、理解、合作的态度,用实际行动成为一个"好公民"。最后,学校就会形成一个良好的"民主共同体",以此来改善大社会:改变人们之间的相互隔离的状态,克服已经形成和正在形成的巨大阶级鸿沟。"像贺拉斯·曼一样,杜威承认教育是一个有关个人生存和发展的问题,他也像贺拉斯·曼一样,把重点永远放在社会、团体和公众的经验方面。杜威最终认为,只有在扮演适当角色的学校教育得到普及的时候,民主主义才会实现。"❶杜威生于南北战争前,卒于第二次世界大战之后,他恰好处于美国由农业国一跃成为工农业现代化强国的历史转变期,也正值科学突飞猛进之时,因此他的教育理论充满了乐观主义色彩。但几十年之后,他不得不承认进步教育失败了。

鲍尔斯(Bowles)和金蒂斯(Gintis)在1976年出版的《美国:经济生活与教育改革》中批评了自贺拉斯·曼以来的教育被看作是"伟大的平等化机器"的观点,对以杜威为代表的"民主学派"和以"技术决定——选优任能学派"的教育改革进行了深刻批判,他们指出:关于实现一个促进经济平等和个人圆满发展的社会的可行性,我们确实乐观。但我们懂得,其前提是广泛的经济改革。只有当教育系统为实现充分民主地参与社会生活和平等地分享经济活动成果而培养青年时,它才可能是平等的和自由的。教育机会均等化的方案层出不穷,但对于美国教育结构所产生的影响却是非常小的,对于美国经济的收入结构和机会结构的影响甚至更

---

❶ 劳伦斯·阿瑟·克雷明.学校的变革[M].单中惠,马晓斌,译.济南:山东教育出版社,2009:113.

小。[1]在鲍尔斯和金蒂斯看来，学校被资本赋予重任，公共教育的目标不过是为不同层次的资本主义劳动过程生产不同的工人，只有极少数人能够成功跻身管理层获得政治或经济权利，学校系统的目的不是争取平等，反而强化了不平等。

而且，据权威的调查资料表明，一个儿童所接受的学校教育的年限和学业水平，主要依赖于家庭背景。这个调查结果来自著名的《科尔曼报告》。1966年，科尔曼（Coleman）教授向美国国会递交了《关于教育机会平等的报告》，即《科尔曼报告》。报告提出了几点结论：第一，美国公立学校中存在着严重的种族隔离问题；第二，学校间差距对不同种族的学生有不同的影响；第三，造成黑人儿童学习水平低的原因主要不是学校物质条件，而是学校内的社会因素；第四，同学间的社会经济背景对不同社会阶层的学生有不同的影响。[2]和大多数人一样，科尔曼一开始认为造成黑人学生与白人学生学业成就的主要差距是办学条件。但是，调查结果却让人惊讶：造成黑人学生学习水平低的原因，主要不是办学条件，而是学生的家庭背景，以及学生对于自己前途的自信。《科尔曼报告》的调查结果轰动一时，关于教育机会均等相关研究也发生了一些转向，其中之一就是从主要关注宏观的教育投入、设备、经费等转向开始关注微观的教育获得、隐形的学校文化氛围，以及家庭背景等因素对学生的影响。

皮埃尔·布尔迪厄（Pierre Bourdieu）在《国家精英》中以翔实的经验材料和透彻的理论逻辑勾勒了精英大学"再生产"精英的逻辑：法国高等教育体制通过分科（哲学、法语、希腊语）巧妙地为智者的、有才华的人提供学科教育，从而区分出学生的社会出身和蕴含在其中的惯习，在中立化外表之下，通过"才华""天赋"等词语，产生象征性暴力。一句话：

---

[1] S.鲍尔斯，H.金蒂斯.美国：经济生活与教育改革[M].王佩雄，等译.上海：上海教育出版社，1990：73-74.

[2] COLEMAN J, CAMPBELL E, HOBSON C, et al. Equality of Educational Opportunity [R].Washington, D.C.: U.S. Government Printing Office, 1966: 22; 有关科尔曼就"教育机会均等"接受采访的报告，详见 JAMES S. Coleman, Coleman on the Coleman Report. Educational Researcher, 1972 (3): 13-14。

大学选择那些选择它的人，精英身份通过教育获得。"尽管教学机构实施的分类被赋予了中立性的各种表象，但是这些分类仍然在生产着预先存在的社会类别。这架机器的隐喻形式有利于让人们了解教学机构的整个运作过程，而这一过程通常是要避人耳目的。"❶这些在高等教育机构中显现出来的差异化类别，预先存在于学生的惯习之中，而惯习与学生所继承的资本相关，所以人们在文化品位和政治立场方面与其所在的位置结构之间存在严密的对应性，输入—输出似乎早已秘密对齐。那么，（进入大学）学校教育还能否让人实现阶层的流动和跃升呢？

面对具体的位置，各种性情倾向会分别作出调适，精英通过认同和承认学校文化完成再生产，底层的策略是顺从还是反抗呢？普林斯顿大学教授保罗·威利斯（Paul Willis）在其民族志作品《学做工：工人阶级子弟为何继承父业》中分析英国工人阶级"家伙们"那样，通过嬉戏胡闹、逃学旷课直至违法犯罪来反对学校制度。学校目标和课程鼓励学生通过学历实现社会阶层的流动，但是工人阶级的孩子反抗权威，拒绝学校课程的要求，正是通过这种出于自身活动和意识的"反抗"，他们将自己排斥在学校的大门之外，通过自甘从事工人阶级的工作而把自己固定在被支配的地位上。

反过来，如果承认学校文化去接受同化，进入大门之内，会更好吗？

罗伯特·帕特南（Robert D. Putnam）《我们的孩子》一书对美国教育进行了全面的考察，从家庭结构、父母教育方式、童年期的发育、同学之间的互相影响、课外活动机会、邻里和社区等各种因素分析了教育中的"分裂"和从学校毕业的学生之间越来越大的阶级鸿沟。一代人（20世纪50年代）以前，在判断一个孩子能在教育之路上走多远时，社会阶级当然是一个因素，但相对于学习能力而言，家庭的经济基础只是次要的。❷但

---

❶ 皮埃尔·布尔迪厄.国家精英[M].杨亚平，译.北京：商务印书馆，2018：92.
❷ 罗伯特·帕特南.我们的孩子[M].田雷，宋昕，译.北京：中国政法大学出版社，2017：214.转引自：PHILIPPE BELLEY，LANCE LOCHNER. The Changing Role of Family Income and Ability in Determining Education Achievement [J]. Journal of Human Capital，2007：37-89.

是现如今，成绩好的富家子弟从大学毕业的可能性为74%，而成绩差的穷孩子拿到大学学位的可能性只有3%。同样是成绩位居中游的学生，来自有钱人家的孩子大学毕业比例为51%，贫困家庭的孩子则只有8%。最令人震惊的是：在成绩好的穷孩子中，只有29%的人最终能从大学毕业，反而是成绩差的富家子弟会有30%拿到大学文凭，家庭出身压倒成绩成为最具决定性的因素。❶大量数据和访谈资料已经显示：美国梦已经破碎，作为其核心理念的机会平等已经不复存在。

帕特南认为，不同阶层孩子的人生机会差距在急剧拉大，主要的原因还在于，今天的穷孩子身处当年的工人阶级子弟想都想不到的恶劣境地。"焦虑、孤独、毫无希望，这是现在很多穷孩子的生活感受，而我成长的那个年代，即便家庭贫困，大家的家庭氛围是稳定、完整、充满爱的。"❷还有一部分的原因是，相比于20世纪50年代的富家子弟，今天的上层阶级孩子享受着更多的特权。

帕特南这一判断得到了西莫斯·可汗充分细致的印证。在他的参与式研究著作《特权：圣保罗中学精英教育的幕后》一书中，通过一所名为圣保罗的精英中学揭示美国当代精英教育的幕后逻辑❸：特权不再是基于财富、地位及由此衍生出来的一套高高在上、自成一格的高雅文化，变成了一种隐性存在的被现代民主社会所认可的能力和素质。学校教育通过一套优势的自我认知和交往模式赋予学生"特权"，想要成为精英就必须学习一些隐藏的课程。首先，阶级像梯子而不是天花板，要不断拾级而上，既要假装阶级不存在，又要随时随地尊重它的存在。其次，经历很重要，重要的不只是"你是谁"，还有"你做过什么"。最后，特权意味着淡定，口味很杂，博采众长，从吃饭到跳舞再到约会，精英们在社交中演绎着"淡

---

❶ 罗伯特·帕特南.我们的孩子[M].田雷，宋昕，译.北京：中国政法大学出版社，2017：208-215.

❷ 澎湃新闻.罗伯特·帕特南：陷入危机的美国梦，寒门难再出贵子.[EB/OL].（2018-09-21）.https://baijiahao.baidu.com/s?id=1612188204579836975&wfr=spider&for=pc.

❸ 西莫斯·可汗.特权：圣保罗中学精英教育的幕后[M].蔡寒韫.上海：华东师范大学出版社，2016：6-24.

定"和"开放",展现着一种见多识广、一切稀松平常的姿态。圣保罗的学生好像天然拥有成功所需要的一切,由社会阶层、家庭背景和学校教育所产生的差异自然化,掩盖了长久存在的不平等。与旧精英文化显而易见的排外性相比,新精英文化更加开放和兼容并包,特权传递与精英再生产在"开放"和"公平选拔"的背后显得更加隐而不彰,精英教育看似公平,实则是"民主化不平等"。

基层向上流动与精英的再生产是一体两面的故事,国内研究者在这一问题研究上也有出色的贡献。

基层向上流动在中国被称为"寒门出贵子""鲤鱼跃龙门",这是中国基层社会对教育的期盼。成功进入精英大学的农家子弟是学校的骄子、制度的宠儿、家庭的骄傲。但是,他们在进入精英大学之后遭遇了什么?刘云杉等研究者通过对1978—2005年进入北京大学的农家子弟的专业选择及其资本转换的实践智慧细致分析之后指出,这一步跨越使他们"身处地域之别,体受身份之争,计算资本之用",他们更可能是这一制度的"受伤者"。为此,他们发出严肃诘问(询问)❶:在凭借优秀的成绩进入精英集团之后,他们需要面对、接受一个疏离甚至背离自己的家庭文化与价值的社会圈子。在精英团体的生产中,文化资本或者匮乏或者殊异的农家子弟,在经济资本、社会资本与文化资本丰厚的城市学生之中,是否被强化"阶层差异的暗伤"?在他们的成长中完全背离自己的家庭还是在一个新的层面上提升与回馈自己的家庭?因此,"向上流动的社会公正之下,更深层次的文化民主"更值得期待。这是中国本土经验与布尔迪厄理论的一次深刻对话:社会基层家庭子女并不具备与学校文化所吻合的中上阶层特有的各种资本,因而难以获取较高的学业成就或很好的成长。

同样是对社会基层文化资本的研究,研究视角的转换会带来不太一样的研究发现和结果。近年来,解释论范式兴起,强调将"人"或"行

---

❶ 刘云杉,王志明,杨晓芳.精英的选拔:身份、地域与资本的视角——跨入北京大学的农家子弟(1978—2005)[J].清华大学教育研究,2009(5):42-59.

动者"带入社会情境,突出行动者的"主动性"和"意义建构"。研究者们对于底层道德价值的发掘以及发现"处境不利地位者"——穷人的德性和文化资本有着独特的价值。通过对46篇某重点大学大一新生的教育自传分析❶,研究者认为,那些出身于社会经济、政治地位较低阶层的子弟,依然有自己独特的文化资本:先赋性动力、道德化思维及学校化的心性品质。基层子女获得高学业成就的关键不在于获得了中上阶层的文化资本,而恰恰是充分利用底层特有的文化资本的结果。取得高学业成就的寒门子弟在个体能动性的主导下开创着符合"物或损之而益"内在逻辑的独特文化资本。无独有偶,另一份关于"农村学生家庭文化资本的实证研究"❷与上述研究不谋而合,同样发现农村子弟家庭独特的文化资本。研究者发现,家庭文化资本在农村子弟考上重点大学过程中发挥着独特的积极作用:农村家庭强调的"本分"与学校教育的主流意识形态相一致。因此,他们在教育中得以表现出一种"主动在场"的状态,最终获得学业成功。该研究还对布尔迪厄的文化资本理论进行了反思:处境不利阶层(农村家庭)可以具有满足学术市场要求的习性,因而能够提供有利的文化资本。

三、理论视角

回顾前述文献,可以发现学生"自由"的理念落实到学校教育中,意味着给学生提供自由宽松和开放的氛围,即多元选择的制度环境下的学生自主学习。本书聚焦于对学生自主学习的背后逻辑的探索上。

理论视角主要来自两个方面:以布尔迪厄的惯习理论为基本分析视角,通过杜威经验理论中对经验连续性与断裂性的分析,从个体选择、适

---

❶ 程猛,康永久."物或损之而益"——关于底层文化资本的另一种言说[J].清华大学教育研究,2016(4):83-91.
❷ 胡雪龙,康永久.主动在场的本分人:农村学生家庭文化资本的实证研究[J].全球教育展望,2017(11):104-116.

应性（经验的连续与断裂）、选择背后的惯习等多个层面对实践活动——"行动者"（agent）的选择行为或行为倾向进行分析。

（一）布尔迪厄的惯习理论

惯习（habitus）理论是布尔迪厄理论体系大厦的核心支柱。在对结构主义（赋予主导性的意识形态和国家的意识形态一种永动力，将所有行动者置于进行结构再生产或者进行结构转化的游戏之外）和个人主义（重新引入行动者，但是这些行动者已经被简化成了计算机中可以相互置换的没有历史的纯意愿）的批评中，布尔迪厄试图超越"二元主义"，引入"惯习"：即在社会关系上结构化了的生物学个性特征。[1]布尔迪厄区分了客观结构（structure objectives）和认知结构（structure cognitive），客观结构是对社会世界的客观划分，包括不同场域的支配者与被支配者；认知结构是行动者（agent）划分社会世界的原则，行动者在对具体的客观结构进行认识的时候要运用认知结构。客观结构与人身体上的认知结构之间存在着吻合的关系：在社会关系上建立的偏爱体系的基本结构，是人们选择学校、学科，甚至是选择体育运动，选择文化和政治观点的最根本统一原则，它可以通过某种可认识的关系与社会空间的客观划分联系在一起。[2]换句话说，人们针对某些事情采取某一立场（包括偏好和品位）与其在社会关系中所处的客观位置有很密切的对应关系，这个对应关系就是"惯习"。因此可以说，惯习是一种关系。惯习存在于一定的场域（fields）中，与资本（capital）有着千丝万缕的关系。

1. 场域

场域理论的提出是布尔迪厄贯彻关系思维的表现，他认为"现实的就

---

[1] 皮埃尔·布尔迪厄.国家精英[M].杨亚平，译.北京：商务印书馆，2018：93.
[2] 同[1]：3.

是关系的",一个场域可以被定义为在各种位置之间存在的客观关系的一个网络(network),或一个构型(configuration)。❶布尔迪厄研究过形形色色的场域,包括艺术家和知识分子、阶级生活方式、名牌高校、科学、宗教、权力场域、法律场域等。他认为,在高度分化的现代社会中,存在着大量具有各自相对自主性的社会小世界,这些小世界有自身的运转逻辑和荣誉法则,这些逻辑与法则并不能被其他场域(社会世界)的运转逻辑所化约。例如,所有的大学构成一个高等教育机构场域,每一所大学在这个场域中有特定的位置,也有与各自位置相应的策略;高等教育场域的自主性在于它有很强的生产象征性资本的能力,即在再生产资本中扮演着举足轻重的角色,这是其他场域不能比拟的。❷再如,艺术场域通过拒绝或否定物质利益的法则而构成自身,而经济场域并不会在意友谊与爱情,通过讲究"生意就是生意"而构造自身,权力场域是一个斗争的场所等,除了有各自相对自主性的逻辑之外,每一个场域都是一种"历史"的存在,场域中支配和被支配的关系是在不断实践中形成的。

　　场域是争夺的空间。布尔迪厄很小心地将场域比作一种游戏:卷入游戏的游戏者彼此敌对时,有时甚至残酷无情,但只有在他们都对游戏及其胜负关键深信不疑、达成共识时,这一切才有可能发生。❸换句话说,参与游戏的人都认为参加游戏是值得的,是有意义的,主动投入其中。因此,场域是一个竞争和争夺的空间:通过争夺可以改变场域中各种力量之间的客观关系的结构,如支配与被支配、领导与服从、主动与被动等。个人在场域中是以"行动者"的方式存在,他们是"资本的承载者",而不是生物性的个体,他们是被各种社会因素所构成的有所作为的行动者:他们利用自身所有的资本在场域中占据一定的位置,同时采取相应的策略行事。

---

❶ 皮埃尔·布尔迪厄,华康德.反思社会学导引[M].李猛,等译.北京:商务印书馆,2015:122.
❷ 例如,布尔迪厄认为,所谓的"精英学校",就是负责对那些被召唤进入权力场域的人(其中大多数人都出生于这个场域)进行培养,并且对他们加以神化的机构。参见皮埃尔·布尔迪厄.国家精英[M].杨亚平,译.北京:商务印书馆,2018:115-116.
❸ 同❶:123.

2.资本

场域中存在着不同的位置关系,而行动者凭借什么处于特定位置上?事实上,这些位置是得到客观界定的,行动者凭借自身所有不同类型资本的数量和结构而处于某一场域分配结构中"实际的和潜在的处境"。布尔迪厄认为:"一种资本总是在既定的具体场域中灵验有效,既是斗争的武器,又是争夺的关键,使它的所有者能够在所考察的场域中对他人施加权力,运用影响,从而被视为实实在在的力量,而不是无关轻重的东西。"❶在经验研究中,"确定什么是场域及场域的界限在哪里"这样的问题,其实和"确定何种资本发挥作用、如何发挥作用、作用的界限在哪儿"这类问题相差无几。因此,我们可以看出,资本的概念和场域的概念是紧密联系在一起的。例如,进入某个"游戏"中,我们如何采取行动,是冒险激进还是小心翼翼,既取决于拥有的装备的总数,也取决于这些装备的构成状况,简单来说,取决于我们拥有的"资本的数量和结构"。

而各种各样的资本表现为三种根本的类型:经济资本、文化资本和社会资本。❷经济资本容易理解;社会资本是指个人或群体,凭借拥有一个比较稳定,又在一定程度上制度化的相互交往、彼此熟识的关系网,从而积累起来的资源的总合,不管这种资源是实际存在的还是徒有其表的;而文化资本最为独特,它有很大的普遍性,可以被称为信息资本(informational capital),它本身又包括三种存在形式:身体化的(embodied),指表现为身体特征的姿态、风度等;客观化的,如家庭藏书、艺术品等;制度化的,如国家和公共机构颁发的有一定效力的文凭和资格证书等。当我们通过各种感知范畴认识和把握这几种资本的时候,这些资本采用的形式是符号资本。

---

❶ 皮埃尔·布尔迪厄,华康德.反思社会学导引[M].李猛,等译.北京:商务印书馆,2015:124.
❷ 皮埃尔·布尔迪厄.文化资本与社会炼金术——布尔迪厄访谈录[M].包亚明,译.上海:上海人民出版社,1997:166;皮埃尔·布尔迪厄,华康德.反思社会学导引[M].李猛,等译.北京:商务印书馆,2015:148.

3.惯习

为了说明在最细微、最平凡的形式中体现出来哪些实践活动——如各种仪式、婚姻选择、日常生活中的世俗经济行为等,布尔迪厄试图摆脱客观主义和主观主义分离的状态,提出了"惯习"这一概念。惯习❶最主要的是确立了一种立场,一种明确地建构和理解具有其特定"逻辑"的实践活动的方法,可以说,惯习理论就是一种阐明实践活动逻辑的理论,我们甚至可以把惯习等同于"实践感",人们的实践活动(如做某种选择,采取何种策略)就是惯习的产物。

除了克服主观主义与客观主义的对立,惯习理论的第二个主要作用在于克服实证主义唯物论和唯智主义唯心论❷,因此布尔迪厄认为知识的对象是被建构出来的,而不是消极被动地复制下来的;而且,这种建构的原则存在于社会建构的性情倾向系统里。简单地说,一方面他肯定了人心智结构具有主动建构的能动性,另一方面在实践中获得的性情倾向系统决定人们如何认识对象,且这个性情倾向系统不断地被人们所在的社会结构形塑。因此,性情倾向系统并不是一成不变的,它处在不断地生成的过程中。惯习就是性情倾向系统的底层结构,它既是感知、判断和评价能力,又是情感和行为倾向,既是一套认知和行为知识,又是一种实践技艺,深刻地存在于人的内在心智结构中。

为什么是惯习,而不是习惯?"我说的是惯习,而不是习惯(habit),就是说,是深刻地存在于性情倾向系统中的、作为一种技艺(art)存在的生成性(即使不说是创造性的)能力,是完完全全从实践操持(practical mastery)的意义上来讲的,尤其是把它看作某种创造性艺术(art inveniendi)。一句话,这些批评者仍坚持用一种机械式的观念去认识一种为反对

---

❶ 皮埃尔·布尔迪厄,华康德.反思社会学导引[M].李猛,等译.北京:商务印书馆,2015:151;皮埃尔·布尔迪厄.文化资本与社会炼金术——布尔迪厄访谈录[M].包亚明,译.上海:上海人民出版社,1997:168.
❷ 同❶.

机械论而建构起来的观念。"❶由此可以说,习惯是个人化的和主观存在的,也是机械的和静止的;而惯习与社会结构之间存在着某种吻合,它是存在于个人身上的,具有主观性,但它也是社会的和集体的,是"社会化了的主观性",因此它具有一定的稳定性。而且,它又是一个不断动态生成的系统,这与它所存在的场域和遭遇的情境相关。

总的来说,惯习、场域和资本这些概念,都是开放式概念(open concepts),要在这些概念所构成的理论系统中和它们在经验中发挥作用的关系中去理解这些概念,而不能孤立地去界定它们。场域是社会制度中存在的客观关系系统,资本是确定关系系统中不同位置的依据,惯习是在场域中形成的一整套"知觉、评价和行动的分类图式构成的系统",是场域的属性体现在身体上的产物,它"来自于社会制度,又寄居在身体之中"。❷一方面,场域制约着惯习;另一方面,惯习和场域之间是一种认知建构关系,借助于惯习我们将场域看作一个被赋予了价值和意义的世界。

(二)杜威的经验教育理论

同样是面临着根深蒂固的欧洲大陆唯理智主义传统,面临主体与客体、内在与外在、物质与精神、个体与社会之间的分裂与二元论,布尔迪厄认为自己的"实践感"理论与杜威的理论在背景上和内涵上有着相似之处:"杜威等人的理论把习惯这个概念理解为与世界的一种积极的、创造性的关系,同时给予习惯这一概念一个中心地位。"❸这和他赋予"惯习"如此重要的位置是不谋而合的。杜威在《作为经验的艺术》中这样写道:"习惯是在与世界的交流中形成的,通过这些习惯,我们也栖居

---

❶ 皮埃尔·布尔迪厄,华康德.反思社会学导引[M].李猛,等译.北京:商务印书馆,2015:152;
皮埃尔·布尔迪厄.文化资本与社会炼金术——布尔迪厄访谈录[M].包亚明,译.上海:上海人民出版社,1997:169.

❷ 同❶:173-174.

❸ 同❶.

在（in-habit）这个世界中。世界成为我们的家园，内在于我们每一刻的经验之中。"他把"心灵"定义为"一个积极主动、热切渴盼着的背景，时刻等候在那里，预备融入任何不期而遇的遭际"，这显然与布尔迪厄的惯习有相似之处。❶杜威的确赋予"习惯"以相当重要的地位，对儿童进行教育，就是要形成习惯。学生凭借什么形成习惯？杜威理论的另一个核心概念即"经验"。杜威认为："在全部的不确定的情况当中，有一种永远不变的东西可以作为我们的借鉴，即教育和个人经验之间的有机联系。或者说，新教育哲学专心致志地寄希望于某种经验的和实验的哲学。"❷简言之，新的教育哲学就是经验的哲学：教育即经验的改组与改造。

1. 习惯

习惯给人的第一印象是它的"适应性"。例如，我们习惯天气的变化，习惯周围的环境，习惯家庭的日常沟通方式，习惯和朋友相处等，像这种"习以为常"是个人"和环境保持一致，在有机体内因其变化，而不是改变周围环境的能力"❸。在这种持久的适应中，我们对很多事情认为是理所当然的，并不想要去改变什么，总之就是适应、顺应环境。这并不是习惯的内涵，或者说，不是习惯的全部内涵。在杜威看来，习惯不仅能适应环境，还能改造环境："无论什么习惯，都标志着一种倾向，能主动选择习惯运行的环境。"❹习惯并不是仅仅静待刺激才引起反应，而是能主动地寻找机会，带动个人的全面运作。这里所说的习惯是指个体层面的，指向个体所处环境之间的相互作用，但它不只是迁就环境，能主动适应，甚至是主动利用环境、改造环境。这和"惯习"表现于个体身上的作用极其类

---

❶ 皮埃尔·布尔迪厄, 华康德. 反思社会学导引[M]. 李猛, 等译. 北京：商务印书馆, 2015：283 注释[77].

❷ 约翰·杜威. 我们怎样思维·经验与教育[M]. 姜文闵, 译. 北京：人民教育出版社, 2005：248.

❸ 约翰·杜威. 民主主义与教育[M]. 王承绪, 译. 北京：人民教育出版社, 2001：54-55.

❹ 同❸：56.

似，通过确认在环境面前的"自主性"而不是屈从于环境的外在确定性来让自身得以存在。

习惯也是具身化的知识。心理学家威廉·詹姆斯（William James）说："人之所以受习惯律的支配，就因为我们有身体之故。因为我们的神经系统的生命质有一种可塑性。"❶杜威更进一步解释，认为习惯的重要性并不止于习惯的执行和它的动作方面，"习惯还指培养理智和情感的倾向"。❷他将习惯置于一个更加广阔的系统中，不仅是附着在身体上的行动，还包括与之相应的情感和理智，习惯是一套系统附着在身体上的知识：我们所有的生活，不过是一系列的习惯——智力上的、情感上的，以及行为上的。换句话说，习惯的形成是指一个系统的生成：从个体的认知（思维、判断和态度），到符号处理系统（心理、行为倾向），到个体的行动（身体），再到与环境的相互作用，这一系列的环节之间并不是割裂的。

2.经验

首先，经验并不等同于教育。虽然杜威认为新教育的哲学寄希望于经验的哲学，要看重教育和个人经验之间的有机联系，但并不是所有的经验都具有教育作用：相信一切真正的教育是来自经验的，这并不表明一切经验都具有真正的或同样的教育的性质。不能把经验和教育直接等同起来。因为有些经验具有错误的教育作用（mis-educative）。❸问题不在于没有经验，而在于经验的片面性或错误经验的误导。哪些经验具备教育性呢？杜威将这个关键问题交给教育者去判断。他认为任何经验都具有两个方面的性质：一方面是直接的、明显的，很容易判断；另一方面是间接的，经验的影响不体现在外表上，教育者的任务是安排能引起学

---

❶ 詹姆士.教育心理学谈话[M].温心国,译.上海：中华书局，1940：58.

❷ 约翰·杜威.民主主义与教育[M].王承绪,译.北京：人民教育出版社，2001：56.

❸ 约翰·杜威.我们怎样思维·经验与教育[M].姜文闵,译.北京：人民教育出版社，2005：248.

生兴趣的经验,促使学生获得他们所渴望的未来的经验。❶在杜威看来,第二个方面的作用比"直接获得的适意的经验"要大得多。而且,以经验为基础的新教育核心问题就在于"从各种现时经验中选择哪种在后来的经验中能够丰满而且具有创造性的生活的经验",这一点也是经验连续性的内涵。

经验的连续性(experiential continuum)。经验的连续性原则是建立在习惯的基础之上的:习惯的基本特征是每项做过和经历过的经验会改变作者和经历着这种经验的人,不论我们愿意与否,这种改变都会影响以后经验的性质。❷而且,正如已经论述的,习惯不仅包括行为的能力和方法,还包括认知的及情感态度的倾向。以此为依据,经验的连续性意味着,每种经验从过去经验中采纳了某些东西,同时又以某种方式改变未来经验的性质。从这个意义上来说,单纯的活动不构成经验,也不具备教育价值,而教育在动态的意义上就是生长的过程,连续不断地生长,不仅是身体上的生长,而且是智力和道德上的生长。

经验的交互作用(interaction)。经验不只是在个体内部进行的,它也有主动的一面,这一面是经验与环境(人、事物、情境等)之间的交互作用,在一定程度上改变产生经验的客观条件,形成新的经验。例如,《红楼梦》中的刘姥姥初进大观园,一个与自己生活经验完全不同的陌生的地方,从她一开始的不适应引人发笑,到后来的主动表演滑稽搞笑,插科打诨,给高门深院的贾府带来欢声笑语而被人接纳,甚至受人喜欢。如人们进入陌生的异质环境,首先面临的是适应问题,除了适应,他可能会主动沟通甚至改变环境,通过经验之间的交流创造一个新环境,丰富自己原有的经验。人们能够在情境中重构自己的经验和习惯,这使得教育得以可能。但是,经验的交互作用并不总是会自动发生。经验并不是真空的,它产生于生活环境,如在学校里可能会存在着很多种不同类型的经验,贫民

---

❶ 同❸:250—251.

❷ 约翰·杜威.我们怎样思维·经验与教育[M].姜文闵,译.北京:人民教育出版社,2005:255.

的儿童和富裕家庭的儿童有不同的经验，乡村儿童有乡村生活的经验，城市儿童有城市生活的经验，这些不同经验之间差异巨大，存在着交流的困难。不同经验之间如果缺乏交流（交流不充分），就会产生隔离："如果人们的活动愈加限于狭隘的范围，如果有严格的阶级界限，彼此的经验无法适当交流，活动的范围就受到限制——处于不利地位的阶级，他们的行动就愈加墨守成规，而在物质上处于优越地位的阶级，他们的行动就愈加任性、无目的和暴躁。"❶因此，教育者就担负着更多的责任：既要通晓环境条件所形成的实际经验的一般原则，又要认识到在实践中哪些环境有利于引导生长的经验。❷最为重要的是，他们应当知道怎样利用现有的自然和社会的环境，并从中抽取一切有利于建立有价值的经验。如此，在以个人经验为基础的教育中，教育者与学生之间的接触必然会增多，而且，他们对学生的指导不是更少了，而是更多了。

（三）杜威的民主教育理论

1.教育即生活：共同生活

杜威认为教育是生活的过程，学校是社会生活的一种形式，即学校生活也是生活的一种形式。学校生活要成为学生生活和社会生活的契合点。杜威指出："明显的事实是，我们的社会生活正在经历着一个彻底和根本的变化。如果我们的教育对于生活必须具有任何意义的话，那么它就必须经历一个相应的完全的变革。"❸在这个意义上，教育是一种学生共同生活的方式。诚如，在学校中，学生共同组成小组、班级、社团、学生会等公共空间，协商，民主决策，制定合理的活动原则，过一种共同的民主生活。

---

❶ 约翰·杜威.民主主义与教育[M].王承绪，译.北京：人民教育出版社，2001：94-95.
❷ 约翰·杜威.我们怎样思维·经验与教育[M].姜文闵，译.北京：人民教育出版社，2005：259.
❸ 约翰·杜威.学校与社会·明日之学校[M].赵祥麟，等译.北京：人民教育出版社，2004：37.

2.学校即社会：合作的社会

"教育即生活"的必然实现方式就是将学校作为学生生活的一个雏形社会，即学校生活成为一种经过选择的、净化过的理想社会生活，创造一种更加美好的生活。正如杜威指出的："这样做意味着使每个学校都成为一种雏形的社会生活，以反映大社会生活的各种类型的作业进行活动，并充满着艺术、历史和科学的精神。当学校能在这样一个小社会里引导和训练每个儿童成为社会的成员，用服务的精神熏陶他，并授予有效的自我指导的工具时，我们将拥有一个有价值的、可爱的、和谐的大社会的最强大的并且是最好的保证。"❶在杜威看来，社会制度的目的就是解放个人，"政府、实业、艺术、宗教和一切社会化制度都有一个意义，一个目的。那个目的就是解放和发展个人的能力（不问其种族、性别、阶级或经济状况如何）。这就是说其价值的检验标准就是他们教育每个人使他的可能性充分发展的程度，是完全一致的。民主主义有许多意义，但是，如果它有一个道德的意义，那么这个意义在于决意做到：一切政治制度和工业安排的最高的检验标准，应该是它们对社会每个成员的全面发展所做出的贡献。"❷由此可见，杜威认为社会或者作为学校的社会是为了一切人（学生）的发展而存在的，学校就是给学生提供一个充分的和自由开放的生长空间，让儿童自由地成长。

需要指出的是，杜威提出的"学校即社会"的理论，并非单单将学校作为一个雏形社会，而是更加强调学生共同组成的一个"共同的"和"联合的"的合作空间。在杜威看来，"孤立的生活能使生活僵化和形式制度化，使群体内部只有静止的和自私自利的理想"，所以也要"把学校本身当作一个合作的社会来对待"。❸这样的环境其实就是杜威理想中的"民主共同体"社会，其中"有许多共同的利益有意识地相互传递，共同参与；

---

❶ 约翰·杜威.学校与社会·明日之学校[M].赵祥麟，等译.北京：人民教育出版社，2004：37-38.
❷ 约翰·杜威.哲学的改造[M].许崇清，译.北京：商务印书馆，1989：100.
❸ 约翰·杜威.民主主义与教育[M].王承绪，译.北京：人民教育出版社，2001：96.

和其他联合方式有许多不同的和自由的接触"❶。这样的共同体注重人和人之间利益的共享与合作，是一种成员共同参与、分享和互相交流经验的民主社会。

3.作为生活方式的民主：参与民主

关于民主的理解有很多种，仁者见仁智者见智。杜威在《民主主义与教育》一书中提出了他对民主的一种更为深刻的解释："民主主义不仅是一种政府形式，它首先是一种联合生活的方式，是一种共同交流经验的方式。人们参与一种有共同利益的事，每个人必须使自己的行动参照别人的行动，必须考虑别人的行动，使自己的行动有意义和有方向，这样的人在空间上大量地扩大范围，就等于打破阶级、种族和国家之间的屏障，这些屏障过去使人们看不到他们活动的全部意义。"❷同时他还指出了两个民主社会的特征：人们的共同利益和人与人之间的相互影响。

简单来讲，杜威将民主看作一种生活的方式，也是一种共同交流经验的方式。结合他的教育目的论我们不难看出，他看重的是自由平等的人在"民主共同体"中的"共同参与"。他认为人们之间由于缺乏各方面的共同利益的自由而平等的交往，理智刺激作用失去平衡，导致人们无法进行适当的交流，社会成员没有自由的往来，人们之间的关系也会更加地分化和孤立。总的来说，杜威关于"民主与教育"的论述直接指向教育本身，认为教育是实现"作为生活方式的民主"的最重要的手段，学校生活也是社会生活的雏形，这就要求学生自由平等地交往并参与到公共生活中去，同时要注重人与人之间经验的充分交流和互动。

---

❶ 约翰·杜威.新旧个人主义——杜威文选[M].孙有中，等译.上海：上海社会科学院出版社，1997：241.

❷ 约翰·杜威.民主主义与教育[M].王承绪，译.北京：人民教育出版社，2001：97.

（四）本书理论分析框架

根据以上理论形成本书的理论分析框架，如图1.1所示。

四、创新之处

第一，从研究旨趣上看，对素质教育改革的研究大多集中在课程、教学理念与实践的探讨上，较少有从教育社会学的视角探索基础教育改革中"学生成长"问题的研究。本书尝试从教育社会学视角出发，探讨学生在多元选择的制度环境中的真实成长状态，通过实证研究方式对学生的成长状态进行分析和阐释。

第二，从理论视角上来讲，布尔迪厄的"惯习"理论试图超越二元主义，建立一种实践的理论，尝试把行动的反思性带回到实践中[1]，但是这种反思是从学者和研究者角度的反思。对行动者的反思性布尔迪厄所谈不多，但是对惯习理论的进一步探讨促使我们思考：人不只具备自发的无须意识的惯习，还有反思、自主的一面。那么，行动者的反思性如何发挥作用呢？此时我们引入杜威的"经验"概念，在经验的连续性和交互作用中去进一步探索这个问题。这是对布尔迪厄的惯习理论和杜威的经验教育理论在"超越二元主义"问题上进行融合思考的一个探索性尝试。

第三，全面系统地探寻基础教育改革发展的实践经验。我国目前正处于基础教育改革深化发展期，自2001年新课程改革以来，已有20余年的历史。本书选择典型的课程改革案例学校开展相关研究，能够收集到第一手资料，便于总结基础教育教学改革的实践经验，探索中学教育发展的良好路径。同时，能够为其他相关学校的教育教学改革提供一些参考。

---

[1] ELDER-VASS, DAVE. Reconciling Archer and Bourdieu in an Emergentist Theory of Action [M]. Sociological Theory, 2007（4）：325-46.

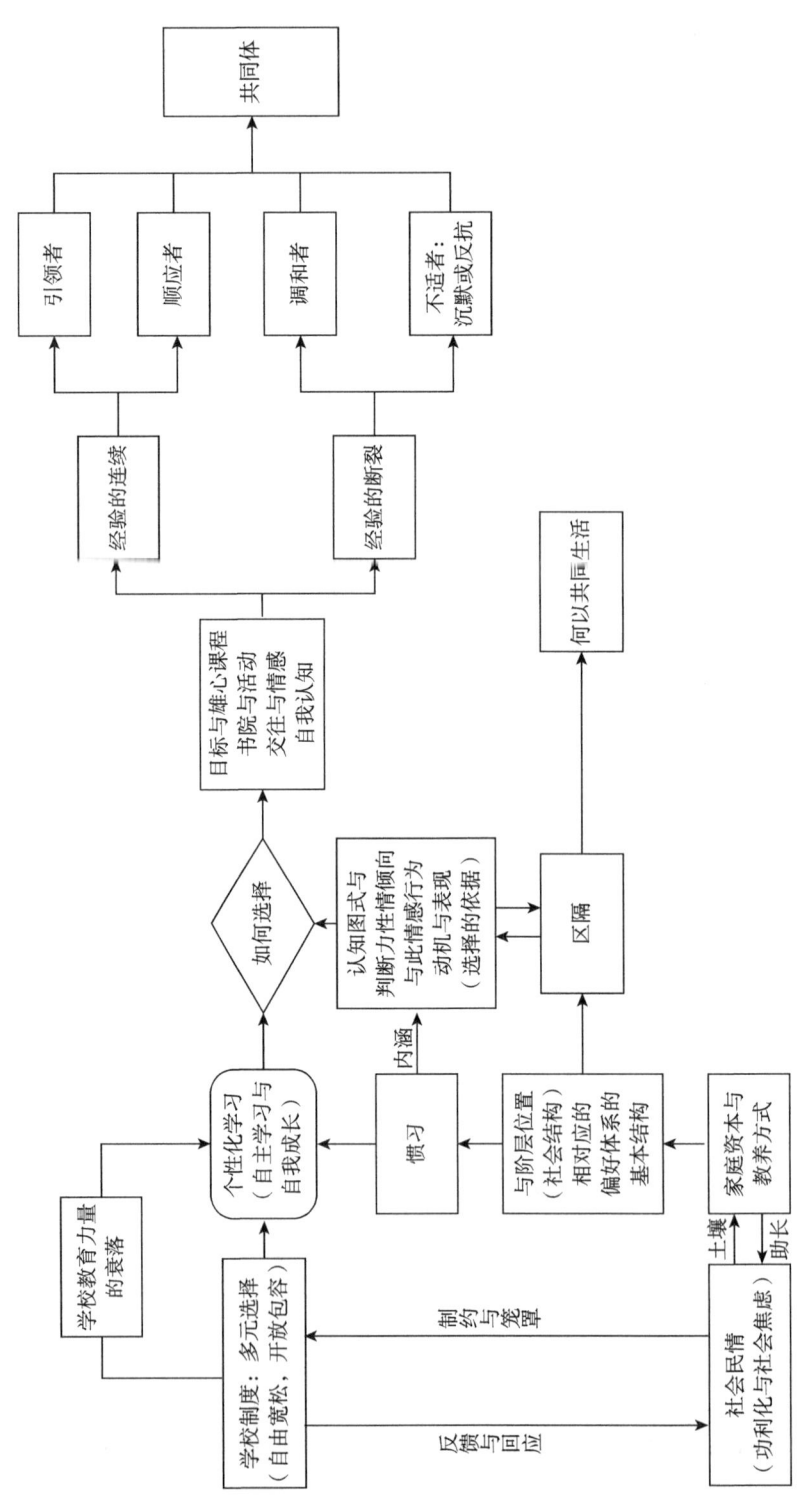

图 1.1 理论分析框架

第四，从学生视角探索基础教育改革发展的现实困境。本书以学生的多元选择为出发点，探索学生自主学习背后需要的复杂制度支持和资源支持，以及学生个性化学习和共同生活的遭遇和困难。通过解剖麻雀，本书希望能够揭示当下素质教育改革的发展困境，希望研究成果能给教育工作者提供一定的参考意见，帮助学校厘清教学改革过程中出现的问题，以利于更好地开展教育教学实践，帮助学生学会选择，获得成长。

五、研究方法

（一）方法选择

研究方法是服务于研究问题和研究目的的，采用合适的方法对于整个研究过程来说至关重要。本书的目的是描述和观察高中学生在多元选择的制度环境中真实的学习和生活状态，并从中了解自主学习背后的问题。为了使整个研究更加具有针对性，问题更加聚焦，资料更加翔实，依据研究需要选择了北京的一所中学（以下简称"F中"❶）开展实地调研并系统地收集相关实证研究资料。❷除了采用问卷法收集一些基本信息之外，本书主要采用质性研究方法收集和分析资料。"质的研究是以研究者本人作为研究工具，在自然情境下采用多种资料收集方式对社会现象进行整体性的研究，使用归纳分析资料和形成理论，通过与研究对象互动对其行为和意义建构获得解释性理解的一种活动"。❸研究者根据自己的研究问题和目

---

❶ 为了保证研究遵循严格的伦理原则，对所调研的学校进行匿名化处理。因此，在呈现本书的内容时，称这所中学为"F中"。

❷ 本书所收集资料的截止时间是2021年年底。随着时间推移，学校自身的制度（如组织机构变革、学院和书院名称和定位的变化等）会发生相应的变化，后续的相关变化暂未被列入资料搜集范围之内。

❸ 陈向明.质的研究方法和社会科学研究[M].北京：教育科学出版社，2000：12.

的，采用了此种研究方法。具体来说，主要包括访谈法、参与式观察、问卷调查与档案搜集四种。

1. 访谈法

"访谈"❶是一种研究性交谈，是研究者通过口头谈话的方式从被研究者那里收集（或者说"建构"）第一手资料的一种研究方法。访谈过程生成的研究资料是双方之间共同建构的，需要研究者理解被访者的日常话语及话语背后的含义等，因此访谈过程中研究者要注意被访者的一些"无声的语言"，如态度、动作、神态、表情、穿着等特征。

研究所采用的是半结构化的访谈。研究者对访谈的结构有一定的把控，遵循一定的访谈提纲进行谈话，但同时也会鼓励被访者积极互动，提出自己的问题并讨论。实际上，访谈提纲是供参考的框架，具体的访谈内容以研究者和受访者双方之间讨论的问题进行灵活的调整，以便收集到更加翔实的材料。每个人的访谈时间预计为90分钟，但大多数访谈者乐于分享，使平均访谈时长达到了2小时。访谈地点是由访谈者和受访者共同商定的，访谈内容在经过受访者同意的情况下使用录音笔记录并辅之以笔记，访谈结束填写接触摘要单。访谈录音逐字逐句转录为书面文稿，最后对原始数据进行编码分析。在资料整理和分析过程中，若遇到疑问会联系受访者进行确认或讨论以便使访谈资料真实可信。

访谈的对象主要包括学生、学生家长、教师代表、学校相关管理人员。服务于研究的目标，本书主要的访谈对象是F中在读或已毕业的学生和相应的学生家长，选取典型的学生案例进行重点分析，深入分析学生如何做出选择，如何制订学习目标和规划，怎么处理师生关系和同学关系，家庭教养方式如何等。基于上述考虑，笔者设计了访谈提纲，访谈情况如表1.2至表1.4所示。❷

---

❶ 陈向明.质的研究方法和社会科学研究[M].北京：教育科学出版社，2000：165.
❷ 基于研究伦理的考虑，本书对所有受访者均采用匿名化处理。

表1.2 学生访谈情况

2019届学生	2020届学生	2021届学生	其他届毕业生
8人	29人	22人	5人

表1.3 家长访谈情况

2019届家长	2020届家长	2021届家长
3人	6人	5人

表1.4 教师访谈情况

C学院	A学院	B学院	三中心	预科部	学校管理者
13人	10人	7人	3人	3人	11人

2.参与式观察

为全面了解学校的制度环境及学生在学校的真实学习生活情况，本书采用参与式观察的方式收集相关材料。在参与式观察中，观察者和被观察者需要共同经历一些事情，在交往互动和直接体验中观察他们的言行举止。整个资料收集的过程中，研究者以"实习生"的身份进入学校和学生生活中，以自然的方式进入研究现场，观察学生的日常学习生活。参与式观察的主要内容包括：学生的课堂活动、书院活动、课外活动（包括比赛、展览等其他校园团体活动）、自习室活动、高中部校会、校友日活动、毕业典礼、书院领导的个别会议、高中部家长会等各种开放性的和封闭性的、校方统一组织的和学生个人或者群体自发组织的学校活动。

同时，也找寻机会经常与熟悉的教师和学生进行相关沟通，通过他们的行为、举止和语言等捕捉信息。观察的内容主要包括以下方面：学校的整体物质环境及文化氛围、学校教师的工作状态、学校学生的生活状态、教师和学生的关系、同学之间的关系等。在观察的过程中，作者对相关研究材料进行全面记录，并写下观察日志以方便研究。

3. 问卷调查

问卷调查是大规模收集数据最便捷的方法。本书的问卷❶分为两部分：一是学生问卷，这也是研究者所做的预研究的一部分。该问卷参考了"北京大学本科教育质量调查问卷"❷，并根据所调研学校的具体情况设计了学生问卷。这份问卷是为后续学生访谈提供一些基本线索的，因此研究者对问卷的发放范围进行了有意的设计。发放的对象是2018届高三年级学生，共回收随机问卷93份，占当年毕业生人数的25%左右。问卷涉及的范围既有学校推荐的优秀毕业生，又有研究者随机选择的毕业生，以使信息真实可靠。

二是家长问卷。因为本书的一部分内容是探讨学生的家庭教养方式对学生"自主学习"的影响，因此学生家庭方面的信息收集显得尤为重要。家长问卷的主要内容是根据学生访谈及学生问卷的相关情况设计的。研究者借参与学校大规模家长会的机遇，一方面与家长开展随机的交谈，另一方面借此机会发放家长问卷，共回收问卷440份，占学校所有学生家长的1/3以上。根据所收集到的信息，我们对问卷内容进行描述分析，主要补充个案访谈收集不到的资料。

4. 档案收集

本书还收集了与研究相关的一些档案资料，主要包括以下内容：

从学校成立以来到这项研究开始开展期间的简要历史。研究者整理学校为学生提供"自主学习"的制度环境等一系列改革措施，主要的关注点在于课程、教学、教师和学校管理方面的一揽子改革举措，以及学生学习生活和学习活动内容发生的具体变化。

学校制度的变化是从课堂组织形式和课程设置开始的。因此研究者收集了学校从2011年到2021年的一些课程表的简要内容。还收集了学校几

---

❶ 本书问卷的目的主要用于收集背景性的资料，以便全面了解研究对象。

❷ 这是由北京大学教务部"北京大学本科生教育质量调查课题"团队编制的问卷。

个书院章程、活动等组织管理文件及一些活动的照片和实物（包括纪念品、文化衫、其他"周边"等）。

除了以上内容，研究者还收集了学校一些荣誉文凭[1]的资料、官方的宣传手册、学校领导者的部分讲话稿（包括开学典礼和毕业典礼的讲话稿），以及学生的作业、学生自己创办的杂志、相关的微信公众号（主要关注由学生创办和运营的微信公众号）等。

（二）研究对象

1. F中案例简述

本书以F中素质教育改革实践为背景，探索在多元选择的学校制度环境下，学生自主学习的故事，即学生的各种自主"选择"如何形成，以及不同选择下的学习、生活状态。

F中曾是北京市一所重点中学，有着不错的生源和较好的声誉。近年来随着改革进程的发展，F中集团化办学的方式逐步实现了教育资源与改革经验的扩展。需要说明的是，研究者所做的研究案例定位在学校本部，收集资料仅限于本部学生、家长、教师及管理者。

学校占地70亩，建筑面积65 000平方米，建有5栋教学楼、图书馆、公寓楼、学生宿舍楼、餐厅楼、体育中心，并设有4个专业剧场。体育馆里有篮球馆、羽毛球馆、武术馆、健美操和瑜伽馆、柔道馆、击剑馆、体操馆、乒乓球馆、跆拳道馆、田径场、足球场等，馆内可同时满足800人参与各项体育活动；馆内还设有多个艺术类课程活动空间，艺术中心开设了戏剧创作表演、舞蹈舞台剧目、平面媒体设计等50多门课程。艺体场馆设施的完善为学生体验丰富的艺体课程提供了可能性。

F中有教师将近400人，高中部学生1500多人，实行多元自主发展模式。四大学院即A学院、B学院、C学院和E学院，根据学生不同发展方

---

[1] F中的校级奖励，后文有论述。

向为其提供多元化学科课程。截至此项研究结束,高中部有8个学生书院,每个书院包括各年级学生约150人。❶学校广泛利用社会资源,为学生开设科技、艺术、体育类俱乐部和兴趣选修课程80余门。同时开展形式多样的学生活动,如高中部以书院为单位开展的舞蹈节、戏剧节、足球赛、篮球赛等。❷

F中呈现文中所描述的诸种面貌,主要始自2009年学校全面开展的各项改革措施。这一年,学校进行了换届选举,新一届领导到任后召开了行政办公会,学校进一步启动了教育教学改革。领导者就学校工作如招生工作、教师聘任、职称评定、课程设置等进行重新部署。如今,从全面推进素质改革到现在,又是10余年过去了,经历过变革后的F中是怎样的?

这10余年间,依托素质教育的一步步推进,改革和变化构成了F中的主题。配合着教育理念的根本变化,F中"以学生为中心"的多元自主育人模式逐步确立。从课堂组织形式到课程的结构和类型,从师生关系到学生之间的交往,从培养目标到评价方式,从招生到培养方式,从管理理念到整个学校的组织结构,F中发生了巨大的变化。这些变化既是这个时代赋予它的印记,又是F中自身寻求变革发展的自我革新。

2009年以来,F中提出全新培养目标——致力于培养个性鲜明、充满自信、敢于负责,具有思想力、领导力、创新力的杰出公民;他们无论身在何处,都能热忱服务社会,并在其中表现出对自然的尊重和对他人的关爱。这个目标成为这10余年间学校管理者和大多数学生耳熟能详的句子。F中在高中教育阶段创建学院制、书院制、选课制、走班制、导师制、学长制等多项教育教学组织和管理制度,开设公民教育课程和综合实践课程,推进艺术、体育教育的专业化,探索线上线下结合的混合式学习,以学生为中心重构了中学教育与学习模式。2015年以来,F中响应并贯彻北

---

❶ 关于书院制的讨论,后文会有详细内容。

❷ 关于书院赛事活动,后文有详细论述。

京市教育均衡化发展政策，开设了多所分校。2017年9月，F中教育集团总校诞生，开启了集团化办学的新局面。

2. 进入研究现场

研究不是一蹴而就的，这项研究始于2018年6月。依托于学院的研究项目，笔者跟随相关负责人进入F中参与访谈。这是第一次真正意义上接触和接近F中，有种被震撼的感觉。这里的学生和笔者所经历过的高中生活完全不一样：没有固定班级，没有班主任，没有固定教师，也没有固定教室；但是有宽敞的书院活动室，有丰富多彩的课外活动，有多种多样的选修课，有宽松自由的氛围……这一切对笔者来说仿佛非常陌生但极具吸引力。看到学校种种改革措施的落地，一系列的问题也在脑海中不断涌现，好奇心一下子被激发起来。

2018年9月，笔者以实习生的身份进入F中，这对收集资料是极大的便利：可以自由出入学校，可以与教师、学生深入接触。在经过教师允许的情况下能进入教室旁听，能和教师、学生等协商开展访谈，于是笔者得以和一些教师认识，并和其中几位保持着长期联系。

在经过组织者同意后，笔者参与了个别书院的自治会内部讨论，旁听了一些书院的换届大会，参与了一些书院全员参与的议事会，也观看了几个书院举办的大型赛事活动和其他常规活动。

在与学生协商好时间和地点的情况下，可以不受校方和教师干预自由开展访谈，很多受访者愿意介绍其他受访者，于是访谈对象群体像"滚雪球"似的越来越大，也越来越多样。个别受访者有兴趣和笔者一起探讨研究内容，甚至还一起讨论将受访学生类型化的问题。因此，所收集到的访谈资料及这项研究的内容是双方共同建构的。

2019年7月，随着夏季学期结束，大规模集中收集资料的过程暂告一段落，而各种零星收集资料的行动仍然在持续，贯穿于这项研究的始终。除了访谈资料，笔者还收集了相关的学校文档资料，如校史记录、课程表等，以及大量的参与式观察资料。实习生的身份使笔者能够顺利进入现场，研究者身份是藏于实习生身份之下的，这种"双重"身份能够为整个研究开展"参与式观察"提供便利，为收集到更加真实可靠的资料提供保障。

六、本书结构

第二章"'魔法'背后：多元选择的制度逻辑"主要是从学校制度变革的角度出发，整体上描述了F中学生自主学习的制度环境和支撑，即多元选择的制度是怎么构成的，以及制度背后的理念与逻辑。

从第三章开始，研究的视角转到学生在学校的学习和生活上，即学生的"多元选择"和"自主学习"是如何发生的。第三章"选课的技艺：学习的开始"，主要处理学生如何选课的问题，学生选择课程，课程也在选择学生。第四章"多样化活动：另一种学习"，描述的是在课程和教学改革的背景下，传统"学习"的对照面"活动"是如何重构"学习"内涵的。第五章"选择书院：参与共同生活"，主要描述的是走班制之下学生的共同生活问题，即书院制学生自治的实践与困难。第六章"自我与他人：在关系中成长"，聚焦于多元选择下，学生的情感、人际交往关系的具体状况。

第七章"不可选择：家庭及教养方式"，再次转换视角，从家庭教养方式出发，描述学生"自主学习"背后家庭的支持力量是如何发挥作用的。不可否认的是，家庭的力量早已参与，甚至是"主导"学生在学校的各种表现，无论是学习成绩、课外活动、人际交往，还是其他方面。而且，家庭参与学校教育从表面上看是家长和学校教师的沟通互动；但其实家庭强大的干预力量是长期、深远和内隐的，最突出的表现就是家庭对学生各种"自主选择"的引导和干预，以及对学生性格和行为习惯的长期培养。总之，本章想要讨论的是在学校宽松、开放、自由选择的环境中，学生自主学习状态千差万别的根本因素是什么。简单来说，每个学生家庭的教养方式不同，影响甚至决定他们对学业学习和学校生活的适应性。

最后，第八章"讨论与结论"部分，讨论了学校"多元选择"制度的可能性与局限性，以及学生"自主学习"不同类型的背后因素。同时回归到研究问题个性化学习与共同生活背后机理的探讨，进一步回应"谁的素质教育"这一基本追问，并以教育改革中如何处理"保守"与"创新"的关系作为结语。

第二章 "魔法"背后：多元选择的制度逻辑

进入F中的单晓丹，像是掉入了一个不太现实的"魔法"世界，周围的一切都是那么超乎想象，她对"高中生活"的理解正在被颠覆：不用每天一直坐在同一间教室，没有班主任每天的耳提面命，有人多课外活动想参加，认识各种有趣的人、遇到不同想法的人……高中生活给她的整体感觉：学校很宽松，学习很轻松，所有的遭遇似乎都在上演着另外一出《歌舞青春》的大剧。近几年，随着学校改革的深入，F中不断上演着各种"魔法"。那么，这些魔法和剧幕的背后究竟是什么样的制度设计？学生如何学会使用魔法获得成长？

一、"多元自主"：以学生成长为中心

自实施改革以来，F中秉承着"以学生成长为中心"的教育理念，创设了一套完整的"多元自主"育人模式，鼓励学生"自我培养、自我成长、自我规划、自我教育、自主实践"。为此，学校创设了一系列的制度支持学生个性化学习、自主学习与多元发展。

F中学生按发展方向分为国内高考和出国留学，不同发展路径学习模式各异。参加国内高考模式的为"二一分段"，即高中部（高一和高二）两年+预科部（高三）一年。高中部两年按国家课程标准完成必选

---

❶ 本书所聚焦的内容均为本部（国内高考和本部出国）学生、教师、课程和制度等，不涉及国际部学生和道尔顿学院课程及教师等内容。

修课程，通过合格性考试，完成毕业学分，获取北京市高中毕业证；按F中课程标准完成相应课程学分可申请F中毕业文凭。高中部实行走班选课制和学科分层教学，学生根据各学科水平选择适合自己的课程，也可以根据学业水平切换不同难度的课程。学科教学采取线上线下结合的教学模式，学习评价采取形成性评价与终结性评价相结合、相对评价与绝对评价相结合的模式。各学科建设有独具特色的专业教室和实验室，语言、人文、数学类课程在专业教室上课，科学和实验等类课程在实验室上课。预科一年在高中系统学习的基础上重点突破高考和学业水平考试中的等级性考试，并准备面向高校招生的综合素质选拔和自主招生考试。预科实行班级管理制和选考分层教学，学生按高考科目语文、数学、英语整体分层，同时按选考组合科目分层。学科教学采取线上线下相结合的教学模式，学习评价采取绝对评价机制。学生在预科部专业备考教室上课，在精通备考课程和高校专业方向的导师指导下规划学业目标和学习路径。除走班选课之外，学校还为学生配备了相应的导师，该制度简称为"导师制"，以导师和学生双向选择为主。

出国留学分为本部出国学习模式和国际部学习模式，其中国际部师生单独组成学院，即E学院。本部出国学习模式主要针对高中学习期间学业目标由国内高考转向出国留学的学生，经学生与导师确认目标后，按出国规划在高中三年进行选课学习，完成相应课程学分并由国际部升学指导中心安排升学顾问对申请国外大学流程予以指导。国际部（E学院）学习模式针对高一入学伊始选择E学院的学生，高中三年按国际部要求完成相应课程和实践活动学分，在导师和升学顾问指导下完成国外大学申请。

选课走班制与完全学分制。F中学生的课表由学生自主选择生成，每一位学生都有一张个性化的课程表。每年学校都会组织一次网上选课，每次选课需要安排一个学年（四个学段）的课程。根据学生的不同发展方向，高中三年将有不同类型的课程供其选择。自由选课打破了在"固定班级"上课的传统，由此形成了"走班制"。2010年，为配合选课走班制，F中实施了完全学分制。同样的毕业学分，学生可以根据个人的发展方向、能力和学习兴趣在不同的学院选择不同的学习内容，安排个人的修学计划。学生需至少获得123学分方可申请F中普通文凭。❶针对高二及以上学生，F中普通文凭❷（不设上限和下限）和荣誉文凭（不设下限，上限保持在每书院本届总人数的10%以内）采用申请制。

绩点制是实行学分制的配套措施，学分负责统计学习的量，绩点负责评估学习的质。学分绩点=学分×绩点，所有修习合格课程的平均学分绩点用来评价一个学生学习的质量。修习合格的每一门课程都可以依据所得成绩得到一个绩点，F中的绩点等级共分8级，如表2.1所示。

表2.1 F中绩点等级

课程绩点等级	A+	A	B+	B	C+	C	D	F
普通课程绩点	4.5	4	3.5	3	2.5	2	1	0
荣誉课程绩点	5	4.5	4	3.5	2.5	2	1	0

"四学院"与"三中心"。为了促使课程能够满足学生的"多样化"需求，学校致力于调整课程管理结构。其中学院是根据不同方向提供多元化学科课程（Academic Curriculum）的管理实体。换句话说，作为提供课程的机构，学院由开设不同课程内容的教师组成，事实上，它基本被学校定义为"为学生选择课程"而服务的机构。F中现有A学院、B学院、C学院、E学院四个学院。"中心"和书院的地位不相上下，是为学生提供活动类课程（Activity Curriculum）的管理实体。与学科课程不同的是，活动类课程强调体验、实践与成果展示。在这样的环境下，对于知识的学习，

---

❶ F中文凭分为普通文凭和荣誉文凭两种。普通文凭是指获得学校规定学分并符合F中培养目标，经个人申请举证、学校认定后，由学校授予的文凭。荣誉文凭是指在获得F中普通文凭基础上，在F中培养目标的某一方面有突出表现或成果；经个人申请举证、学校认定后，由学校授予的文凭。荣誉文凭作为F中最高认证，体现其培养目标的典型水准，可以作为学生国内外升学等各类推荐的核心依据、校长推荐计划依据、自主招生依据。

❷ F中普通文凭所计算的综合实践活动是以项目为单位，故总学分与北京市高中毕业学分要求相比减少了23学分，但F中普通文凭又与北京市高中毕业学分要求相比增加了2个校本选修学分，因此总学分为123学分。出国学生在满足普通文凭的要求下，根据自己的意愿、大学的要求及升学指导教师的建议进行选择。

除了需要"知道"以外，更重要的是要去"做"，通过"做"获得经验、感受和成长。视觉与表演艺术中心（Visual and Performing Arts Center）开设国家课程艺术领域的综合课程与技能课程，包括综合影视制作课、综合舞蹈课和综合戏剧课等综合性艺术课程，从北京舞蹈学院、北京电影学院、中央戏剧学院等国内顶尖艺术院校聘请教师前来授课。运动与健康教育中心（Athletics Education Center）开设国家课程体育与健康领域的田径类、球类、体操类、水上或冰雪类、民族民间体育类、新兴运动类6个运动技能系列及1个健康教育专题系列。信息与通用技术中心（Technology Education Center）开设国家课程技术领域的信息技术与通用技术课程。

除了拥有丰富和多层次的学科课程外，F中的一大特色是丰富多样的社团和俱乐部活动。学生社团的宗旨在于汇集兴趣相同的同学，以社团活动形式让学生有机会发展兴趣，通过自主实践的方式实现自我管理，从而促进自我成长并实现自我教育，同时营造充满活力的校园文化气氛。俱乐部不仅有艺术和体育方向，也有以学科竞赛为主的学院开设的俱乐部。俱乐部有指导教师，将社团体验、课程学习、活动开展三者相结合，为学生提供专业的系统课程。注重团队，强调深入，是俱乐部的培养方向。

选课走班之后，学生统一归入"书院"。学校目前设立8个书院。书院既是学生生活的社区，也是学生管理的行政实体，同时又是学生的自治组织。可以说，书院是学生公共生活群体，也是学校组织学生参与传统赛事活动的主体，更是学生"新老"之间文化传承的载体。根据相关资料内容，之所以划分书院，是因为学校的出发点在于培养锻炼学生关注并解决身边公共事务的热忱与能力。学校给每个书院配备了一位"督导"教师，主要负责协调书院的整体事宜，但这位指导教师并不拥有名义上对书院事务的决定权，事实上书院指导教师更像是一位"旁观者"，而非直接的管理者或参与者。每个书院配置6名左右高中部教师担任书院指导教师，根据教师所教课程所在的书院进行分配和安排，经指导教师双选调剂及书院督导确认后，确定各书院指导教师名单。新生入学后在书院进行分配和选择，指导教师和督导最终确认。书院指导教师任期为一年，原则上中途不做调整。

这意味着，每一位书院指导教师在书院督导的管理下，对本书院高一学生的活动及个人规划提供支持和帮助。

F中尤其注重同辈群体之间的引导作用，并因此设立了"学长制"。2009年以来，F中为了落实书院文化在"新老"之间的传承，发挥"同侪正向引导"作用，推行了以"学长团"❶为核心的学长制：各书院均由高一、高二两届学生组成，基于同伴之间的协同与互助，形成学长制（buddy system）。高一至高二，经过一年的学习，通过自主完成相关任务，高二学生成为书院学长。高二至高三，通过组织书院文化传承项目、主持各类书院大小事宜、推动书院学生自治等活动，高年级学生发挥同侪影响力。这些学长学姐通过提供有责任感的、无私的指导，协助学弟学妹成长，并在此过程中实现个人价值和成长。在"学长制"引导下，各个书院形成了学长学姐与学弟学妹之间互相交流的机制，倡导他们之间以老带新，相互友爱。

总的来说，F中形成了一整套比较细密的育人制度，支撑学生通过多元选择实现其个性化学习与自主学习。我们想要追问的是：这套看起来"严丝合缝"的制度是如何形成的，其育人价值是什么？

二、自由选课与学分制

（一）自由选课制：自主与个性

正式入学前半个月左右，正在旅游的安佳慧收到了学校的邮件，要求她在3天内把高一年级第一学期（包含2个学段）的课程表内容选定下来。虽然在接到录取通知书时，她和父母已经开始做功课：打听授课教师、询问课程质量、咨询成绩评价……可这一刻，初中也在同一个校园的她竟感觉有些陌生，她将要通过自主选择生成一张"自己为自己负

---

❶ 值得注意的是，F中"学长团"已于2020年6月取消，以学长团作为社团模式推进学长制发展。

责"的课程表,该如何作出最佳选择呢?这是所有这一届和安佳慧一起入学的学生将面临的共同问题。微信群消息不断闪烁,不管身在哪里,他们似乎忘记了时差,也忘记了睡眠,他们或者询问父母,或者询问学长学姐,或者询问自己……除了要和时间赛跑,他们还要保证自己的选课币❶能够用得其所,选到自己心仪的课程。一位选课高手说:"你不能每次都投整数,因为方便计算,大多数人倾向于投整数,但如果在整数上加1或者2就会胜算比较大,如投61或者62,不要去投60。"用安佳慧同学的话说,选课的过程充满着"精妙的计算与人心的博弈,夹杂着爱与奋斗的泪水"。很难想象看似简单的"选课"居然充满着如此多的玄机。选课的结果是每个人都有一张自己的"个性化课程表",这张课程表是基于自己的兴趣、爱好、优点和不足生成的,包括自己的学业生涯规划,这就是F中的自由选课制。学生的课表由学生自主选择并个性化生成,选课是学习的开始,也是学习本身。在这个过程中,学生需要理解什么是取舍、什么是规则、如何获取资源、如何在选择后对结果负责。

2009年5月,F中启动教育教学改革,正式在高中部实行"二一分段"制。2010年,在学校50周年校庆之际,F中开始实行全面的教学改革:学校废除了固定年级和班级、固定地点、统一进度和学习任务、区分主科副科的以"年级—班级—师生"为主线的班级授课制,实行选课制、走班制、学段制❷、小班化教学等制度。教学改革的核心就是课程改革,选课是学习的开始:"在共同必修的基础上,各科课程标准分类别、分层次设置若干选修模块,设立选修课;此外,学校根据社会、经济、科技、文化发展的需要和学生的兴趣,开设若干校本选修课,供学生选择。"❸ 为了减少并行科目,保障学生有充分的选择,2012年,F中高中部全面实施学

---

❶ 选课币,也叫"意愿点",是F中学生选课使用的帮助自己选到心仪课程的"砝码"之一,每学期每个人选课币总数为200,单课程选课币上限为200。

❷ 一个学期分为2个学段,每个学段包括10周。

❸ 参考内部资料:2010年F中教育年鉴,2020-06-10。

院制,"基于学生多样化、多元发展方向"而设立多元化的课程体系。各学院分别聘任教师,形成多元化学科课程的管理实体。学院是教师和学科课程的单位:学院根据学生不同的发展方向提供多元化的学科课程,高中部"四个学院"课程分类简介如表2.2所示。高中部的四个学院分别是A学院,定位于高中常规文理科教育,开设高考方向的九门学科课程;B学院,定位于理科方向深度学习,开设竞赛课程、荣誉课程、初高中衔接课程;C学院,定位于公民教育和项目学习,开设研究性学习及综合实践课程;E学院,定位于本科出国留学方向,开设自主研发的中外比较和跨学科课程。❶

表2.2　F中四学院课程分类

	A学院	B学院	C学院	E学院
发展方向	定位于高中常规文理科教育,开设高考方向的九门学科课程	定位于理科方向深度学习,开设竞赛课程、荣誉课程、初高中衔接课程	定位于公民教育和项目学习,开设研究性学习及综合实践课程	定位于本科出国留学方向,开设自主研发的中外比较和跨学科课程
学习方式	分层、个性化的线上、线下学习模式	自主学习、团队合作、深度探究	项目制学习模式	道尔顿制学习模式

自由选课制实行以来,课程结构发生了根本性变化:首先,学科课程是分层的,以高中数学课为例,A学院开设的数学课程"概率与统计(上)"分为基础班、提高班与普通班课程,是按照国家标准开设的;而B学院开设有高于国家标准的数学荣誉课(为更优秀、自主性更强的学生提供更为深入的课程)、数学竞赛课(以备战高中数学联赛为目标)。其次,校本选修课地位逐渐上升,同时给予教师比较大的自主权,如教师可以根据自己的特长结合学生的需要开设课程。最后,人文项目和艺体活动课程。例如,参加学校一年一度的书院赛事活动(如书院戏剧节、书院舞蹈节、书院足球杯比赛、书院篮球杯比赛),也属于课程的一部分,这个

---

❶ 参考内部资料:F中高中学生手册,2020-5-28。

类型的课程属于"俱乐部课程",是"选择性必修"类课程。从F中的课表结构可以看出,每周选修课的上课时间与学科课程的上课时间均是3个小时。科目之间没有所谓的"学科等级"存在,在一定程度上保证了学科平等,如表2.3所示。

表2.3　F中2018—2019学年课表结构❶

课次	时间	A	B	C	D	E
1、2	8:00—9:35	①	⑤	⑨	③	⑦
3、4	9:45—11:20	②	⑥	①	④	⑧
午休、答疑							
5、6	13:30—15:05	③	⑦	校会、议事会、导师见面会	⑤	⑨
7、8	15:15—16:50	④	⑧		②	⑥

注:①②④课位安排学科类课程,③⑤⑥⑦课位安排学科类及活动类课程。

自由选课制起源于美国。1869年,查尔斯·W.艾略特就任哈佛大学校长,为了将实用性的学科引入美国大学,他推行了自由选课制(elective system)。自由选课制"汲取了耶鲁和哈佛在科学学院、哲学博士教育与英语等现代语言——而非希腊拉丁这样的'死语言'——方面的教育经验,将之发展成为本科教育课程体系的第一原理"。❷这一制度极大地鼓励实用学科在大学中占有一席之地,改变了古典学科的统治地位。更为重要的是,个人自由和个性化的需求得以彰显,就像艾略特曾经质问的:"自由很危险吗?是的!但是它对于人类品格的成长是必要的,这也就是我们生存的目的……(我们)在自由中经历考验而培养出品格。选择造就了人性的高贵。"❸自由选课制的出发点在于重视学生的个性化需求,每个人根据自己的基础和目标选择不同的课程和授课教师,因此每个学生拥有了

---

❶ 关于上课时长,F中经历了多次调整,从原来的一节课45分钟,到后来的一节课60分,再到表格中呈现的一节大课90分钟。
❷ 李猛.在研究与教育之间:美国研究型大学兴起的本科学院问题[J].北京大学教育评论,2017(4):2-22,185.
❸ 劳伦斯·维塞.美国现代大学的崛起[M].栾鸾,译.北京:北京大学出版社,2015:92.

"私人订制"的课程表,它告别了几十人一张课程表的整齐模式,给予每一个学生"自由"选择的权利。提供课程的"学院"就像一个个分类明确、种类丰富的自助餐厅,让学生摆脱了被动上课的束缚,从受教育者变成主动的学习者,告别吃所有人一样的标准餐,他们拥有选择吃什么、和谁吃与吃多少的自由。换句话说,"以学生为中心"始于学生拥有选择权的落实。

差异化教学。实际上,选课后学生所组成的教学班级或小组是他们按照自己能力和兴趣自动进行的分组。分组的好处是学生上课各自依照自己的学习进度、程度和能力,选择相应的课程,不用勉强自己跟随过快或者过缓等不合适的节奏,解决了有的人"吃不饱",有的人"消化不动"的情况。例如,一位学生入学的时候,他的数学水平已经远远超越了高中数学毕业考试所需掌握的内容,而且他参加过中学生数学竞赛,那么他可以选修数学竞赛课程,或者选择大学先修课程,而一位数学基础一般的学生可以选择数学基础课程,另一位数学基础稍好且喜欢挑战有难度的学生可以选择数学荣誉课程。同一个能力分组的教学班,教师在教学方法的选择上也更加方便和灵活,如分组讨论,如果学生之间的水平差异太大,讨论起来有人觉得浅显,有人觉得深奥,对学生来说便是浪费时间,并无多大裨益。按照能力、兴趣等分组教学实质上是一种差异化教学,它强调立足学生的个性(智力水平、兴趣、态度、习惯、情感等)差异,促进其个性发展,实现"个性化"教学。

虽然自由选课制最大限度地鼓励学生基于自己的兴趣和爱好去学习,鼓励学生个性化发展和自主学习,但也带来相应的问题,并且合适的"选课"对学生的自我认识能力要求较高。首先,课程呈现得如此多样新鲜,这是否意味着所有感兴趣的课程都要选择?学生如何区分什么是自己真正感兴趣的课程内容而不至于浅尝辄止?如果学生"随意选课"会使选课内容缺乏关联性和系统性,导致知识的断裂和学习的碎片化。因此清晰的学业生涯规划和教育者的适时指导就显得尤为重要。但问题是:靠谁来进行清晰的学业生涯规划,学生自己能否完全自我规划?学生能否在需要帮助的时候及时获得教师的指导和帮助？其次，追求自由带来的结果是高度自主化和个性化的学习，可能会在一定程度上削弱了与人联合、团结所带来的愉悦感。由于学生的学习内容不同，而且每个人都有自己的课程表，他们在思想和行为倾向上出现分化是在所难免的事情，这对学生的共同生活提出了新挑战。

（二）完全学分制：多元与异质

与自由选课制相伴而生的是学分制的课程修习方式。2010年，配合走班选课制，F中实施了完全学分制。❶在学院制和选课制支持下，同样的毕业学分，学生可以根据个人的发展方向、能力和学习兴趣在不同的学院选择不同的学习内容，安排个人的修学计划。例如，高考方向的单晓丹和出国方向的王子靖在选课时就会根据个人规划各有侧重。

在信息系统个人规划一栏选择国内"某大学中国语言文学类专业"的单晓丹，在修完必修学分的基础上，选修了自己感兴趣同时也为以后进入大学奠定基础的"论语研读""红楼梦选读""明清散文选读""古希腊哲学研读""英语写作"等课程。而想要本科去美国修读社会学专业的王子靖，充分利用F中的课程资源，选修了"全球城市""性别与爱""中国学""英文原著阅读""英文报刊选读""电影经典研读"等课程。同时，单晓丹由于要参加国内高考且数学基础好，修习数学课时选择了难度较高的"数学荣誉"课程；而王子靖打算高三毕业出国留学，再加上数学基础一般，选择了"数学基础"课程。这样的选择并不会影响两个人所获得的学分，因为所有的课程评价并不会因为前者更难而给予更高的学分，都是2个学分。这样就保护了学生个体的兴趣、爱好和个性，使目标和基础不同的学生各有所获，各取所需。

---

❶ 学分制：完全学分制是一种把必须取得的毕业总学分作为毕业标准的一种教学管理制度，它要求按照培养目标和教学计划中各门课程及教学环节的学时量，确定每门课程的学分，设置必修课和选修课，规定各类课程的比例，以及准予学生毕业的最低总学分。

我国基础教育阶段学分制的推行可以追溯到新课程改革。2001年，教育部颁布的《基础教育课程改革纲要（试行）》中关于高中课程结构方面，鼓励学校积极试行学分制管理，拉开了我国普通高中推行学分制的帷幕。2003年，教育部颁布的《普通高中课程方案（实验）》中明确指出，普通高中的课程由必修和选修两部分构成，并通过学分描述学生的课程修习状况。而且该方案给出了较为详细的选修和必修课程设置，以及学分制的具体要求，这个具备操作性和指导性的方案推动了选课制和学分制的普及。

学分制与学年制相对应。学年制是以学年为计量单位衡量学生学业完成情况。学分制则是把规定的毕业最低总学分作为衡量学生学习量和毕业的标准。相较传统的学年制来说，学分制是一种弹性的、宏观的评价方式。根据2017年教育部颁布的《普通高中课程方案（2017年版）》，普通高中课程由必修、选择性必修、选修三类课程构成，三类课程的修习情况用"学分"来表示。学生完成相应课程规定课时的学习并考试（考核）合格，即可获得相应的学分。国家课程标准规定1个模块课程学习时间36课时，考核合格可获得2学分，1个专题学习时间18课时，考核合格可获得1学分。学生毕业学分最低要求为144学分，其中必修课程88学分，选择性必修课程42学分，选修课程14学分（含校本课程8学分），如表2.4所示。

表2.4 普通高中课程学分结构[1]

科目	必修	选择性必修	选修
语文	8	0~6	0~6
数学	8	0~6	0~6
外语	6	0~8	0~6
思想政治	6	0~6	0~4
历史	4	0~6	0~4

---

[1] 中华人民共和国教育部.普通高中课程方案（2017年版）[M].北京：人民教育出版社，2018：5-6.

续表

科目	必修	选择性必修	选修
地理	4	0~6	0~4
物理	6	0~6	0~4
化学	4	0~6	0~4
生物学	4	0~6	0~4
技术（含信息技术和通用技术）	6	0~18	0~4
艺术（或音乐、美术）	6	0~18	0~4
体育与健康	12	0~18	0~4
综合实践活动	14	—	—
校本课程	—	—	≥8
合计	88	≥42	≥14

中学实行选课制和学分制的历史起源于美国。1974年，美国中等教育改组委员会颁布的《中等教育的基本原则》文件中，对中学应设科目规定为：共修学科、选修学科和自由选修学科。至此，美国中学的学分制体系及运作方法基本确定下来。❶一定时期教育改革处理的问题是社会矛盾在教育中的集中反映。众所周知，20世纪六七十年代的美国是一个变革集中发生的年代：20世纪60年代的社会大动荡（包括黑人运动、妇女运动、学生运动、劳工运动等一系列民权运动），使人们对当时社会现存的权力关系结构和巨大的社会不平等日益不满，中下阶层民众尤其是底层民众走向表达各自诉求和争取各自"权利"的道路，多样化的需求日益凸显。而20世纪70年代，随着媒体的增殖，国家公共广播电台的诞生，以及商业有线电视和许多可供选择的报纸出现，整个美国社会呈现出多元化和多样化的状态。

选课制和学分制的确立正是美国社会多元性和多样化在学校教育中的体现。早在1945年，哈佛大学出版社出版"民主社会中通识教育目标问题"研究报告——《哈佛通识教育红皮书》时，学校教育的多元化已经初

---

❶ 陈月茹.美国高中学分制及其意义[J].全球教育展望，2003（1）：22-27.

露端倪:"当前高中多元化的教学就像一面布满灰尘的镜子,朦胧地反映出了社会的多元性。"❶学生之间的异质性要求学校课程最大限度地注重人与人之间的差异,随之而来的就是学校课程的变革和丰富。

  自由选课制和学分制的出现和发展是现代高中课程变革的核心内容。自由选课制有利于学生的个性化发展和自主学习,但这并不意味着学生可以任意选择课程。学生选课是有诸多限制的,必修课程是国家规定的必须要修完;选择性必修课程也是必修内容,只是学生可以根据自己以后所要修习的专业或个人兴趣选择不一样的内容;选修课程相对自由一些,如表2.4所示。以上这些课程都有一定的学分要求,1个学分相当于18个课时,每课时按45分钟计算,模块教学实践根据实际需要设定,一般为18课时的倍数。其中,综合实践活动共14学分,包括研究性学习6学分、社会实践6学分,志愿服务2学分。正如《普通高中课程学分结构表》中所展示的那样,不同课程之间只有学分(课时)多少,没有高低贵贱之分,于是课程的多样化和丰富性得以实现。

  就像艾略特将实用课程带入哈佛大学一样,在自由选课制和学分制之下,现代高中的课程得到极大的丰富,越来越注重课程目标的丰富性、课程结构的选择性、课程管理的多元化、课程评价的过程性等。"课程的扩张"❷是伴随着社会环境的变化和人们生活方式的变革而发生的。这种情况在我国主要出现在20世纪90年代之后。在此之前,中学教育尤其是高中教育的培育功能和选拔功能是融合在一起的,所传授的知识也是为升学做准备的。在此之后,各种主体诉求日益凸显,传统的学校教育已经无法满足人们对教育的期待和需求,对"应试教育"的批判俯拾皆是,而课程改革的呼声也日益高涨。终于,国家在2001年启动了新一轮的基础教育课程改革。

  自2001年教育部颁布《基础教育课程改革纲要(试行)》以来,新

---

❶ 哈佛委员会.哈佛通识教育红皮书[M].李曼丽,译.北京:北京大学出版社,2010:8.
❷ 《哈佛通识教育红皮书》中提出"教育系统前所未有的扩张"。参见:哈佛委员会.哈佛通识教育红皮书[M].李曼丽,译.北京:北京大学出版社,2010:3.

课改在我国基础教育中得以开展。新课程改革在目标上试图改变"过于注重知识传授"的倾向，设置综合课程和选修课程以凸显课程结构的均衡性、综合性和选择性，实行国家、地方、学校三级课程管理，建立促进学生全面发展的评价体系。2003年教育部颁布的《普通高中课程方案（实验）》，秉承新课程改革的"多元性""选择性""自主性"理念，提出普通高中课程要"适应社会需求的多样化和学生全面而有个性地发展，构建重基础、多样化、有层次、综合性的课程结构"，同时要"创设有利于引导学生主动学习的课程实施环境，提高学生自主学习、合作交流以及分析和解决问题的能力"。❶该方案将普通高中课程结构分为：学习领域、科目、模块三个层次。高中课程设置了8个学习领域，12~13个科目，每一科目由若干模块组成。值得一提的是，课程模块之间相互独立，且每一模块都有明确的教育目标。以F中高中地理学科为例，高一地理课程分为"自然地理"和"人文地理"（根据学生高考选考地理与否，该课程对其要求也不一样），高二接着学习"自然地理""旅游地理"和"区域地理"，同时授课教师又增加了自己开设的"区域问题研究"课程作为区域地理的补充。课程的模块化把学生的学习分为若干个单元，这些模块之前有一些与前面或者后面学习的课程有联系，但是也有许多只是经验的"孤岛"❷，与其他课程没有任何关联，这实际上加剧了课程的分化，也在一定程度上把高中的学习分裂为若干个部分，处理不当便会导致碎片化的学习和知识的割裂。但相对于多样化的需求而言，这个问题似乎显得不太重要。

人们期待通过教育塑造良好的社会风气，然而教育的变革从来都是社会环境变化的反映。当社会生活不断出现新的要求的时候，教育的内容也不断被充实。在一定程度上，可以说学校的课程改革是为了试图满足不同学生的需求，提供让"人民满意"的教育。但由于学生的异质性和社会生

---

❶ 教育部.普通高中课程方案（实验）[EB/OL].（2020-06-14）[2023-01-04]. https://wenku.baidu.com/view/1bacf466640e52ea551810a6f524ccbff021ca35.html.
❷ 哈佛委员会.哈佛通识教育红皮书[M].李曼丽,译.北京：北京大学出版社,2010：9.

活的纷繁复杂，学校教育尤其是公立学校所承载的内容似乎比想象中要多一些，想要让"人民满意"绝非易事。正如F中当前所面临的处境，不同类型的家长对学校的期待和要求会反映到他们对学校改革的态度上：有的积极拥护，有的强烈反对，有的踌躇观望，有的不管不问。

三、书院制：走班制之后

（一）走班制：流动与迅速

实行选课制后，每位学生都拥有一张个性化的课程表，根据自己的课程表到相应的教室上课。如前文所述由于教学班成员是变化的，学生便由固定班级、固定地点上课变成了变化的教学班组合和不同的学科专业教室，从而形成了走班制。每到课间，F中的走廊和楼梯人头攒动，学生们急急忙忙地赶往下一个教室上课。远远望去，乌泱泱一片宛若进入了一个热闹非凡的集市，他们脸上或带着热情，或挂着冷漠，或激动兴奋，或疲惫低落，或轻松自如，或严肃紧张……无论这一刻是开心的还是沮丧的，是活跃的还是平静的，10分钟后，校园里立刻恢复了安静，大家都坐在了该座的位置。这个转场过程非常迅速，大多数人都能及时"赶"到下一节课的教室。

F中推行走班制的初衷，是为保证学生在个人学业规划中有更大的自主权，体现了"学生中心"的理念，推动学生的自主学习和自我规划能力的发展。同时，走班制也打破了固定班级制下只能与有限数量同学交流的状况，使得学生可以在不同团队中得到更多思想和观点的交流。为进一步推动走班制，F中还实行"学段制"：将传统的一个学期20周划分为2个学段，每个学段有10周的时间，第10周是考试周，课程和考试都是以学段为单位进行的。学生在每一个学段都可以进入不同的课程，选择不同的教师，和不同的同学组建新的课堂学习环境。走班制让每个人摆脱了"班集体的束缚",学生告别了在固定地点、固定时间、接受同样教学内容的模式,正在体验着自由、流动、迅速和个性化的学习。

新学期伊始,住在同一个宿舍的YXJ和ZJA就筹划着一起选课,想多一些互相陪伴的时间。虽然很多课选的一样,但不是所有的课都能选得上。选课的结果是一周只有两节课撞上了,这让她们很遗憾。不过和周围的同学相比,遗憾之余她们也表示庆幸,作为少数住校生的一分子,她们俩还能在课后约饭、自习,而没有撞课❶的走读生在学校里彼此相处的时间要更少一些。所以,"上午和一拨人一起上课,中午和另外一拨人吃饭,吃完饭又和第三拨同学一起参加活动,下午再和第四拨人一起上课,然后再和另外一拨人参加活动或去俱乐部,最后自己一个人回家或者去辅导班继续上课"的情况对很多学生来说是常态。

初入F中的学生需要有一定心理调适能力才能适应这种流动性的学习,想要和同学"撞课"似乎并不容易,想和教师建立稳定的关系同样显得有些困难,但好处是他们的社交面得到了前所未有的扩大:这种流动性的课程设置其实给了学生更多的交友和交流空间,有一些从没有想过自己会去认识甚至是做朋友的人,会在这种不同的课程设置和不同的课堂里得以相遇。学生JTL以S书院举例,本部和国际部同学可以"玩得特别好",F中这个环境让大家形成一种"多点社交",把同学们交际圈子从"我和我班级的同学"扩展到了"任何和我有关的同学"。而且"有关"这个词的内涵也非常丰富,可能是与课程有关,兴趣相似,如参加同一个活动,在同一个社团,或者喜欢某一个教师。总之,在各种点上都可能认识人,交到不同的朋友,建立各种"面上的交流和关系"。在和F中某书院负责人讨论"走班制带来了什么"这个问题时,她的第一反应就是会"形成多点社交",这当然是值得庆幸的,对于学生来说这甚至是他们向"成人"迈进的第一步。

突如其来的社交面扩大将一个传统的"班级人"推向了"社会人"的角色。如何在短时间里认识更多的人,哪些是对我有帮助的人,哪些

---

❶ 这是一个在F中语境中经常使用的词语,俩人同时选上同一门课叫作"撞课"。

是和我有竞争关系的人，哪些人和我是"点赞之交"，谁才是我的朋友，遇到困难我向谁求助等一系列的社交问题扑面而来，倒逼着学生去做各种选择。也许正是在这样的不断选择中，学生们才一点点变得自主和强大。问题的另外一面也格外突出：在流动性环境中如何形成稳定的关系？这种"面"上的交往如何能够形成互相帮助的同学关系和真正的友谊？形成团结的集体感和真诚的友谊是防止利己主义的重要条件，这需要共同的经历，需要时间和精力上的付出。然而走班制和学段制给学生们共同经历某些事情带来了困难，正如某人文课程授课教师RLM体察到的那样：如果在某个课上他和谁走得近，可能下学段他们连面都碰不上；如果你想要和一个人"约课"，双方就要承担"约课"的责任；他们有很多半熟不熟的人，但就是缺乏朋友，中午有很多社团活动，但学生却没有时间交朋友，这是他们特别真实的"找朋友困境"。学生有时候不来上课，那是因为没有一起上课的人，这是个很大的问题。人与人之间的关系从半熟不熟到真正"熟悉"进而成为朋友，需要小火慢炖，精心熬制才能变得浓稠。学生似乎过早进入了一个"陌生社会"，他们在其中不断地寻觅，想要获得一些温暖和友谊。"人是社会动物""不能讨好别人""要开放自己的内心""在她建立新的壳之前，他又一次进入了她的世界。冷静地，炽热地"。❶这是2018年12月观看书院戏剧节展演时某部戏剧中出现的台词。作品讲述了一个独立、有思想的女孩不被理解，却又极度渴望寻求理解和认同的故事。她渴望出现一个能理解自己的人，又害怕受到伤害，所以封闭自己，用冷眼去观察那些她无法融入其中的人们的生活。整部剧传达着学生的追问：你是谁？如何找到真正的朋友？你是否走进过一个人的内心？如何帮助那些在角落中茕茕孑立、形单影只的人？2018年F中戏剧节的主题是"Who am I"。戏剧节鼓励学生通过创作、表演和评价戏剧这一艺术作品的形式探索内在的自我如何丰盈，以及自我在"社会"中所经历的种种矛盾和冲突。

走班制下学生是流动的，但某一门课的教师和教室是相对固定的，这

---

❶ 资料来源：2018年12月，书院戏剧节某书院的戏剧部分台词。

就是所谓学科专业教室。有的教师常年都在自己的固定教室办公，他们把这里当作自己的家，将教室布置得极具个人特点。例如，学生经常会拿201和204对比：站在门口望去，201教室的桌椅排列整齐，一排排桌子上摆满了书，你坐下来甚至看不到前面的人，只能看到一些黑影在晃动，而且每个人的桌上都放着一本《论语》和一本关于鲁迅的书，这应该是授课老师要求的，墙壁上密密麻麻地贴满了鲁迅的画报和有关鲁迅的各种文章；授课教师趁午休的时候会在教室里焚香，教室里非常安静，即使是没课的时候也没有人在教室里聊天；如果没有经过这位学科教师的同意，其他学生既不能也不会进入这间教室自习，这里像是一个封闭的小岛。同在二楼的204教室则显得很开放和有些"叽叽喳喳"。不上课的时候，学生既可以在这里聊天，也可以在教室里吃零食和外卖，教师的要求仅仅是吃的东西味道不要太大，吃完把垃圾带走，她更希望这个教室是属于学生的。这间教室布置得很温馨，有很多毛茸茸的玩偶和一些定期更换的鲜花，也经常飘出咖啡的香味。上课的时候学生可以随意摆放桌椅，随意就坐，甚至可以抱着玩偶趴在桌子上，这里真的像在自己家里一样。像这样的学科专业教室为流动的学生提供了可以偶尔栖息的地方，让疲惫的身体和忙碌的心灵可以得到稍许慰藉。

　　走班制最早开始于美国。"走班制"的英文叫法是"non-graded instruction"，即"非固定班级""部分年级制"或"无年级制"教学。1959年，美国著名课程专家约翰·古德莱德（John Goodlad）开始倡导实施"无年级教学"（non-graded's schools）。他认为班级制教学没有考虑到学生的个性差异和独特性，不符合儿童发展的真实状况，包括儿童的个性差异、发展水平等不同……他出版了一系列的书籍论述这种教学制度，走班制后来在美国、加拿大推广开来。❶而后，走班制在欧美很多国家的中学开始推广。如今，走班制已经在世界范围内得到推行。目前美国的大多数高中都实行了走班制，学生可以根据自己的能力和兴趣进行选课。20世纪

---

❶ 荣维东.美国教育制度的精髓与中国课程实施制度变革——兼论美国中学的"选课制""学分制""走班制"[J].全球教育展望，2015（3）：68-76.

末期，伴随着素质教育的开展和新课程改革启动，走班制开始逐渐走入我国的中学。但是总体上来看，我国的"走班制"还处于试验阶段，并未在全国范围内普遍推广开来，一些有条件的中学积极推行走班制，鼓励学生自由选课，推动学生自主学习并进行自我规划。

自由选课制和走班制之后，学生的"自由"时间的确是多了，但自我规划却更加"紧迫"了。因为没有被统一安排好的各项学习任务和日程表，他们必须清楚地安排好一长串每天"要做的事情"（to do list，也被学生称为TDL），这些事情有清晰而烦琐的要求和明确的时间节点（deadline，又被学生称为DDL）限制。为此，学生要安排好自己的时间，在众多DDL之前完成各种"作业"。一方面是个体的自由，无论是选课还是走班都体现着一种个体的自主意识和自由感；另一方面是"如江洋一般的各种要求"，逼着他们不断提高效率，以加速赶在截止日期之前完成。走班制带来了自由选择的空气和多重变换的空间，也带来了时间上和心理上的不断加速。

（二）书院制：学生自治与共同生活

书院制的确立意味着学院和书院的分离。将学院和书院分离的出发点在于使学生摆脱对教师的依赖和束缚，以彰显其个性和自主能力，用F中管理者的话说就是："让学生站起来。"从军训开始，新生所要学习和接触的关于在校生活、活动和学习的很多环节与内容都是在书院中进行和完成的，不再像过去那样由教导处、年级主任、班主任一直"盯"着。例如，每一年新生入学由该书院学长学姐组织的新生入学教育中非常重要的一课就是对选课制、走班制等系列学校制度进行培训和模拟。这意味着学生要从一开始就意识到必须自己规划在校三年的学习生活，自己为自己负责。学生既拥有"自由选择的权利"，也面临着"不知如何选择"的困惑。行使权利和解决困惑最重要的途径是学生在书院中学会自主学习。

1. 选择书院

在 F 中，新生入学后首要面临的事情就是选择书院。在新生入学前，书院提前招募本书院的学长学姐成立一个"招新项目组"，负责该书院全部招生事宜，这个过程学校管理者和教师基本上不参与。招新项目组的内部结构比较完善，一般由答疑群组、文案组、宣传片组、审核题组等几部分组成，主要通过对新入学的学生出题、审核、录取、调剂，挑选"适合"的学生；而所有的学生都会自己"选择"，经历"磨砺"，然后进入其中一个书院。并不是每一位新入学者都能进入自己选择的书院。进入书院是一个双向选择的过程，并非填报了就能被录取。具体过程如下：入学前，每位学生通过系统填报书院志愿，可填报 1~2 个，经考核通过后方能被录取，没有被第一志愿书院录取的学生自动进入第二志愿，第二志愿没有被录取就会被调剂到未录满的书院。学生 SQY 咨询学长学姐之后，考虑到自己以后的目标和规划，选择了 D 书院，至今她还记得当时做题时填得满满当当，即使这样做完后还是忐忑和紧张。得知自己被录取时，她特别开心，同时也暗暗提醒自己，不能放松，这是一个新的起点，自己要努力配得上这个书院的气质。这让人想起英国作家 J.K. 罗琳创作的长篇小说《哈利·波特与魔法石》描述的分院仪式：它是霍格沃茨魔法学校每年新生都必须进行的重要仪式，将不同的学生分到适合他们的学院。

艺术源于生活。现代意义上的分院制起源于英国的教育系统：牛津大学和剑桥大学从 15 世纪开始实行导师制并有了住宿学院。哈佛大学从 20 世纪初开始借鉴和引进英国的住宿学院模式（the House System，以下称书院制），当时的校长洛厄尔（Abbott Lawrence Lowell）认为，大学的目标是同社会交互作用，而不是复制当代文明的缺陷；他在就职演说中强调，美国大学应该发展人的社会性能力，把学生培养成社会性公民。❶他在哈佛大学建立起若干个学舍，每个学舍有餐厅、活动室、图书馆等，是学生生

---

❶ 张家勇，张家智. 哈佛大学本科生住宿制和导师制[J]. 比较教育研究，2007（1）：75-79.

活和成长的重要场所。❶在学舍中,学生几乎可以学到一切,它变成了另外一个"课堂"。后来,包括耶鲁大学在内的很多美国高校开始采用书院制培养学生,书院制逐渐成为这些著名大学通用的人才培养模式。直到现在,它都是哈佛大学本科生教育最著名的传统之一。学生在第一学年结束的时候,将会被分配到12个不同的住宿学院中。每所住宿学院能够容纳350~500名学生,并设有餐厅、公共休息室、学术、娱乐和文化活动设施,目的是帮助学生在人员众多的大学里建立一个紧密联系的共同体。❷这些住宿学院是学生离开家之后的栖身之地,不仅是学习、休息、交往和娱乐的场所,也是学生情感归属的地方。

书院制不仅流行于西方的本科生教育中,也对我国本科生教育产生了很大影响。1949年,钱穆、唐君毅、张丕介及一群来自中国内地的学者在香港创立"亚洲文商学院",后于1950年3月改组并易名为"新亚书院"。其教育宗旨在于"上溯宋明书院讲学精神,旁采西欧大学导师制度,以人文主义之教育宗旨,沟通世界中西文化,为人类和平社会幸福谋前途"。❸近年来,国内一些高等院校兴起了本科生书院制教育模式,例如,2005年开始推行书院制改革的复旦大学、2006年的西安交通大学、2008年的汕头大学、2009年的肇庆学院、2010年的暨南大学、2011年的苏州大学、2012年的南方科技大学、2012年的北京航空航天大学等。有学者研究认为,高等学校兴起的书院制教育模式有着"以学生为中心""充分发挥宿舍育人功能""实行导师制"这三大特征。❹值得一提的是,我国古代的教育机构——书院由唐代开始形成,发展于宋代,是集教育、讲学、议政、藏书于一体的高等教育机构。当今高等学校中书院制教育

---

❶ 郭俊.书院制教育模式的兴起及其发展思考[J].高等教育研究,2013(8):76-83.

❷ Harvard College. The House System.[EB/OL].(2020-09-25)[2021-04-03]. https://college.harvard.edu/life-at-harvard/residential-life.

❸ 香港中文大学新亚书院.书院介绍[EB/OL].(2020-09-25)[2021-04-03]. http://www.na.cuhk.edu.hk/zh-hk/aboutnewasia-zhhk/history-zhhk.aspx.

❹ 郭俊.书院制教育模式的兴起及其发展思考[J].高等教育研究,2013(8):76-83.

模式的兴起，不仅借鉴了国外书院制培养模式，也在一定程度上继承了我国古代书院教育"自由讲学""自主管理""师生共处""学生互助"的基因。

无独有偶，F中的书院制也借鉴了欧美的书院制和中国古代的书院制传统，形成独具特色的高中"书院制"育人模式。大多数学生直呼现在的书院为"house"制，似乎也是为了与国际尤其是欧美社会接轨。

初入F中，就被教学楼中几个由传统教室改造而成的透明大房子吸引：房子一侧的窗边散落着几个毛绒玩具的沙发，靠近走廊的一侧是连在一起的玻璃落地窗，靠窗的位置是错落有致的吧台式桌椅和几把随意摆放的吉他。两面墙壁上是体现书院特色的装饰：书院色、书院盾和书院荣誉。靠墙的地方有一个小小的共享书架，中间是一些可以随意挪动的高脚桌椅。学生三三两两地聚集在一起，有的坐在桌子旁边看书或写作业；有的靠在沙发上聊天或者休息；有的抱着手机打游戏或看视频，还不时发出几声尖叫；有的聚集在一起围着笔记本电脑在小声讨论；有的拿着咖啡或者饮料发呆……这里弥漫着宽松而慵懒的氛围，包容着各种各样的情绪，和教室紧凑的布局与严肃的气氛形成了鲜明的对比。这里就是学生的"书院活动中心"，也叫"书活"，还有人称它为"单元"。学生既在这里休息，也在这里学习；既在这里交友，也在这里娱乐。

自2009年起，F中取消班级制，根据不同发展方向将高一、高二学生分为六个单元。其中，高考学生为一至四单元，四单元为文科单元，理科竞赛学生为五单元，出国学生为六单元。2013年开始，一至六单元发展为现今的8大书院。2019年9月起，M书院和S书院被确定为出国方向，其他书院为高考方向。F中将书院制定位为基于学校教育改革实践创设的学生成长教育制度，书院是践行"教育即生活、学校即社会"公民教育思想的重要平台。目前，F中实行的书院制与传统的班级制相比，有一些突出的特点，具体见表2.5所示。

表2.5 书院制与班级制的比较

对比项	班级制	书院制
成员数	约60人	约150人
组建方式	学校安排	书院学长与新生双选
学生年级	同一年级	高一、高二、高三混龄
发展方向	不区分	出国、高考等
组织管理	班主任	议事会、项目组、书院督导
日常活动	班委组织	书院内项目
活动场地	班级教室	书院活动室
评价体系	优秀班级评分	书院自主申优
传承方式	无	书院学长
文化	班级文化	书院色、书院logo等书院文化

2. 同辈群体:"小社会"与混龄制

和班级相比,书院的人数更多,是传统班级的2~3倍,这在很大程度上拓展了学生的交往空间。在传统的高中,学校按照学生年龄分为高一、高二和高三三个年级;再根据班主任特点或者学生的学习成绩划分为横向的班级,每个班级40~80人。学生的交往范围很大程度上受限于这个固定班级,只有少数的人能实现跨越班级交往,更不用说跨年级交往。班级是一个学校和班主任管理下的稳定而封闭的空间,具有很强的同质性,学生的自主和独立能力缺乏充分的锻炼,容易导致学生在大学生活中出现一些问题。正如F中管理者在访谈中曾提到的:"进来(高校)的学生还要有班主任的管理,有时候家长还要去照顾孩子,孩子的独立性、交往能力、选择性、自主性都不强。"相较于班级来说,书院的异质性更强,学生的构成比较多样,这相当于一个"小社会"。在书院这个小社会中,15~18岁的青少年经历着人生的第二次诞生和成长,他们要自己选择参加什么样的活动,选择和谁交往,建立自己的朋友圈,学会如何平衡个人和团体之间的利益。

书院还有一个突出特点是它的混龄制,每个书院都融合了高一、高二的（和部分高三）学生。❶这是一个打破了年级和班级的空间，是一个相对真实的社会环境，让学生学会和不同年级、不同性格、不同爱好、不同家庭背景的人相处与交往，甚至要形成一个相对紧密的共同体。这对于高中生来说无疑是具有挑战性的，尤其是如何在一个较大的"小社会"中提高交往能力，交到朋友，建立友谊，处理更加亲密的关系等。

生机勃勃和充分的接触只有在一种互相交往的亲密中才能培育出来，而这种互相交往必然是范围有限的。❷为了促进不同年级之间的交往，在总结以往经验基础上，书院学生逐渐自发形成了BBS（Big Brothers and Sisters）制度。这项制度是由D书院和X书院的学生联合创立，目的是让高二的学长学姐帮助高一的学弟学妹尽快适应F中的学习与生活。高一新生在开学两周内寻找学长学姐，书院议事会（项目组）组织高二学生自愿报名担任BBS，高一学生填报志愿，然后进行分配和调剂，每一个报名的高一学生都会由1~2位高二学生担任BBS。书院会组织一些活动促进BBS和学弟学妹之间的交往，学长学姐也会带着学弟学妹尽快适应高中生活，传授学习生活经验，帮助他们建立长、短期规划，彼此之间成为朋友。每个书院BBS制度的名称不同，有的书院称为JS（junior and senior），有的书院称为FG（family group）。尽管名称各不相同，但其出发点和宗旨是一样的，一是为了使作为同伴群体的学长学姐和学弟学妹互相帮助，二是在学校中形成一种"以大带小"的传承文化。

这种"以老带新"的思想最早可以追溯到我国古代的"高足弟子次相传授"的教学方式。从董仲舒开始，汉代私学多实施"次相授受"的教学法，由经师先把学业传授给少数高足弟子，再由这些高足弟子分别传授给其他弟子，逐次相传，即可满足所有弟子的求学需要。18世纪末，英国普及初等教育的过程中为了解决教师少学生多的难题，设立了贝尔-兰克斯

---

❶ F中采用的是"二一分段制"，高一、高二属于高中部，高三是预科部。高三学生因面临升学问题，参与书院事务较少。一些书院赛事活动仍会看到高三同学的身影，尤其是申请去国外读本科的学生。

❷ 约翰·杜威.自由与文化[M].傅统先，译.北京：商务印书馆，2013：136.

特制,由教师挑选出一部分年长且成绩好的学生先进行教导,他们学成之后再去教授其他学生,挑出来的这部分学生被称为"导生",因此这一制度也被称为导生制。20世纪30年代,我国教育家陶行知在开展平民教育运动过程中,为解决师资不足的问题设立"小先生制",这些小先生是先拥有知识和经验的人,再去传授给其他需要学习的人。

  同样是"以老带新",F中也强调"长"和"幼"之间友爱互助的传统和经验的传递。更为重要的是,它营造了一个学生交往相对真实的环境,使"交友问题变得既方便又有挑战性",为学生在校学习生活带来诸多方便的同时,也锻炼了学生进入社会时需要的人际交往能力。一位高二学生在访谈中说:"在所选的课程中可以接触到各个年级和不同书院的人,因为人家是从不同的背景来,会有很多不同的见解,上课讨论的时候会很有收获,慢慢地视野也会变得开阔许多。"另外一位已经毕业5年的校友回忆自己这段经历时感慨颇多,他认为在F中自己的人际交往能力得到很大提升,这让他进入大学之后在人际交往方面表现得十分出色,游刃有余。他虽然是学校里较为活跃的学生,但是在BBS制度创立时,周围的同学热火朝天地报名,他却无意参加,因为他自认为自己是一个"没有什么爱心的人",也是一个不愿"耽误自己的时间去关怀小朋友们"的人。然而他也坦言,后来的事实证明,跨年级的交往几乎是无法避免的,他的很多好朋友都来自不同的年级,此中有着太多益处。实际上,中华人民共和国成立后我国在教育和其他行业工作中一直有"传帮带"的传统,是"老手"对"新手"在知识、技能、经验等各方面的传授和指导。F中书院制保持着这种方法的影子,这是一种值得传承的方法,更是一种值得提倡的风气和氛围。

  更进一步讲,或许正是书院中存在不同的年级,提倡以老带新,能够让这些聚集在一起的15~18岁的学生更加容易找到相互影响的"同辈群体"。同辈群体之间由于兴趣、爱好、年龄、态度等方面的相似性,更加容易产生互动和交往。而且这种互动和交往不同于师生之间的交往,是学生自主选择的结果。正如有笔者指出的,与家庭和学校相比,同辈群体最大优势在于它本身是学生自己选择、自己建构的产物。在同辈群体中，学生之间无社会身份之差，无名利之争，每个成员均可享有比在家庭与学校中多得多的自由，并能实际感受到这种自由。❶书院制为同辈群体之间的交流提供了空间和机会：他们或者因书院项目组成为彼此的合作者，或者由于共同参与书院选举成为彼此的对手。一位毕业4年的校友在回忆三年高中经历时说："书院制使我们更早地脱离父母的管束，从一开始入校时的选择书院、选择课程，到选择交往的伙伴，选择参与的活动都是由学生自己来安排，它很好地锻炼了自己的掌控能力，在不断试错的过程中使自己变得更加独立和勇敢。"

3. "民主生活"：在游泳中学游泳

班级制的组织管理是以班主任为中心的，而书院的日常运营和活动组织主要是由学生选举出来的书院主席和书院议事会负责。书院像是一个小"城邦"，学生都居住在这里，他们需要面临共同的问题，处理公共的利益，他们需要自己去管理自己，这就是特色鲜明的书院公共生活和学生自治实践。在F中，书院各项事务由学生自主管理，它既是学生的自我尝试、自我纠错和自我成长，也是公民教育的突破点和大胆尝试。

（1）共同生活的保障：书院招新活动。F中有8大书院，各书院自行制订章程，依据章程确定管理形式，产生管理机构，书院内各项事务由学生自主管理。一般书院的事务主要包括日常的运营，以及招新活动、入学教育活动、议事会（包括换届大会）、书院赛事（戏剧节、舞蹈节、篮球杯、足球杯）、BBS活动、新年活动等。对新生来说，书院招新活动是他们踏入书院公共生活的第一步，正如前文所述，进入书院是一个双向选择，要在各具特色的几个书院中选择自己心仪的书院，同时要承担被"刷掉"或者"淘汰"的风险。他们通过招新进入书院，接触到将要和自己共同度过2~3年书院生活的同辈群体，共同组成一个小"城邦"。

---

❶ 吴康宁.教育社会学[M].北京：人民教育出版社，1998：224.

对学长学姐来说，他们代表书院行使权力，挑选符合书院需求和气质的新生力量，把守着一届届学生的更迭和书院的延续，这大概是关乎一个书院存在的最重要的公共活动，它是新生进入共同生活的保障。然而这项工作看似简单，实则烦琐。2018年M书院的招新项目组分了6个小组，分别负责出题、平面设计、外联、宣传文案、宣传拍摄、审核等工作。项目组的成员即使自己生病或者学习繁忙，也要赶在DDL之前尽力完成工作，这是因为一个共同的名字——"M"书院。一位负责文案的同学说："放暑假之后，我就开始承担了书院招新的文案工作，我一遍一遍地写，然后又一遍一遍地改，总共写了6稿，两万字左右，写到最后心态都快要崩溃了，还好最后出来的这个稿子比较让人满意，看到这个结果还是会很开心的。"招新工作是一个系统工程，不只是文案工作，其他小组同样经历过心态上的起起落落，漫长的修改过程、突如其来的熬夜、令人疲惫的争吵、与学弟学妹沟通所耗费的心力……招新结束后，M书院招新项目组总负责人告诉笔者："经历过这个招新过程让我成长很多，回过头来看，真的不是我一个人在努力，我的小伙伴们分别都承担了很多任务，我们是抱在一起的一个整体，各尽其能，为着一个共同的目标——将书院最好的一面展现给新生而努力着，当看到申请数量超出预期的时候，觉得一切的努力都是值得的，前面所经历的不愉快早已烟消云散，留下的是自豪和欣慰。"M书院这次招新工作前后历时2个月左右，几十位书院学生在这个漫长的过程中处理着各种细碎却重要的事情，他们沟通、设计、创造、修改、循环往复，甚至为了解新生而形成了一套"打招呼流水线"（加微信、改备注、自我介绍、介绍基本情况、简单聊天寒暄等）。他们在这琐碎的共同生活中建立起了丝丝缕缕的联系，承担着书院分在个人身上的责任，同时获得了作为书院成员所享有的共同荣誉感。

（2）公共生活的日常呈现。书院活动室是所有书院学生自由出入的场所：上课前的准备、下课后的娱乐、没课时的自习、活动时的讨论、演出前的排练等都可能在书活中进行。流动性学习让每个人摆脱"班集体的束缚"，学生告别了在固定地点、固定时间接受固定教学内容的模式，体验着流动、迅速且较为短暂的走班制学习与学段制学习。这种学习模式似乎让大家失去了某种"固定"的东西，而书院活动室给学生提供了一个相对稳定的、属于学生的、独特的、开放的公共空间。

在最自然的意义上，书院活动室像是一个家，也是"流动学习"中最固定不变的场所。进入书院活动室，常常见到这种情景：学生三三两两地坐在桌前写作业，有的靠在沙发上看书，有的捧着手机打游戏或看视频，有的聚在一起商量着什么事情，他们各自忙着自己的事情并不被其他人打扰。Z书院的学生BHW说："我基本上每天中午都会来书活待一会儿，如果哪天没来就觉得少点什么。来了之后或者和同学聊天，或者一起吃外卖，甚至是一起打一局游戏。没课的时候来书活自习特别舒服，反正这里挺轻松愉悦的，有点像家的感觉。"BHW所言不虚，就像学生创作的文章和戏剧中也经常展现的那样，书院活动室甚至成为一个固定取材的场景，这里总是寄托着他们的某些情感，有快乐，也有忧伤。

而在管理（政治）意义上来说，书院活动室是一个名副其实的"公共空间"。书院是由来自不同年级、不同家庭背景、带着不同期待和目标、来自不同入学选拔形式的多样化群体组成，学生是异质的。但是，书院作为学生的行政实体奉行的是"自主管理"模式——书院制。不同于传统科层制与等级化学校组织管理结构，书院制是一种去权威和去等级化的扁平式学生治理结构。在科层化管理的传统学校中，师生关系基本上倾向于权威型或等级化的。现代学校的科层化倾向导致学校中的等级关系显著，学校的权力运作"主要是自上而下贯彻上层意图，即领导者命令管理者、管理者监督教师、教师与教师之间相互竞争"。❶而且，"这种处置权力结构依次由校长、副校长、各部门主任、年级组长、普通教师和学生所构成，权力的大小随着等级的降低依次降低"。❷而这种自上而下的等级关系，把学生的"权利"置于"权力"的控制之下，处于最底层的是学生。在书院制模式下，学生直接属于每一个书院，书院既是学生交往最主要的空间，

---

❶ 孙联荣.非行政性组织的创建——学校组织变革的实践探索[J].教育发展研究，2009（8）：35-38.
❷ 叶飞.公共交往与公民教育[M].北京：人民出版社，2014：32.

也是由学生组成的一个小社会。同时，书院还是参与学校各项活动的主体。在外部，8个书院作为不同的行政实体平行存在；在内部，学生交往范围不再限于一个小班级，而是一个一百多人的大书院，不同背景的学生组成一个多样化的异质群体。

书院作为学校公共空间的基本形式，让不同类型的学生共聚一堂，彼此竞争，相互合作，由此形成共同生活的公共场域。这意味着，一方面书院具有相当大的自由度与开放性，另一方面它需要形成一定的规则和共识。因此，随着时间推进和经验不断积累，F中逐渐形成了教师指导下的学生自主管理模式。虽然8个书院分别由一位督导代表校方对书院公民教育整体状况进行监督，但其除了提建议或意见之外基本上不具备管理书院的职权，书院日常事务均由学生组成的"自治会"或"内阁"进行日常管理和运行。以D书院为例，书院自治会包含一名主席，一名副主席及书院活动部、生活部、宣传部、组织部、财务部、文化部和内阁。其中，内阁由主席、副主席和各部部长共同组成。内阁成员拥有监督书院的相关事务，对书院章程进行解释，有权在内阁例会、书院议事会和书院特别会议中参与决策书院事务等；相应地，内阁成员需要履行出席每周指定时间段的内阁例会，出席特别会议等责任。D书院章程明确规定了书院的组织性质、整体架构和各部人员的权责。2019年的书院章程有22页，2万多字，细致程度超乎想象，且每年自治会换届后根据当届实际情况进行相应的书院章程讨论和修订。

没有规矩不能成方圆。除了宏观的组织机构，书院对公共生活中日常点滴的小事也有着清晰明确的规定。例如，X书院仅"值日制度"这一条规定就有13章45条，全文将近7000字，把值日打扫书院活动室卫生这件日常小事安排得明明白白。截取其中第六章第二十四条"额外扣分"部分摘录如下：

1.值日未请假而未按时到场扣分（补做）

一次扣1分，两次扣2分，三次扣3分，四次扣4分，五次扣5分。

早上7:45前未到，中午1:20前未到，晚上5:10前未到均记为缺勤，即未按时到场。

2.值日未请假而未按时到场扣分（未补做）

一次扣2分，两次扣4分，三次扣6分，四次扣8分，五次扣10分。

若值日次数未满四次，记为0分；若值日次数满四次，则按第二十四条1）中扣分方式扣分。

早上7:45前未到，中午1:20前未到，晚上5:10前未到均记为缺勤，即未按时到场。

3.经值日生提醒后未处理垃圾扣分

将未处理垃圾按照第四章第十六条扣在该学生的值日平均分上。

4.未对值日情况进行补救扣分

未进行补救将按照第四章第十六条评价细则中的扣分标准给予双倍的扣分。

5.特殊情况下值日未请假而未到场应与负责人协商解决。

不仅规则制订得细致入微，而且X书院在"值日"这件小事的检查、监督和总结上也不遗余力地付诸实践。书院自治会安排专人负责检查和记录每天值日情况，并在一周结束时统计值日得分，以及对一周的值日状况做简要总结回顾。X书院自治会主席认为，这些烦琐的规定和不起眼的细节，给书院的学生带来了干净整洁的活动空间，她为此感到开心和有成就感。

学生每天经历的这些事是公共生活中的现场直播，它不是预先设定好的，而是活生生的日常生活；它不是不值一提的琐碎小事，而是和书院的每个人息息相关的公共生活。就像杜威所坚信的那样："我认为学校必须呈现现在的生活——即对于儿童来说是真实而生机勃勃的生活。像他在家庭里，在邻里间，在运动场上所经历的生活那样。我认为不通过各种生活形式或不通过那些本身就值得生活的生活方式来实现的教育，对于真正的现实总是贫乏的代替物，结果便形成呆板，死气沉沉。"[1]现实生活是复杂的，书院就是一个简化版的现实生活，它营造了一个小社会的氛围，有规则制度，有权利责任，让学生在公共生活的实践中逐渐成为一个"社会人"。虽然它不如现实生活纷繁多变，但它足以提供机会让学生面对真实的问题，解决具体的困惑，获得可见的成长。就像曾经参与了书院自治会的YFW说："学校把书院事务交给我们学生处理，这是一种民主管理的方式，它将更多的权利交给了我们，让我们有机会可以自己决定怎么沟通协商，怎么民主选举，怎么公共监督，怎么做好决策，让我们有更多的机会可以实现我们自己的想法。但是，逐渐地我们会发现，与权利相伴随的是责任，我们做出某种选择的同时也要为这种选择共同承担责任，你会发现不严肃的决策后面会有很多坑要去填。我们可能就是在这个过程中逐渐培养起社会责任感的。总的来说，收获还是很大。"成长总是通过一次次经历的事情磨砺出来，公共精神和公民素养也是在共同生活中逐渐养成。他们制订规则、执行规则、完善规则、监督实施，既简单又烦琐，简单的是规则，烦琐的是操作。在这既简单又烦琐的公共生活实践中，公民品格会日益养成。

（3）全员参与的"民主"：书院议事会。书院是所有书院学生共同生活的一个小社区，书院管理践行的原则和精神是学生自主管理和自我成长，即"学生自治"。所有活动中最能体现书院学生自治的是书院议事会。书院议事会是每个书院都有的全体学生大会，它像是古希腊的"公民大会"，是书院的最高权力机构，也是书院的最高决策会议，按照规则对书院的事务进行讨论、公示和决策。X书院章程里面明确规定：X书院的最高权力机构为书院议事会。书院议事会所作出的决定，除F中校方外，任何人均不得更改（包括书院指导教师及X书院自治会主席）。议事会一般每个学段召开3~4次，时间被安排在固定的周三下午（表2.6），一般以讨

---

[1] 约翰·杜威.学校与社会·明日之学校[M].赵祥麟，等译.北京：人民教育出版社，2004：6.

论关系整个书院利益的事务为主，如"四大赛事"❶的安排、修订新的书院章程、自治会换届等，并且由书院自治会安排书院议事会召开的具体时间和地点。

表2.6 Z书院2019年春季学期第三学段周三下午活动安排

时间	学段周次	第三学段第1周	第三学段第2周	第三学段第3周	第三学段第4周	第三学段第5周
	日期	2019年2月27日	2019年3月6日	2019年3月13日	2019年3月20日	2019年3月27日
第五六节(1:30—3:00)	校会等大型活动	专业放大镜课程(15~45人)	书院杯足球赛开幕	专业放大镜课程(15~45人)	议事会	专业放大镜课程(15~45人)
第七八节(3:10—4:40)	书院议事会	自我探索工作坊（固定5~15人+开放0~5人）	心理活动	自我探索工作坊（固定5~15人+开放0~5人）	自治会+换届	自我探索工作坊（固定5~15人+开放0~5人）
时间	学段周次	第三学段第6周	第三学段第7周	第三学段第8周	第三学段第9周	—
	日期	2019年4月3日	2019年4月10日	2019年4月17日	2019年4月24日	—
第五六节(1:30—3:00)	校会等大型活动	议事会	专业放大镜课程(15~45人)	书院杯足球赛回顾及颁奖典礼	专业放大镜课程(15~45人)	
第七八节(3:10—4:40)	书院议事会	与21届自治会—议事会彻底交接	自我探索工作坊（固定5~15人+开放0~5人）	议事会	自我探索工作坊（固定5~15人+开放0~5人）	

按照书院章程规定，如果没有特殊情况，所有书院学生都必须参加书院议事会，参加情况将计入考勤，影响学生书院学分❷的获得。考勤权利由书院指导教师行使。

---

❶ 四大赛事是以书院为单位开展的书院间的竞争和对抗性比赛，包括篮球杯、足球杯、戏剧节和舞蹈节，详细活动内容将在后文专门论述。

❷ 在F中，公民教育课程包括"知"和"行"两个部分。其中，书院的议事会活动相当于学校公民教育课程中"行"的一部分，包含于校本课程的8个学分中。

书院指导教师有引导书院学生进行自治管理的权责，如落实学校的教育目标和培养理念，对书院议事会的组织和流程进行监督引导，为书院活动提供资源和支持，对书院存在的问题形成议案提交校方等。不过，书院指导教师对书院议事会没有直接管理权和决策权，书院指导教师不能否决书院议事会作出的决策。再如，除议事会的其他时间，书院指导教师有提请教导处给予学生处罚措施的权力，但没有直接处罚权。同时，书院指导教师能在议事会上行使作为任课教师的基本权利，如X书院的章程规定：书院指导教师是"公民课程"的任课教师，在议事会上书院指导教师有权根据学生实际考勤情况记录"公民课程"考勤，有权采取措施维持书院议事会记录。总的来说，和固定班级制中的班主任角色最大的不同在于书院指导教师不具备书院公共事务的决策权，其主要功能在于搭建脚手架，帮助书院开展学生自治的各项实践。

研究者参加了多次F中书院的议事会，书院指导教师没有单独的席位，和众多学生一起坐在会议室前排或者后排，如果不仔细辨别，很难分清楚谁是学生，谁是教师。G书院的一次以自治会换届为主题的议事会，地点在一个能容纳200人左右的报告厅，除了几位请假的学生，书院其他学生都聚集到报告厅，宛如"公民大会"现场召开。会议正式开始前大家议论纷纷，热闹纷繁。每个人都是手握权力的"选民"，他们神采奕奕，环视周围，似乎在寻找某一个值得投票的人选。参加竞选的学生中，有的西装革履，穿着考究；有的穿着随意，大方自如；他们摩拳擦掌，一边准备着自己的竞选演说，一边和周围选民交换着眼神；有的是质疑，有的是支持，有的是嘲笑，有的是鼓励……所有想象到的换届选举的状况，在这里都有可能会发生。

主持人公布完自治会竞选的各项规则之后，换届大会正式开始。每位候选人的演说包括10分钟个人演讲和5分钟答疑两个环节。演讲包括自我介绍、对书院存在问题的看法、将要给书院带来的改变等内容，答疑就是回答学生提出的问题。每位候选人都精心准备了演示文稿（PPT），力图在演讲中把自己最好的一面展现出来，尤其突出自己的领导和组织能力及鲜明的个性。一开始以为提问环节的设置只是为了突出形式的完整性，然而整个换届大会最精彩的部分就是提问环节。"选民"提出的问题咄咄逼人，例如，你打算如何减少书院聚众打游戏的行为？书院的卫生问题一直是个难题，你怎么看？书院的某项活动参与度不高，你会怎么办？如何增强书院的凝聚力和归属感？有的候选人对答自如，展现出革新的雄心壮志；有的转移话题，顾左右而言他；有的不谈具体问题，而引经据典大谈理念；也有的针对具体问题谈可行的建议……一场问与答的考验能让大多数人喜欢的人脱颖而出。经过手机投票、计票和唱票环节，这次换届大会从9名候选人中选出6名，组成了新一届的书院自治会。

议事会的整个流程并不算完美，其间偶有一些意料之外的花絮，也有一些对议事会不感兴趣的同学低头忙着自己的事情，议事会似乎和他们没有任何关系。但不得不说，这是一次真枪实弹的换届选举大会，是学生学习自主管理的公民教育，他们"在游泳中学习游泳"。正如杜威当年在华演讲时说的："一般人要有公民的精神，一定要在学校里培养起来的。美国有一学校，函授泅水。学好了，领了毕业文凭的生徒，再也不能泅水。要晓得学泅水不是在陆地上和纸片上学的，一定要到水里边去学的。学校里没有共同精神和公共生活，要养成良好的公民，实在与陆地上函授泅水同一悖谬。现在各学校提倡学生自治，需要看学生自治能力为标准。使学生没有自治能力，学校里一定要去干涉的，但是无论有没有自治的组织，学生总要结成一个团体。学校里边的利益，不是职员或者学生独做的事，一切要两方面共同去做……总之，有关公共利益的事，要多去做，那就可得公共精神的培养和训练……中国现在的中小学校，使能有这样的组织及结合，去谋公共利益，那将来中国的前途，一定可以大进步了。"[1]为社会生活做好准备的最好途径就是进入社会生活，学校本身就是一个充满生气的社会机构，书院是一个包罗日常事务的学生社区和公共空间，学生在书

---

[1] 周洪宇，陈竞蓉.民主主义与教育——杜威在华演讲实录[M].合肥：安徽教育出版社，2013：463.

院里与师长和同辈在不断地讨论、交往、冲突、协商、合作中养成公民素养和公共精神，促进自我的成长。

书院制的要义在于推行学生自治，书院内各项事务均由学生自主管理，以此培养学生主动参与、沟通协商、承担责任、民主监督、自我管理等公民素养和自治能力。就像上述案例所呈现的，每个书院在不断建设的过程中都形成了一套相对完整的书院章程和相关规则及制度，也形成了比较完整的学生治理结构。学校管理者曾多次表示，打破班级制形成书院制，的确可能会给学生带来混乱，但是这就摆脱了由班主任的管理变成了学生自治。书院有自治会，书院的日常活动和其他各项活动都由学生自己管理。陶行知在《学生自治问题之研究》中给学生自治下了一个定义："学生自治是学生结起团体来，大家学习自己管理自己的手续。"从学校这方面来说，就是"为学生预备种种机会，使学生能够组织起来，养成他们自己管理自己的能力"❶。杜威在其"演讲录"中也指出："自治的意义是，不是绝对的不许外界插手干涉，乃自己练习管束自己的意思。学生组织这一种机关，乃专为管理自己的，不是去管教习、校务及学校以外的一切事的。"❷在他们看来，学生自治是一种自律，优于他律；它体现出的是尊重学生的主体地位，利于培育学生自主意识，发挥其自觉性、积极性和创造性。

四、活动及其育人价值

艺术和体育活动在传统意义上属于课外活动的一部分，但是对于F中来说，社团和俱乐部活动课程化，也算作课程的一个部分并计入学分。为方便理解，本书仍沿用传统概念，称其为"课外活动"或者"活动"。

---

❶ 陶行知.学生自治问题之研究[EB/OL].（2011-10-19）[2023-04-07]. http://www.21ccom.net/articles/lsjd/jwxd/article_2011101947249.html.

❷ 单中惠，王凤玉.杜威在华教育演讲[M].北京：教育科学出版社，2007：404.

（一）全面发展：五育并举

中华人民共和国成立以来，教育领域逐渐开始形成"全面发展"教育观，直到1957年确立全面发展的教育方针。1957年2月，毛泽东在《关于正确处理人民内部矛盾的问题》中提出："我们的教育方针，应该使受教育者在德育、智育、体育几方面都得到发展，成为有社会主义觉悟的有文化的劳动者。"这里主要规定了我国各级各类学校的培养目标，是对社会主义新人的第一次概括，也是首次确立了"全面发展"的教育方针。此时的全面发展即"德育、智育、体育"，并未明确提出"美育"作为全面发展教育中必不可少的一部分。那么，"德、智、体、美"全面发展教育是什么时候开始萌芽并逐渐确立起来的？

教育思想层面，早在1906年王国维在《论教育之宗旨》一文中就率先提出了"完全之人物"及"美育"的概念，根据现有研究，多数研究者基本确定他是中国教育史上第一次提出"智育、德育、美育和体育"的教育理念，不可谓不具有创见。瞿葆奎在《说美育》一文中也认为"也许是王国维首先提出美育"。❶

王国维在《论教育之宗旨》中说：

> 教育之宗旨何在？在使人为完全之人物而已。何谓完全之人物？谓人之能力无不发达且调和是也。人之能力分为内外二者：一曰身体之能力，一曰精神之能力。发达其身体而萎缩其精神，或发达其精神而罢敝其身体，皆非所谓完全者也。完全之人物，精神与身体必不可不为调和之发达。而精神之中又分为三部：知力、感情及意志是也。对此三者而有真美善之理想。"真"者知力之理想，"美"者感情之理想，"善"者意志之理想也。完全之人物不可不备真美善之三德。欲达此理想，于是教育之事起。教育之事亦分为三部：智育、德育（即意育）、美育（即情育）是也。如佛教之一派，及希腊罗马之斯多噶派，抑压人之感情而使其能力专发达于意志之方面；

---

❶ 瞿葆奎.教育学文集第8卷·美育[M].北京：人民教育出版社，1989：107.

又如近世斯宾塞尔之专重智育，虽非不切中一时之利弊，皆非完全之教育也。完全之教育，不可不备此三者，今试言其大略。❶

从以上的论述中可以看出，王国维将教育分为两个部分，即身育和心育，这里的身就是指身体，对应于教育领域就是体育。而心即指"精神"，这里他将"心"的部分一分为三，即"知、情、意""然人心之知、情、意三者，非各自独立，而互相交错者。"❷这三者对应于教育领域即分别为：智育、美育和德育。他所提出的"完全之人物"就是身育和心育的和谐发展，即德、智、体、美几个方面。

王国维之后，众所周知，民国时期教育家蔡元培主张"以美育代宗教"，后来他在1912年下半年的临时教育会议上提出"五育并举"的教育方针。依据他的意见，在当时公布的教育宗旨是："注重道德教育，以实利主义教育、军国民教育辅之，更以美感教育完成其道德。"❸之后他又讲道："所谓健全的人格，内分四育，即（一）体育，（二）智育，（三）德育，（四）美育……为要特别警醒社会起见，所以把美育特别提出来，与体智德并为四育。"所以在20世纪之初，"德智体美"全面发展思想已初露端倪，尤其是美育的价值被重新发现和重视，具有十分重要的意义。

教育政策层面，德、智、体、美几个方面是1999年《中共中央 国务院关于深化教育改革全面推进素质教育的决定》里面被系统地提出来的，"实施素质教育，必须把德育、智育、体育、美育等有机地统一在教育活动的各个环节中。学校教育不仅要抓好智育，更要重视德育，还要加强体育、美育、劳动技术教育和社会实践，使诸方面教育相互渗透、协调发展，促进学生的全面发展和健康成长"❹。除此之外，党的十九大报告指出："要全面贯彻党的教育方针，落实立德树人根本任务，发展素质教育，

---

❶ 王国维.论教育之宗旨[J].教育世界，1906（56）.

❷ 同❶.

❸ 瞿葆奎.教育学文集第8卷·美育[M].北京：人民教育出版社，1989：108.

❹ 中华人民共和国教育部.中共中央 国务院关于深化教育改革，全面推进素质教育的决定[EB/OL].（2017-06-26）[2023-07-04]. http://old.moe.gov.cn/publicfiles/business/htmlfiles/moe/moe_177/200407/2478.html，1999-06-13.

推进教育公平，培养德智体美全面发展的社会主义建设者和接班人。"国家的教育战略和教育政策将美育引入教育方针和全面发展的教育目标中，是我国教育史上重大的进步，是对于健全的人格和个性更加深层次的理解。由此，素质教育得到空前响应，全面发展深入人心。

2015年国务院印发了《关于全面加强和改进美育工作的意见》，要求学校开设优质的美育课程，普通高中在开设音乐、美术课程的基础上，要创造条件开设舞蹈、戏剧、戏曲、影视等教学模块。实施美育实践活动要纳入教学计划，实施课程化管理。同时要科学定位美育课程目标，普通高中美育课程要满足学生不同艺术爱好和特长发展的需要，体现课程的多样性和可选择性，丰富学生的审美体验，开阔学生的人文视野。❶

2020年10月15日，中共中央办公厅、国务院办公厅印发《关于全面加强和改进新时代学校体育工作的意见》和《关于全面加强和改进新时代学校美育工作的意见》，旨在构建德、智、体、美、劳全面培养的教育体系。❷

《关于全面加强和改进新时代学校体育工作的意见》指出，学校体育是实现立德树人根本任务、提升学生综合素质的基础性工程，要不断深化教学改革，开齐开足上好体育课，加强体育课程和教材体系建设，学校体育课程注重大中小幼相衔接，聚焦提升学生核心素养。高中阶段体育课程进一步发展学生运动专长，引导学生养成健康生活方式，形成积极向上的健全人格。《关于全面加强和改进新时代学校美育工作的意见》指出，美是纯洁道德、丰富精神的重要源泉。美育是审美教育、情操教育、心灵教育，也是丰富想象力和培养创新意识的教育，能提升审美素养、陶冶情操、温润心灵、激发创新创造活力。为进一步强化学校美育育人功能，要科学定位课程目标，树立学科融合理念，完善课程设置，学校美育课程以

---

❶ 国务院办公厅.国务院办公厅关于全面加强和改进学校美育工作的意见[EB/OL].（2020-11-11）[2023-07-04]. http://www.gov.cn/zhengce/content/2015-09/28/content_10196.htm.

❷ 中共中央办公厅 国务院办公厅[EB/OL].（2020-10-15）[2023-07-04]. http://www.gov.cn/xinwen/2020-10/15/content_5551609.htm.

艺术课程为主体，主要包括音乐、美术、书法、舞蹈、戏剧、戏曲、影视等课程。高中阶段开设多样化艺术课程，增加艺术课程的可选择性。[1]这两则中共中央办公厅和国务院办公厅关于体育和美育教育工作的意见给大中小学的体育和美育教育教学指明了方向。具体到高中教育阶段来说，体育课程和艺术课程更加注重在多样化和普及性的基础上注重个人专长和可选择性，使课程能够满足不同层次学生的需求。这既是全面教育观的展现，也充分考虑了高中教育阶段的特殊性和学生的身心特点。

（二）艺体活动：智力训练与道德训练

在F中可以参加各种丰富多彩的活动。以书院活动来说，有贯穿整个冬季学期的书院杯篮球赛和书院杯戏剧节，贯穿夏季学期的书院杯足球赛和书院舞蹈节；再如书院招新活动、入学教育活动、常设项目组活动（如Y书院有15个常设项目组：日常工作与联络项目组、监察项目组、议事会项目组、财务项目组、书活管理项目组、垃圾分类项目组、活动项目组、文案项目组、Online项目组、纪录片项目组、宣传项目组、小卖部项目组、修宪项目组、宿舍项目组、共青团Y书院支部）、心智教育活动、日常的BBS活动、各种常规节日活动，还有书院同学自发组织的兴趣活动等。F中社团活动同样精彩纷呈，包括中心社团活动、注册社团活动和自发社团活动（图2.1）。除书院和社团活动之外，教师组织的学生课外活动（项目活动）也较为多样。另外，学校鼓励学生参加综合实践活动和研究性学习活动。一言以蔽之，学生活动让人目不暇接，每逢校园开放日或校友日，F中学生活动达到空前的盛况。总体上这些活动可以分为艺术活动、体育活动和技术活动，其中艺术和体育活动最具特色，也备受学生欢迎和瞩目。

---

[1] 中共中央办公厅 国务院办公厅.关于全面加强和改进新时代学校体育工作的意见，关于全面加强和改进新时代学校美育工作的意见[EB/OL].（2020-10-15）[2023-09-03]. https://www.gov.cn/zhengce/2020/10/15/content555/609.htm.

中心社团	官方认定社团，允许冠以学校名称字样，接受学校相关部门及社团指导教师的管理。有义务承担学校的任务，并可以获得学校资金、场地和指导方面的资源支持。
注册社团	由学校团委统筹，学生自主管理并通过社团联盟协调相关活动及学校资源。可参与优秀社团评选并获得学校奖励。
自发社团	由各书院或学生个人基于需求发起的社团组织，通过自我管理，自由实践与探索，满足其兴趣需求和任务达成。自发社团可通过发起人所在书院申请资源支持。

图2.1　F中社团分类

每种活动都有其独特育人价值，F中开展如此多样的活动，主要是想通过不同类型活动培养全面发展的人才。艺术活动的出发点在于通过艺术作品感受、体验、欣赏和创作，培养学生的认知能力、创造能力、审美能力、社交能力和沟通与表达能力等。体育活动主要培养学生强健的体魄和坚强的意志和韧性。我们以书院戏剧节❶为例详细讨论F中艺体活动的育人价值。

戏剧节与戏剧教育

早在2009年前后，F中管理者就已格外重视戏剧对学生综合素质培养的价值。2010年，初中取消艺术体育特长生招生。2011年学校提出了"全员参与戏剧"的口号。毕业于中央戏剧学院导演系的F中戏剧教师KWY说："把戏剧放在高中，我们更多的是等待或者期待戏剧在这里能够生发出更多的可能性。1+1在数学课堂上只有唯一一个确定的解，而在舞台上可能会等于任何事情，只要你有想象力和创造性。"不久之后，F中以书院为单位的戏剧节正式拉开了帷幕。经过一个学段的筹备，学生在各科教师帮助下自编自导自演，呈现了八个风格迥异的剧目，这次活动后来

---

❶ 舞蹈节各个书院上演的剧目虽然没有台词，但是采用舞剧的形式表演，情节和戏剧非常类似，本书将其归于广义上的戏剧。

便成为F中第一届戏剧节。从2012年开始，F中的戏剧教育进入深化发展期。学校将"书院戏剧节"定义为活动类课程，即将戏剧课程与戏剧活动相结合，将比赛活动作为戏剧课程设计的教学任务。简单来说，是戏剧活动课程化的尝试与努力，这是一个有2个学分36学时的课程，包括课程阶段、戏剧创作与排练阶段、书院戏剧展演与评奖三个阶段。学段之初，学生通过选课进入每个书院的剧组，在指导教师的引导下确定戏剧题材、内容等，学生同时通过民主选举和竞聘的方式确定导演、编剧、主角、配角、音响师、灯光师和剧组服务人员等，整个剧组的学生共同开展戏剧学习、创作、排练和展演。

　　戏剧节的综合性与原创性。戏剧是一门综合艺术，融文学、表演、舞美、音乐、舞蹈、灯光、服装造型、导演于一体，对演员的体态、语言、声音、动作等表演元素都有要求。与传统的高中艺术课程相比，这对指导教师和课程设置提出了更高要求。过去，资源的匮乏会限制校园戏剧的发展。像大多数普通高中一样，当时的艺术课程以音乐和美术为主，并没有戏剧和舞蹈课程。课程改革之后，学校管理者鼓励艺术中心教师开设各种艺术类课程，教师的积极性被激发起来。现在的F中，视觉与表演艺术中心的教师通力合作，开设了多种门类的课程如戏剧表演、鉴赏、服装设计、灯光、音乐、电影等（表2.7）。除了调动校内教师的积极性开发课程外，丰富的校外资源为F中戏剧教育提供了必要的帮助和支持。例如，中央戏剧学院导演系每年都会派在校硕士研究生对各书院剧组进行专业指导。所有资源都指向学生，为了鼓励原创，培养学生的自主性和创造力，学校提倡一切剧组工作都由学生组织并执行。学生戏剧的原创性和原生态特点对参与创作、展演和观看的学生来说往往比剧院中专业的戏剧有更大吸引力，因为原创剧目与其生活经历、情感状态、个人困惑息息相关，能达至某种心灵的释放、启迪或共鸣。从第一届戏剧节到现在，F中学生经历了从模仿经典、改编经典到完全原创的蜕变，从关注动作和画面到动作和情感并重，从关注故事细节到故事情节和反思生活与人性并重，戏剧节（舞蹈节）也日臻成熟。

表2.7 F中戏剧节（舞蹈节）相关艺术类课程（2017—2018年度第一学期）

课程名称（班级数量）	课程属性	年级	开始周	结束周	学分	周课时	容量
戏剧节/舞蹈节剧组 8	国家必、选修	不限	1	20	2	2	30
灯光设计 3	国家必、选修	不限	1	20	2	2	15
服装设计 2	国家必、选修	不限	1	20	2	2	20
摄影基础 1	国家必、选修	不限	1	20	2	2	20
带你玩转音频软件 1	国家必、选修	不限	1	10	1	2	30
带你认识调音台 1	国家必、选修	不限	11	20	1	2	30
智能钢琴体验工作坊 1	国家必、选修	不限	1	10	1	2	20
戏剧节辅助-戏剧鉴赏 2	国家必、选修	不限	1/11	10/20	1	2	20
国乐工作坊 4	国家必、选修	不限	1	20	2	2	15
流行乐队演奏 1	国家必、选修	不限	1	20	2	2	20
吉他初级 4	国家必、选修	不限	1/11	10/20	1	2	25
平面设计 2	国家必、选修	不限	1/11	10/20	1	2	20
华尔兹 4	国家必、选修	不限	1/11	10/20	1	2	20
探戈 2	国家必、选修	不限	1/11	10/20	1	2	20
音乐理论与作曲工作坊 1	国家必、选修	不限	1	20	2	2	10
现代舞体验课 4	国家必、选修	不限	1/11	10/20	1	2	20
戏剧表演 4	国家必、选修	不限	1/11	10/20	1	2	20
影像艺术 2	国家必、选修	不限	1/11	10/20	1	2	20
SZD设计工作室 1	国家选修	不限	1	20	2	4	31
未来电影人社团 1	国家选修	不限	1	20	2	4	30
混声合唱团 1	国家选修	不限	1	20	2	4	50
服装设计社团 1	国家选修	不限	1	20	2	4	20
管乐团 1	国家选修	不限	1	20	2	4	20
管乐单技课程 1	国家必、选修	不限	1	20	2	2	20
民乐社 1	国家选修	不限	1	20	2	4	30
戏剧社 1	国家选修	不限	1	20	2	4	40
舞蹈团 1	国家选修	不限	1	20	2	4	40
灯光设计俱乐部 1	国家必、选修	不限	1	20	2	4	15
光影学社	国家选修	不限	1	20	1	2	25

以第八届戏剧节为例，X书院的参赛剧目是完全原创的，除了剧本主

题是校园题材，其他都是原创，甚至故事男主角都是以该书院某同学为原型而改编。创作这个故事的主要编剧JHL同学在几个月的时间里7易其稿，成型的万余字剧本有3个完全不同的版本，但几乎被完全废弃，最后一个版本他也改了6稿。连续熬过几个通宵，很多次熬到晚上十点之后。功夫不负有心人，终于完成了一个能给大家排练的成型剧本。尽管如此，他对内容仍不满意，甚至在展演前的一周还进行了剧本的改动。正如这届戏剧节负责人说："这届戏剧节进行得并不顺利，遇到很多前所未有的挑战，人员的调整和剧本的不断修改都给我们造成了不少困难。但也同样幸运，从始至终，都不断有人给戏剧节剧组提供帮助。"戏剧节和舞蹈节遇到各种问题在F中并不是一个特例，几乎每一个书院剧组的经历都是充满挑战性的。M书院的负责人说，他们遇到的最大困难是剧本编写与排练。因为展演剧本是书院成员自己编写的，在逻辑和细节方面会有较多的问题，导致排练需要更多时间磨合。而且，编剧组每个人都有很多不同的想法，把大家的想法整合在一起是非常困难的。戏剧节指导教师在戏剧节结束时不禁感慨道："在排练中我看到M书院的同学都很有自己的想法。剧目的创作难以推进，因为很难达成意见的统一。我觉得，这是戏剧创作的一个'点'：学会如何在表达自己观点的同时，去敞开心扉接受别人的观点。大家更多是在坚持自己的观点，各执己见并不能完成一个集体的项目，而是所有人都参与的同时找到一个平衡点，让所有人都感受到，最终的成果是我们集体共同创作的作品。"

戏剧节的社会互动性。戏剧节不仅需要一定的原创能力编写剧本，更需要团队合作完成一项集体实践，既要处理个人与自我的关系，又要处理与"他人"的关系。在处理个人与自我的关系方面，戏剧通过角色的扮演让我们学会反思自我，同时有助于培养学生的认知能力、表达能力、创造力、自信心和同理心等。中央戏剧学院的陈珂教授呼吁人们重视戏剧教育的价值，他认为："戏剧教育透过角色扮演让我们学会内省，学习做配角如何不妒忌主角，做主角怎么可以不骄傲，怎么知道做成一件事情要分工，知道每一个角色都很重要，同时有助于培养学生的表达能力、创造力、时间管理能力、自我约束能力、自信心、同理心……这是多么重要和直接的教育啊，比空喊'德育'好得多。"❶X书院的男主角饰演者在演出结束后透露："我之所以饰演×××这个角色，是因为我在他身上看到了自己的影子。他是一个热情开朗、会关心人、情商极高的阳光男孩。同时，他还是一个球技超高、万众瞩目、有些许膨胀的耿直boy。最重要的，他是唯一一个能真正理解她的人，是她的'夏天'里最光明的角落。饰演这个角色不仅历练了我的演技，而且给了我一次重新认识自己、改变自己的机会。"

  在处理与他人关系方面，戏剧和其他艺术形式的区别在于：它需要处理更多的"合作"与"冲突"的矛盾。其他的艺术形式诸如音乐、美术可以单方面进行，但是戏剧需要处理"我"与"他人"的关系，这里的他人一方面指所扮演的角色，另一方面指整个戏剧团队中的其他人。刚上完舞蹈节的班课，进入剧本修改创作与排练环节的G书院的MRS觉得，排练过程让她印象最深刻的事情就是大家改剧本和想动作，"因为每次改剧本他们总是要争吵，吵了好多天，有时候大家从晚上到凌晨都在商量如何修改这个剧本，因为大家都有很多新奇的想法，每个人意见不一样，就此问题争吵很正常，后来我也逐渐习惯了。有一天去排练，我说咱今儿晚上又要吵。一个剧组朋友接了话说：'吵完我们还是朋友。'这句话好像突然点醒了我这么多天的不愉快"。第九届X书院舞蹈节的负责人意味深长地总结道："排练过程中，大家一起哭过、笑过，也有过矛盾。但没人会想要放弃，因为这是属于我们所有人的一部戏，一次次地崩溃，但又乐此不疲地投入其中，也不知是为什么？或许是对戏剧的爱，对书院的爱，对这个倾注了我们无穷汗水、泪水不可割舍的爱，又或者是一种责任，不管是因为什么，在这个过程中，我们不断地成长。不管最后的结果如何，这都是属于我们所有人最美好的回忆。"

  学校视觉与表演艺术中心负责人这样描述戏剧节和艺术教育："我们学校的戏剧节是将戏剧作为一种教育方式来做。因为每个剧组，都是由

---

❶ 陈珂.普及戏剧教育，审美文化时代的呼唤[J].人民教育，2016（18）：29-31.

学生担任导演、制片、编剧、海报设计、服装设计、灯光操作等工作，这样的安排对学生而言，意味着不仅要呈现一场好的演出，同时要学会与他人的合作。"的确，在F中走班制环境中，能够如此长时间、充分地和一群人深入认识、接触、碰撞、凝结，的确是少之又少而又令人难忘的体验。

戏剧节的人文性。一部好的戏剧拥有饱满的故事情节、矛盾冲突、人物角色和性格的塑造，它包含着丰富的文学、艺术知识，它具有丰富的人文关怀和人文情感，使演出者和观看者都能沉浸其中，获得一种纯粹而复杂的"美"的体验。正如席勒在《美育书简》中辨析的："在权利的力量国度里，人和人以力相遇，他的活动受到限制。在安于职守的伦理国度里，人和人以法律的威严相对峙，他的意志受到束缚。在有文化教养的圈子里，在审美的国度里，人就只需要以形象显示给别人，只作为自由游戏的对象而与人相处。"❶在席勒看来，感官的快乐和享受是个体的和不能分享的；认识的快乐只能作为类来享受，只有美，当我们同时作为个体又作为类的时候才能享受它。因此，美的享受既是个体的，也是群体的，是能够被分享的。正如一个观看过戏剧节的学生在日记中写道："我曾经无数次怀疑自己，是否拥有追求梦想的权利，背负着很多期盼和压力，一次次让我压抑自己，选择逃避、对抗和沉默。但，我其实和他们一样，也拥有追求的权利，虽然我能力不足，天赋平常，但只要有足够的勇气，就能像他们一样冲破压力，去体验、去诠释我自己。是的，在他们身上我看到了一种强悍的、流动的生命力。也许有一天，我也能放声歌唱。"其实无论是戏剧也好，舞蹈也罢，重要的不仅仅是动作，还有心灵的感悟，用语言、动作、场景和情节表达的情感。外在的表演和表现形式是一个载体，真正打动人们的永远是艺术的本真，是唤起人们的心灵共鸣，是那些美的体验，对自由的诠释及对人性的追问。

戏剧节的现实性。除了人文性，戏剧的现实性也是人们喜爱的原因，喜闻乐见或悲痛欲绝的故事都是社会历史或现实生活的写照，让人们身临

---

❶ 席勒.美育书简[M].徐恒，译.北京：中国文联出版社，1984：145.

其境、感同身受，因此才有了"人生如戏"或"戏如人生"的感慨。学生社团"钢琴影视工作室"拍摄的戏剧节宣传片《一勺》讲述了这样一个故事：女孩儿生长在家教严苛的中产家庭，从小都被要求成为第一名。刚刚升上高中的她突受打击，曾经引以为傲的成绩与身材都成了如今难以启齿的事情。本想用节食与运动面对负面情绪的她，却带着失控的焦虑掉入万丈深渊。纸面上狰狞的颜料，控诉着她自己的"习得性无助"。直到男孩儿闯入她的生活，在乌漆墨黑的夸张涂鸦上增加了洁白一点，释放出遗落在潘多拉魔盒中的"希望"，以及直击心灵的"be your self and you will be beautiful"礼物，让女孩儿仿佛如梦初醒：意识到自己努力过，接纳过，笑过，并不曾失去很多东西，自己一直在追问的"who am I"似乎渐渐有了答案："我还是我啊！"对学生来说，戏剧节和舞蹈节并不只是获得学分的课程和比赛，更是学生独特的经历与体验。在剧中，他们释放自己的情绪，展现生活中的矛盾和冲突，甚至升华到追问生命的意义与价值，这些经历使"戏剧教育不是简单枯燥的道德宣教，它是借助形象，通过角色扮演和戏剧情境达到教育目的。无论观剧或是参演，都能够通过剧中故事和人物，让学生更好地理解生活、体悟人生、发展个性。即戏剧教育不以戏剧知识和表演技能的学习为目的，而是注重通过戏剧方式对学生进行认识社会、思考人生、选择生活及增强自身素质修养的培训，重视的是参与者的交际、表达、情感、想象力、集体意识等素质的养成和体悟，因而戏剧教育是最适当的人文素质教育方式之一，是实施人文素质教育的重要载体"❶。归根结底，它指向的是学生人格的丰富与养成。

戏剧与教育，自古以来就有着千丝万缕的联系。戏剧与生俱来的教育性质，使它在人类文明的发展中，一直被用来作为一种教化方式。在西方，戏剧教育有着悠久的历史传统，古希腊雅典城邦的公民教育中，戏剧教育是其中重要的一部分，政府甚至给公民发"观剧津贴"。我国古代的"六艺"中，也包含着戏剧教育的元素。但戏剧教育理论的系统化和戏剧教育方式的多样化探索，则始于20世纪二三十年代。经过半个多世纪的

---

❶ 黄爱华.戏剧教育的基本理念及其运用[J].戏剧艺术，2010（1）：69–77.

发展和不断探索实践，戏剧教育至今已发展成为一大艺术教育门类。❶作为一种日渐被推崇的现代化教育方式，戏剧教育有着天然的优越性。在个体层面，戏剧教育能够促进个体语言和动作表达能力、沟通能力，激发想象力和创造力，促进个体自我约束和情感宣泄，有利于心理健康。在群体层面，戏剧教育能够有效增益人与人之间的沟通与交流，在矛盾中推动群体团结和团队协作，形成民主、和谐的社会秩序。把戏剧作为美育的重要途径，实际上要通过鉴赏、表演或创作充分发挥校园戏剧的原创性、普及性和教化性。原创性的要点在于鼓励学生从身边发生的人和事汲取灵感进行文艺创作，正如作家列夫·托尔斯泰所预期的："未来的艺术所表达的就是日常生活中大家都能体会到的最为朴实的感情，它的内容范围与此相同，不是在缩小而是在日渐扩大。"❷原创性的内涵在于戏剧教育能够激发学生的自主性和创造性。普及性意味着要引导校园戏剧的发展，使其在校园内真正推广、普及，"艺术将是由大众共同缔造的，当一个人对这样的艺术活动提出要求时，那么他就可以从事这样的活动"❸。教化性的本质在于戏剧活动的社会性特点，戏剧活动是一种参与式、体验式和互动式活动：角色扮演让学生深入体会剧中人物的情感和心态，揣度情节与人物本身自我教育的过程；角色与角色间的沟通也是相互学习，提高交往能力的过程。对于戏剧观看者来说，"艺术的内容要表达一种情感，这种情感要使人们趋向团结或者是把现在的人们团结在一起，所有的人都能理解这种艺术的形式"❹，表演和观看达到共享与融合。

作为一种综合艺术形式，戏剧教育以其体验性、参与性和创造性为特点，致力于提高学生的审美体验和审美素养，陶冶情操和激发创造活力。可以说，戏剧给人以愉悦感。这种愉悦感绝不是消费，也不是享乐，而是一种共通的"情感"，就像托尔斯泰说的那样："艺术既不是形而上学者所

---

❶ 黄爱华.戏剧教育的基本理念及其运用[J].戏剧艺术，2010（1）：69-77.

❷ 列夫·托尔斯泰.艺术论[M].张昕畅，刘岩，赵雪予，译.北京：中国人民大学出版社，2005：169.

❸ 同❷：167.

❹ 同❷：171.

说的某种神秘思想、美或上帝的体现,也不是生理美学者所言的人们借以消耗过剩精力的游戏,也不是情绪通过外在标志的表现,也不是美好事物的产品。总之,并不是享乐,而是为生命和追求个人及全人类幸福的道路中必需的一种交际手法,它把人类联结在同样的情感中。"❶在这个意义上,美育能够使人的心灵纯洁、精神丰富,美育和德育达到了高度融合以至密不可分。

戏剧节和赛事活动给予学生多重挑战,这是学生自我成长的际遇。如F中管理者所坚持的,困难和挑战是学生自我教育的契机。杜威认为,现代的学校正在大量地从事"西西弗斯"的无益的工作:"它正在努力养成儿童的习惯,以备社会生活之作用,而这种社会生活几乎好像是被小心翼翼地、故意地排除在外,不使与儿童正在进行的训练接触。准备社会生活的唯一途径就是进入社会生活。离开了任何直接的社会需要和动机,离开了任何现存的社会情境,要培养对社会有益和有用的习惯,是不折不扣地在岸上通过做动作教儿童游泳。"❷而这些"为了社会生活"的"西西弗斯"式无益工作也被杜威归为学校的"智力训练"和"道德训练"之间非常可悲的分割,也是"获得知识"和"性格成长"之间的可悲分离。

五、小结:自由宽松与自我成长

总的来说,学校制度的突出特点是:以多元选择为核心,培养学生的自主学习能力,校园环境自由、宽松、开放、包容。所有这些为学生选择提供了相当便利的条件。接下来我们进一步追问,如此宽松自由的氛围,学生将如何一步步作出选择,实现自我成长?

本书接下来的第3~7章呈现的是在学校多元选择的制度下,学生的学习生活和成长经历,具体包括选课、选择书院(共同生活)、选择课外活

---

❶ 列夫·托尔斯泰.艺术论[M].张昕畅,刘岩,赵雪予,译.北京:中国人民大学出版社,2005:41.
❷ 约翰·杜威.学校与社会·明日之学校[M].赵祥麟,等译.北京:人民教育出版社,2004:141.

动（赛事活动、社团和俱乐部等）、选择人际交往（师生交往与同学关系）、家庭教养方式与自我认知（家庭与孩子）等几个方面的内容。为了使论述更加清晰，本书采用"合成照片"的方法描述学生学习和成长的案例，将以下几个章节要描述的主要人物简要介绍，如表2.8所示。

表2.8 主要人物简介

姓名	书院	性别	方向	目标领域
安佳慧	J	女	出国	社会科学类
陈碧玉	S	女	高考	医学类
董物竞	X	男	高考	物理学
宁无伤	G	女	高考	师范类
温可心	Y	女	高考	经济学
宋自得	Z	男	高考	理工类
赵自如	D	女	出国	法学

第三章　选课的技艺：学习的开始

在学校资源有限的前提下，我们应该努力争取自己需要的东西，真正对课程有需求的同学可以通过这种方式更好地去争取自己需要的资源，这也是同学们在进入社会后将面临的现实——没有什么是一定该给你的，想要就要争取。

——F中教育集团负责人之一HCL

第一学期选课非常失败，当时什么都没问，排课相当失败，甚至有一些杂乱；后面慢慢就有了一些经验，或许经验就是哪儿失败了就积累出来了。这算是一个试错的过程。

——G书院王小月

F中每年（有时候是每学期，有时候是每个学段，视当年学校选课规则变化而定）都会组织一次网上选课，每次选课学生需要安排一个学年（2个学期，4个学段）的课程，每次选课时间是3~5天，最长延续一周。学校要求学生尽早明确个人目标，自主规划学习安排，希望学生能够慎重对待自己的选择，学会接受选择带来的相应结果。为促使学生更加清晰地规划自己的学习与校园生活，学校明确说明："根据同学们的不同发展方向，高中3年将有不同类型的课程供同学们选择，选择的范围和自由度会越来越大。"为此，学校对学生的发展方向做了一个大致区分。

1.高考方向

高一年级，学生们主要选择艺术、技术、体育、人文项目课程（本部）。

高二年级，学生们会进行高考选科，同时在语文、数学、英语学科选择分类课程（本部）。

2.出国方向

本部出国方向的学生，可以更加自由地规划3年的课程，有机会选择本部高考方向的必修课程，也可以选择E学院开设的部分课程（本部）。

国际部的学生，除了安排学习E学院必修课程外，可以在3年内自由选择本部开设的艺术、技术、体育、人文领域的项目制课程（国际部）。

一、个性化的课程表

F中的改革是从选课开始的，自由选课制的出发点在于尊重学生差异，赋予学生更多的选择权，为学生提供适合其个性发展的、独特的课程安排和课程内容。因此学生课表是自主选择并个性化生成的。在入校之前，学生就要面临选课的问题，这对他们来说无异于一个新的学习和成长机遇。

（一）满满当当

温可心初中时对F中自由选课制就有所耳闻，每个人都能拥有一张个性化、私人定制的课程表，听起来很诱人。在一个中规中矩的普通中学度过初中三年，上着几乎一样的课程，让她对拥有一张自己独特的课程表充满了期待。甚至从7月底拿到录取通知的那一刻起，她就已经开始期待高中生活了。

第一次邂逅自由选课是在开学前半个月左右。前一天收到信息通知，第二天早上选课平台开放，邮件中收到了一封学校发的"2018—2019学年度第一学期选课说明"。正在外婆家探亲的她一整夜都没有睡踏实。新生微信群里炸开了锅，她看到一条又一条的消息闪烁着，语文必修有几个学分？需要一次性选完吗？下学期《红楼梦》还开课吗？物理荣誉课难度怎么样？数学如果选了荣誉课还选必修课吗？周三下午没有课吗？新生群里议论纷纷，温可心似乎并不清楚他们在讨论什么。她本来想找人问问却想不到熟悉的人，想了很久，整个初中只有她和另外一位不熟悉的男生考入了F中，只好作罢。她认认真真地看完了选课说明，还是有一些懵，父母不在身边她不知道该和谁商量，辗转反侧一晚上都在想着该怎么选课。

第二天一大早温可心就起来了，打开笔记本电脑焦急地等待着选课平台的开放，她在屋里踱来踱去，反复刷新页面，时间一到她立刻登录选课平台。琳琅满目的各种课程在她眼前闪烁，她感觉像是进了一个豪华自助餐厅，但是她不能像平时点外卖那样慢条斯理地选，因为有些课不给你时间去考虑，就是要"抢课"才能选到，不仅要抢课程内容，还要抢课位（上课时间）。"创意写作"是一门备受欢迎的课，尽管第一学期授课教师开了6个班（每班20人上限），但是选课人数还是远远大于上限人数120人。温可心第一次意识到，选课就像是一场战役。

温可心特别想选"创意写作"，这门课就是与妈妈在学校开放日无意间"混入"的那节试听课，她喜欢授课教师酷酷的装扮和迥异的风格。于是，她把200个选课币全部投到这门课上。至于其他课程，她打算按部就班，有什么就选什么，"反正看着课程名称选，只要不落下什么课就行"。

选课也是在和时间赛跑。将近中午，她还有一门体育课没选完，想选的课人数已达上限，她将进入候选名单。能选的课的课位却与选过的课程冲突，她纠结着该如何选择。思索再三，她选了人数达到上限的羽毛球课，大不了就是被调剂到别的课程，不试试怎么能知道呢？经过系统整体调整后，温可心在F中第一张"个性化课程表"便正式生成了，她没有选上羽毛球，而是被系统调换为"体能课"，而且有的课程时间安排也有所改动，不过这在她看来无伤大雅。课程表如表3.1所示。

表3.1 温可心课程表（2018—2019年度第一学期·学段一）❶

课程	周一	周二	周三	周四	周五
第1节（08:00—08:45） 第2节（08:50—09:35）	地理必修2 高一7班	数学必修 高一上 高一110班	英文原著 阅读 3班	物理必修1 高一3班	《红楼梦》 研读
第3节（09:45—10:30） 第4节（10:35—11:20）	创意写作 1班	历史必修1 高一2班	地理必修2 高一2班	化学必修1 高一基础班	体能课
中午（11:50—13:20）		化学必修1 高一基础班			
第5节（13:30—14:15） 第6节（14:20—15:05）	物理必修1 高一3班	《红楼梦》 研读	社会创新 实验室	数学必修 高一上 高一110班	英文原著 阅读 3班
第7节（15:15—16:00） 第8节（16:05—16:50）	化学必修1 高一基础班	体能课 不限4班	议事会等书院 活动	创意写作 1班	历史必修1 高一2班
第9节（17:00—18:30）	服装设计社团 1班		服装设计社团 1班		

温可心看着这张安排的"满满当当"的课程表，心里挺踏实的，"看起来挺像样儿，毕竟都排满了"。一周下来，她才意识到自己原来是"小白一个，什么都不知道"。她每天都在拼命地赶着去一个又一个教室上课，写各种作业，一节自习课的时间都没有，她根本没有时间安排预习和复习，作业能应付完就很不错了。她还参加了"服装设计社团"俱乐部，俱乐部的教师和学姐有事情也会找她帮忙，有的时候她只好放弃一些看起来没那么重要的课程作业。她终于意识到了，自己第一个学段不太会选课，可是课都是自己选的，她将自己"绑了起来，并没有什么自由"。

（二）适当留白

和温可心一样，宁无伤也是初中时就听说过F中，初二班主任开班会

❶ 注：F中每天正式放学时间为16:50，第9节课为俱乐部时间。

介绍各个学校的教育模式时，她了解了F中的自由选课制，心生向往之情，中考也是奔着这个目标去的。宁无伤初中就读在远郊区县的一所中学，她是通过"校额到校"的选拔方式进入F中的。初三时她一模、二模成绩不错，年级排名前三，虽然中考前的那段时间有些迷茫影响了考试正常发挥，但是她还是考了年级第10名。他们学校这一届参加中考的有126人，"校额到校"的名额是40个左右。当时，如果中考成绩排在她前面的人选了F中，她就没有机会进来了，但恰好有一个名额空了出来，教师希望她能报考，不要浪费了这个名额。空出来的名额让她喜出望外，她最终决定要了这个名额，也算是如愿以偿。宁无伤至今还清晰地记得8月1日她拿到录取通知书时的那种欢喜和雀跃。

还在假期时，宁无伤接到通知，选课即将开始。她觉得自己从小到大都比较有主见，应该能够胜任独自选课这项任务。可是头一天晚上看到微信群里人声鼎沸地讨论选课的时候，她突然有些不知所措，心里特别没谱，因为大家讨论的东西她一无所知。于是，她慌忙联系正在读高二的学姐王小月。

王小月和宁无伤在同一个初中，也是通过"校额到校"进入F中的。宁无伤早就加了学姐的微信，只不过一直没有机会和学姐打招呼，这次选课让她不得不找学姐帮忙。王小月很耐心地解答宁无伤的各种疑问，她用自己"失败的选课经历"来告诉宁无伤，千万不要把一些"黄金课"都放在一个学期上，否则精力不济会难以兼顾，把自己搞得很累而且不一定能跟得上教师和其他同学的节奏。她叮嘱宁无伤一定要给课程表适当留些空白，给自己一些空闲时间和机动时间来做一些促进自我全面发展的事情。自己高一时因为选课过多过满而经常疲惫不堪，熬夜赶各种作业的DDL，没有时间看书和好好消化学到的东西，更没有时间参加丰富多彩的活动。

学姐的话对宁无伤宛如一根救命稻草，她紧紧抓住了，心里似乎有了一丝底气。第二天选课平台一开放，她飞快地浏览着课程列表。因为三年后要参加高考，她按照学姐的建议，必须在传统科目兼顾的基础上再去考虑自己的兴趣和一些项目制的课程。有了一个大致线索能方便她在种类繁多的"课程超市"中选择需要的内容。由于一直想学羽毛球，她就把大量的选课币投了进来，她如愿以偿选到了这门课。

选课的最终结果是宁无伤得到了一张比较满意的课程表，正如学姐所说的，语文、数学、英语、物理等主要科目她都选了，还给自己"适当留白"，放学之后她也没有安排俱乐部的活动。课程表如表3.2所示。

表3.2 宁无伤课程表（2018—2019年度第一学期·学段一）

时间/节次/课程	周一	周二	周三	周四	周五
第1节 （08:00—08:45） 第2节 （08:50—09:35）	地理必修2 高一7班	数学必修 高一上 高一110班		历史必修1 高一7班	英文原著 阅读
第3节 （09:45—10:30） 第4节 （10:35—11:20）	灯光设计 1班	"说解文字" 3班	地理必修2 高一7班	化学必修1 高一基础班	物理必修1 高一7班
中午 （11:50—13:20）					
第5节 （13:30—14:15） 第6节 （14:20—15:05）	历史必修1 高一7班	英文原著 阅读		数学必修 高一上 高一110班	
第7节 （15:15—16:00） 第8节 （16:05—16:50）	羽毛球初级	物理必修2 高一7班	议事会等书院 活动	物联网应用	"说解文字" 3班
第9节 （17:00—18:30）					

开学之后，虽然物理课对于宁无伤来说有较大挑战，但总体上课表上的其他课程她还能应付得来。最让她不能适应的是，自习课的时候她不知道该干什么，有时候会写作业，但是作业写完了却不知道该做什么。她看到身边的同学忙忙碌碌，好像总有做不完的作业，看不完的书和参加不完的活动，有时候心里会有些紧张。她想也许下个学期她也要报一个俱乐部，给自己找点事儿干。现在的空闲时间，基本上被她拿来看网络小说了。

宁无伤回想起初中时,"学校管得特别严,就连先写哪科作业都是教师规定好写在黑板上,慢慢地养成了教师让干什么就干什么的习惯,到了周末没有教师管就完全放松了。学校平时不让带手机,一到周末回家就想看手机不想写作业,也不知道先从哪一科写起,没人安排的时候,就不知道该干什么了"。现在没课的状态就跟初中周末的状态一样,她渐渐地觉得这样不太好,现在的自己似乎缺乏一种规划能力。

(三)有的放矢

董物竞在五年级时参加了F中初中部举办的"经典阅读班",各个小学的学生都可以报名参加,考试通过就能进入阅读班上课并参加相关培训,阅读班的学生基本上都能升到初中部。半年多培训之后,学校组织一次学生个人展示和一次考试,考试结束后最终有18个人入选,进入"××计划",可以初高中连读(也叫作初高中"衔接班",以下简称"衔接班")。学校承诺这18个人初一、初二就能学完所有初中知识,初三不用花时间专门准备中考,这一年可以提前学习高中课程内容,适应高中生活。董物竞就是这18人中的一个,他说当时自己年龄还小,很多决定和规划是父母帮他做的。父母觉得既不用担心中考,又能够空出一年的时间学习高中知识是一个很好的想法,这所学校又是重点中学,这样安排很好,当时一家人都挺满意。董物竞顺理成章地成了F中高中部一员。

董物竞初三在衔接班的时候已经体验过所谓的"自由选课"了。当时有指导教师手把手教他们怎么去选课,高一开学的第一次选课对他来说其实并不难。但是在着手操作的时候,董物竞还是发现了高中选课和初中选课的差异:初中选课只是象征性地区分出不同的难度,高中选课除了区分出课程的难度和学习层次之外,还要区分出不同的发展目标和方向。不弄清楚这些,后面的选课就会越来越麻烦,越来越耗费精力和时间。

董物竞庆幸自己初三的时候就已经确定要走"学科竞赛"这条道路，虽然他也参加数学竞赛，但是主攻物理竞赛。董物竞之所以决定学习竞赛，是初中时被指导教师关于"学竞赛有用，能够为高考自主招生降分"的宣讲所吸引，他想要努力试一试。于是打定主意说服了父母同意他走竞赛这条"少有人走的路"。在选课的时候他最大限度地选择跟竞赛相关的课程，而且在保证个别必修课的基础上，最大限度地给自己留出空余时间，这些空余时间他要用来准备竞赛：刷题、做模拟、看讲解等，可以说是充分做到了"有的放矢"。

因此，选课系统开放的时候，董物竞没有立即登录进去。他之所以不着急，也不焦虑，是因为他知道，选竞赛课和荣誉课的人不会特别多，是不需要和大多数人抢课程和课位的，至于别的课程，语文和英语就投选课币，语文和英语要选对高考有直接帮助的，艺术他不喜欢，体育他不感兴趣，只能是努力完成"规定动作"的最低要求，最适合他的就是"体能课"这类不需要耗费太多精力的课程。

高一选课这件事让董物竞觉得最有意思的地方在于，选课有一个投"选课币"的过程，这里面牵涉如何使用技巧投币的问题，这一点他是从父母那里学到的经验：一般情况下人们为了方便计算，投币的时候容易投整数，如20、30、40，你可以投21、31、41，不浪费过多选课币就能够更容易选到自己想选的课程。董物竞选课的时候是父母一起陪着他选的，这让他觉得很温暖，他们既会给他提出一些好的建议，也会尊重他的想法，以他的想法为主。选课的结果自然是让董物竞满意的，物理竞赛和数学竞赛都是他必选的，而语文和英语课程也都是他需要的课。

尽管董物竞的课表中有一定量的自习，而且他基本上不参加书院活动，也没有俱乐部活动，但是这些时间对他来说还是不够用的，除了完成作业，他有太多的竞赛习题要做，所以熬夜刷题对他来说也是常有的事。课程表如表3.3所示。

表3.3 董物竞课程表（2018—2019年度第一学期·学段一）

时间/节次/课程	周一	周二	周三	周四	周五
第1节（08:00—08:45）第2节（08:50—09:35）	地理必修2高一1班	实用文本阅读1班	物理竞赛3高二1班	《古文观止》2班	
第3节（09:45—10:30）第4节（10:35—11:20）	体能课1班	政治必修1高一2班	地理必修2高一1班	数学竞赛课程1高一1班	
中午（11:50—13:20）		化学荣誉1			
第5节（13:30—14:15）第6节（14:20—15:05）	《古文观止》2班			实用文本阅读1班	物理竞赛3高二1班
第7节（15:15—16:00）第8节（16:05—16:50）	数学竞赛课程1高一1班		议事会等书院活动	体能课1班	政治必修1高一2班
第9节（17:00—18:30）					

（四）两头兼顾

安佳慧在F中初中部度过了三年，这个校园她很熟悉，拿到录取通知书似乎是意料之中的事情，不会让她有额外的喜悦感。至于说高中部，她当然也是充满期待的，毕竟虽然共用一个校园，有很多制度相似，但是初、高中的管理方式仍然有着很大的差别。例如，当她看到通知书附件的一系列内容时，觉得有一些好奇和陌生。

选课通知还没出来，安佳慧其实已经知晓学校将要组织新生进行第一学期的选课了。就在选课开始的前一周，她和妈妈才刚刚见到妈妈朋友的女儿欣欣。欣欣是F中高三刚毕业的学生，拿到了美国一所排名前20大学的录取通知书，9月份将要去美国读本科了。欣欣提醒安佳慧快要选课了，还给安佳慧分享了很多有用的选课小窍门，包括哪些教师的课花费时间多但是最终结课时得分少，哪些教师的课相对轻松而且给分高，能够让GPA好看一些，以及怎样选课能够给考托福（TOEFL）❶、SAT❷等标准化考试留出足够的时间。安佳慧的确收获了不少"干货"，如果她要出国留学，这些信息对她来说将会非常有帮助，她暗自高兴。不过另一个念头也冒了出来：这样做是不是过于功利了，何况她还没有完全下决心要出国，虽然妈妈对她能出国读本科仍充满期待。

　　接下来的一周，全家人都在讨论安佳慧高中毕业后出不出国的问题，爸爸无所谓，妈妈倾向于出国读本科，但是也有所顾虑，如是否能够申请上一个排名靠前的学校，回国以后能不能适应国内环境等。妈妈以前很少和安佳慧提起出国读本科的事情，只是妈妈身边有不少同事的孩子出国读本科了，她受到影响就把出国留学当成一条可以选择的路了，毕竟相较于高考，出国的人还是占少数，而且家里条件也没有任何问题。安佳慧仍然没有想好，她的很多朋友都在国内，虽然她总是和爸妈一起出国旅行，可她并没有想过要在国外读几年书，而且是在刚成年的时候。

　　选课通知下来后，安佳慧仍然没有下定决心，她和家人商量后决定选课时需要两头兼顾，第一个学期要选上一定数量和内容的传统科目，兼顾英语提升类课程和一些兴趣类课程，期末看学习成绩，再做进一步调整。

　　安佳慧按照这个课表上课，算得上是松弛有度，紧张充实。唯一让她觉得特别吃力的是英语学习。安佳慧英语基础尚可，但是"英文原著阅读"这门课对英语水平要求很高。如果英语水平较高，看得懂文本的内容，问题不大，但是平时教师上课，有一大部分时间是留给学生分享和讨

---

❶ 托福考试是由美国教育考试服务中心（ETS）测评研发的一个学术英语语言测试，托福考试通过考查听、说、读、写4个方面技能以体现参与者在学术语言任务环境下的真实学术语言能力，并可用于本科及研究生阶段的院校申请。

❷ SAT，也称"美国高考"，是由美国大学理事会（College Board）主办的一项标准化的、以笔试形式进行的高中毕业生学术能力水平考试。其成绩是世界各国高中毕业生申请美国高等教育院校入学资格及奖学金的重要学术能力参考指标。需要注意的是：SAT考试在中国大陆不设考点，只在中国香港和台湾地区有考点，另亚洲的新加坡、日本、韩国、泰国、越南也设有考点。因此大陆考生要通常到香港或台湾去考。

论的。英语水平一般的学生参加讨论起来有些费劲，尽管个别学生很勇敢，但讨论时候词不达意，写作时写不出来，安佳慧就属于这个水平。几次课下来，她感觉在整个班里没有存在感。课程表如表3.4所示。

表3.4 安佳慧课程表（2018—2019年度第一学期·学段一）

时间/节次/课程	周一	周二	周三	周四	周五
第1节（08:00—08:45）第2节（08:50—09:35）	化学必修1高一2班	《庄子》研读养生班	英文原著阅读	数学必修高一上高一109班	物理必修1高一4班
第3节（09:45—10:30）第4节（10:35—11:20）	女子软式棒垒球初级	历史必修1高一5班	化学必修1高一2班	创意写作4班	
中午（11:50—13:20）					
第5节（13:30—14:15）第6节（14:20—15:05）	数学必修高一上高一109班	物理必修1高一4班		《庄子》研读	英文原著阅读
第7节（15:15—16:00）第8节（16:05—16:50）	创意写作无4班		议事会等书院活动	女子软式棒垒球初级	历史必修1高一5班
第9节（17:00—18:30）			黏土手工设计		

与班里几个能够流利用英语分享阅读心得体会、讨论文章结构和思想、和教师对话的同学相比，安佳慧意识到自己的英语水平的确需要提高。于是，她报了英语辅导班，妈妈又帮她报了托福考试"一对一"培训班，还帮她报了一个数学补习课。这样下来，除了每周要完成学校的作业之外，辅导班的作业也需要她每天"打卡"，她几乎没有休息时间。

回忆起初中生活，在同一个校园里，她总是听到同学们议论高中部的培养模式如何宽松自由，现在她终于意识到了，"宽松和轻松是两码事儿，现在一点也不轻松，尤其是在作业多的时候，还会感到焦虑和头疼，或许早点定下目标就会好一些，不至于现在两边都要做准备。"她如是说。

如改革者所愿，自由选课制看起来每个人都拥有了一张"个性化的课程表"。他们不仅能够选择学什么，还能选择什么时候学，在哪里学，跟谁一起学，以什么方式学。人人虽然拥有了个性化的课程表，获得了所谓的"个性""差异""兴趣"，但是选择的结果真的适合自己吗？

二、选课之后

（一）一路跌跌撞撞：屡遭打击没放弃

初入F中，宁无伤内心充满了期待，校园虽然不大，却到处充满新鲜的气息和活跃的氛围，她下定决心接下来的三年好好学习，丰富自己，获得真正的成长和进步。然而没过多久，她便意识到学校群英荟萃，自己存在感很低，一度成了没有存在感的"小透明"。

本以为选完课后就可以按部就班，努力学习，但没想到曾经让她引以为傲的学习给她带来了一个又一个的打击。

宁无伤"没有选特别水的课"，她认为要想提升自己的学分绩点，就一定要通过自己的努力，而不是通过选"水课"来提升绩点，而且在她看来，选"水课"其实非常不值，浪费了自己的时间，也没有学到太多东西。

首先给宁无伤重重一击的是物理。进入F中之后，她觉得物理课突然变难，课时非常紧张，教师讲得特别快，自己接受能力又慢，当时就跟不上，为此物理还挂科了，所以特别难受。她以前从来没有这种感觉，真的有学不明白、学不会、跟不上的绝望感，中间有段时间甚至觉得自己坚持不下去了。但是现在，宁无伤逐渐找回一点儿信心，一部分原因是教师。她一直上JMZ教师的物理课，教师并不强调分数高低，在意的是学生的学习态度，宁无伤一直得到这位物理教师的鼓励。她坦言，如果当时物理教师没有拉自己一把，她可能真的就沉溺于绝望中不能自拔，或者就放弃学习了。教师的鼓励和帮助，尤其是自己没有放弃才让她一直坚持到了现在。面对高考，她确定自己要选考物理：一方面是自己文科背诵比较慢，历史也只能拿到一个中等分数，想要往上提分是困难的，最困难的是史实记忆部分；另一方面是自己的物理的基础尚可，虽然现在分数不高，但视野和思维方式已经逐渐打开和养成了。有同学看到宁无伤如此辛苦，建议她换别的科目高考，但在选考这件事上她表现出极大的勇气和决心，"我完全不考虑换科，要用尽全力去学，真的学不好是一回事，但是如果不试试怎么知道自己真的不是那块料，这是另一回事"。

除了物理，英语也让宁无伤很有挫败感。虽然自己从小都在上英语课外辅导班，但是学的英语一般都是偏考试导向的，现在周末上的英语和数学都是指向高考的，辅导教师会带着学生做一些高考的真题训练，但这些辅导班课程跟F中的英语教学似乎不太匹配。在F中的英文课堂上宁无伤很明显地感受到一些焦虑，一是自己词汇量不够，二是自己发音不够标准。虽然同学们觉得她的发音尚可，但她觉得远远没有达到自己想要的水平，看着周围的同学英文说得通畅流利，展现出非常自信从容的样子，而她自己却对上台演讲感到发怵，怯生生的，像个"丑小鸭"，内心不自觉会产生隐隐约约的自卑。其实上台讲话她从小锻炼得并不少，初中担任班长时她经常上台，但现在还是会有些害怕，面对大家会让她产生一些"不舒服""不自在"的感觉。

由于上台机会很少，宁无伤在课堂上很少有所谓的"高光时刻"，大多数都是平平淡淡。曾经有一件让她觉得特别开心的事，在英语课上，她代表小组汇报讨论成果，成功把大家都逗乐了。宁无伤觉得自己有几个骄傲的地方：一是帮助别人解决问题；二是把大家逗笑，无论在哪儿她都想让大家觉得开心；三是自己的特长被别人认可。高二第一个学段，艺术课她选了流行演唱课，但是因为怯场，上台演出时她全程闭着眼睛，发挥得特别稳定，唱得还不错。教师指出了她的问题："我从来没教过你在台上唱歌要闭着眼睛。"无伤解释自己睁着眼睛可能就会发不出声音，但她知道教师说的是对的，她需要不断去克服胆怯，变得勇敢。不过台下的同学都觉得她唱得很好，非常认可。她特别开心，因为自己唱歌所表达出来的情感被人理解和认可了。在此之前她一直觉得不被认可，现在她不那么害怕了，她相信总会遇到懂她的人。在这门流行演唱课上，她学会了一些唱歌和表演的技巧，听说学校有"校园歌手大赛"，有些同学报名参加了。宁无伤没有打算报名，对她来说，唱歌是一种爱好，是一种放松方式，一种宣泄情绪的方式，她不想把它变成一种用来"跟别人去攀比的资本"，她就是想通过歌唱把自己内心的声音和情感表达出来。

马上要进入高三预科部了，高中部两年的学习宁无伤留下了许多遗憾。自卑、缺乏勇气、不够主动、不擅长自我规划，让她错失了很多自我提升的机会。既没有获得好的课程成绩，也没有广泛参加活动拓展自己的综合素质和潜能。她遇到了许多让自己挫败的事情，一路跌跌撞撞走到现在。但难能可贵的是，她从来没有放弃努力。

（二）从鸡头到凤尾：主动调整状态

选课之后，温可心最大的不适应在于，初中时她的成绩排名靠前，现在"没有了那种拔尖的感觉，变得很普通"。

第一个学段她把自己的课程表安排得满满的，完全没有给自己留下自习的时间，这让她没有时间消化教师讲的知识，内容太多，节奏太快，她跟不上，尤其是理科方面的学习。怎么办？妈妈重新给她安排了三个课外辅导班，补习数学、物理和化学。另外，在授课方式上温可心也觉得有些不适应，"初中时上课比较规矩，讲究条条框框，现在突然一下子放开了，就觉得不太适应了"。写作课和阅读课分开了，第一次上写作课，她见到了那位很酷的教师并体会到了新颖的教学方法，这一下子吸引住了她。但是写作时她认为自己还是太过局限于初中教师教的技巧，讲究固定的格式，追求如何获得高分，这样写出来的文章缺乏个性和真情实感，自然不会打动人。

教师会让学生们互相看文章，目的是让学生之间互相学习，取长补短。一篇作文互换之后温可心看了将近20篇别人的作品，她很快就掌握了要点，原来写作还可以这样，应该随性和自然一些，跟随自己内心的感受，不一定要受格式和模板的拘束。由于自己语文的积淀并不少，后面写起来就得心应手了，她不但很快适应了这种授课方式，而且很享受这门课，这就是她喜欢的上课方式："能给人安心的感觉，特别舒服，特别自在。"除了写作让她觉得超凡脱俗之外，语文"专书阅读"（也叫"整书阅读"）诸如《说文解字》这样的课程对她来说也比较特别，教师的授课方式不太强调基础知识的记忆，更注重的是知识的拓展和思维方式的提升，她很喜欢这门课，学得跟初中不一样，每天都能给她新鲜感。

也许是语文的底子好，相比之下，英文的整书阅读对她来说挑战更大。英文原著小说阅读的授课方式是教师把一本书分为不同的章节结构，一般一本书安排8~9次讨论课，学生自己阅读相关内容，上课时以学生讨论为主，大多数时候是学生自己组织小组讨论，然后小组之间再交流讨论，教师在下课前的几分钟简单做个总结。温可心自认为英语不太好，词汇量不足，上课跟不上讨论节奏。不过她发现这并不是她一个人面临的问题：一个学段9周的课，基本上每节课都是固定的几个英文好的同学发言最多，最积极，另外一些人也包括自己就越来越不敢发言了。她觉得这是一个恶性循环：敢说的人越来越敢说，不敢说的人就越来越不敢说。

虽然有一些挑战，但这些问题她自己努力还勉强能克服。最困难的是数学、物理和化学。第一个学段，温可心选的数学教师是一位来自名校毕业的年轻教师，看起来很有想法。但是，刚刚过去的那一整个学段，温可心上数学课都听不懂，而且教师上课讲得很少，解释更少，他主要鼓励学生自主思考，有不懂的可以提问。温可心觉得真的跟不上，听不懂，一个学段过去了她感觉自己上课像听天书一样，什么都没学会。她和妈妈说了这种状况，妈妈也很着急。经过一番纠结之后她淡定下来，重新给温可心报了数学、物理和化学的课外辅导班。辅导班教授给她体系化和扎扎实实的知识，有条条框框，有规范示例。虽然这种授课方式和F中差别很大，却是可心现在最需要的。

经历了选课和上课的打击,温可心非常不适应,甚至有一段时间表现得萎靡不振。妈妈有意帮她调整状态,斩钉截铁地告诉她:"不要相信什么'宁为鸡头不为凤尾'的话,被迫适应也是适应,主动适应也是适应,反正都是要去适应,心态要好一些才能更快适应。"妈妈的引导像及时雨扭转了她的失落感,让她平稳度过了这个坎儿。其实父母也提前打过预防针,他们"早就料想到会有这种状态",已经提前给她做了心理辅导,她才能逐渐进入良好的状态。跨过门槛儿的温可心现在每天过得充实愉悦,学习成绩虽没有明显提升,但她觉得自己在课程内容上收获不少。

(二)任务导向式学习:享受待办清单

初三就接触过高中部教学模式的赵自如在选课时可以说是驾轻就熟,没有太多纠结和挣扎。她的课程表如表3.5所示。刚入学的她怕自己过得太过轻松自在,还是选择制造一些紧张感,两三周之后她就习惯了学校的整体节奏,在宽松和自由的氛围中合理有序地安排着学习节奏。但她也发现并不是所有的人都能一下子适应新环境,"这种宽松的感觉会让很多人感到措手不及,对他们来说反而是一种打击,可能会让他们消沉、混日子"。但是她目标清晰、规划合理,有很强的自主意识,她说这是爸妈从小就开始培养她的结果:"他们会告诉我,什么时间该干什么,学习之后才能去玩。"回忆起小时候,赵自如认为自己过得并不轻松。爸妈常常会向她传达这个观点:小的时候应该对孩子严格点,甚至是狠一点,以养成良好的生活和学习习惯。例如,到了饭点才能吃饭,饭点不吃饭的后果要自己承担,即使是饿了也得自己忍着,不是饭点就不让吃饭;如果出去和朋友玩耍,到了约定好的时间必须按时回家,到点没回家的后果就是被剥夺下次出去玩的权利;放学后如果课外计划有改变一定要提前和家里说。爸妈的严格要求让赵自如逐渐学会了独立和坚强。

目标和规划是赵自如学习和做事时首先要考虑的问题,大到高中三年的长期目标规划，小到每一周、每一天的学习安排。在每一科目的学习上，她制订一个目标，如每门课平时需要付出的时间。想要获得的预期成绩、达成这个目标的基本步骤和线路图等。但她并非完全死板地按照计划执行，会根据情况随机应变。假如离目标越来越近就维持这个计划不变，离目标有点远了就会进行相应的调整。有一次写作课得分不高，她想改变这种状况，于是暂时搁下正在学习的托福，在写作上多花一些时间，争取下次拿个好成绩。

表3.5 赵自如课程表（2016—2017第一学期·学段一）

时间/节次/课程	周一	周二	周三	周四	周五
第1节（08:00—08:45）	数学必修高一上	地理必修2	法律案件判析	高尔夫中级	英文原著阅读 Everything I never Told
第2节（08:50—09:35)					
第3节（09:45—10:30）	创意写作	人文物理必修2	地理必修2	数学必修高一上	人文物理必修2
第4节（10:35—11:20）					
中午（11:50—13:20）					
第5节（13:30—14:15）	高尔夫中级	英文原著阅读 Everything I never Told		创意写作	法律案件判析
第6节（14:20—15:05）					
第7节（15:15—16:00）			议事会等书院活动		
第8节（16:05—16:50）					
第9节（17:00—18:30）	Sonic Youth 1班		Sonic Youth 1班		

赵自如学习效率特别高，而且从不拖延。拖延会让她无法忍受，甚至崩溃，所以她坚持把该做的事和该学的东西往前提，如周日要交的作业她恨不得在周一就做完，把剩下的时间留给下一个DDL，所有的任务都要赶在DDL之前完成。赵自如会把要做的事情做成一个"To do list"（待办清单），做完一个就划掉一个，她很享受每一次划掉的过程，所以会催着自

己"赶紧做",这样就能把它们一个一个划掉了,"划掉的过程感觉很爽,特别有成就感"。赵自如手机上有一款制作"To do list"的软件,软件的宣传语是:使用"To do list,掌控一切""释放您的大脑""将任务从您的脑海中移到任务清单上来重新找回清晰和宁静"。这是一款任务导向型的软件,它试图将要做的事情排好顺序再一个个完成,从而对自我进行时间和任务管理。

  赵自如在面对诸多需要处理的学习任务时,这个待办清单软件可以帮助她条理清晰地安排要做的事情,能大幅度提高效率,所以她不需要花太多时间在学习上,完成作业的过程她会比较专注,不会被别的事情所干扰。高一、高二作业多的时候,晚上从7:30到9:30她可以完全不看手机不和同学朋友聊天,很专注地写作业,毫无压力。

  赵自如的英语水平的确不错,在英文原著阅读《1984》的讨论课中,她侃侃而谈,优雅大方地表达着自己的观点和看法,深受教师喜爱。去国外游学时连美国本土的学生都觉得她英文说得好。但是在她看来,考试成绩和个人实际能力并不是完全呈正相关,虽然她能力出众,但这并不一定能在考试成绩中体现出来,于是她只能求助于课外辅导班,SAT和托福培训班她都不放过。这是一段让她感到"辛酸的经历",也是她遭遇挫败最多的时间,她从没想过自己会被标准化考试拖住后腿。留学申请前,她一共考了4次SAT和7次托福才勉强考出了比较理想的分数。而且,申请大学的过程也相当磨人,学校都有自己的系统需要填报,同时还要准备提交申请表、个人简历、个人陈述、学习计划、推荐信、一些证明材料等,相当烦琐。庆幸的是父母给她找到一个可靠帮手全程指导与帮助,才不至于在申请季把自己搞得焦头烂额。过程有些熬人,但结果是理想的,她得偿所愿,拿到了国外理想大学的offer,实现了高中三年的目标,再一次成为学弟学妹眼中"优秀"的代表。

  总之,选课像是一场没有硝烟的战役,个人拥有的经验就是他们的武器。但是,经验是在具体的生活中产生的。就像杜威说的,"过去的成就提供了理解现在的能够自由运用的唯一的工具。正如个人必须回顾自己的过去才能清楚地理解他本人现在所处的种种状况"❶。具体到自由选课，虽然选课的结果是每个人拥有一张自己的个性化的课程表，但并不是所有人都懂得如何选择，选出合适的课程。关键在于是否具备经验，拥有明确的目标，掌握不断变化的规则，学会利用各种资源。

董物竞和赵自如的衔接班经历让他们在进入高一之前就已经历过选课，这让他们在应对新环境时拥有一些可以借鉴的经验。

赵自如初中时就已经明确了高中毕业出国读书的规划，高一就确定好了学法律类专业。为此，高中三年她的整个学习规划都是围绕这个目标展开的，有针对性地选课只是第一步，而且她基本上能够独立做出这些决定。赵自如觉得之所以能够自主处理这些事情，主要来自父母对她从小到大"自主能力"和"独立意识"的培养。一开始父母对她特别严格，但是随着她日渐懂事，以及习惯养成，他们便以鼓励和赏识为主，引导她自己做出决定并且给予极大的支持、鼓励和尊重。

父母相信通过独立做决定能够让孩子通过实践不断锻炼自己，获得经验，也会让孩子更加成熟，更加自信，能够更好地应对不确定的环境，或者找到自己的人生方向。在一个不断变化的社会中，个人的独立意识非常重要，一些研究指出："对孩子灌输独立意识在充满变化的社会中更具吸引力，因为在这个社会中，年轻人被要求独立做出重要决定。"❷虽然父母期待孩子能够独立作出正确的决定，但是当孩子面临困惑时，他们甚至比孩子还要急于将问题彻底解决。

董物竞在初三时就已决定走竞赛道路，争取在竞赛中拿到好的名次参加顶尖高校的自主招生，而且父母对他未来规划去大学当教师表示极大支持，当教师"不一定很富有，但起码生活是一种自由的状态"。平时的"饭桌交谈"，爸妈经常询问董物竞关于学校的事情，董物竞也会主动跟父母分享。如果董物竞遇到困难或困惑的事情，一家三口总是会一起解决。

---

❶ 约翰·杜威.我们怎样思维·经验与教育[M].姜文闵，译.北京：人民教育出版社，2005：287.
❷ 马赛厄斯·德普克，法布里奇奥·齐利博蒂.爱、金钱和孩子：育儿经济学[M].吴娴，鲁敏儿，译.上海：格致出版社，上海人民出版社，2019：190.

例如，选课的时候，一家人一起面对电脑商量，父母顺便教给董物竞一些选课的小技巧。除了这些小技巧，他们还会对他进行"学习习惯"和"思维方式"方面的指导，如不要在一些细节上花太多时间，根据目标需要做一些选择和取舍等。

相比轻车熟路的赵自如和董物竞，温可心和宁无伤更像是"新来者"闯入了F中这片自由的土地。

一开始的选课失败、跟不上上课节奏等诸如此类的问题给温可心带来了不小打击，她经常会问学长学姐"什么时候才能适应"这样的问题。不过幸运的是，入学没多久，她被学校教务处的"成长与实践体验中心"抽中和指导教师进行"一对一谈话"。教师和她聊了关于适应学校、未来目标和个人规划方面的问题。这在一定程度上促使她和父母之间更加密集且有针对性地讨论了自己未来目标和职业生涯规划。经过反复商量讨论，他们最终定下了大目标，也规划了从选课到学校活动等其他方面的事情。因为妈妈在入学前就对F中进行了实地考察，而且她还花时间把学校的整体架构和基本制度了解得很清楚。因此，她才能帮助可心快速适应和融入环境。

虽然宁无伤在学姐的帮助下选了一个看起来非常合适的课程表，但她仍然缺乏"如何学习"及"学什么"的经验：不清楚教师的授课风格，跟不上教师的节奏，也不太清楚该如何利用身边的资源拓展学习方法和内容。除了知道F中环境宽松担心无伤管不住自己之外，父母对于F中了解不多，他们无法帮助宁无伤处理她面临的这些问题。上一次学校家长会恰好赶上家里忙，宁无伤直接和妈妈沟通把家长会推掉了，为了让妈妈放心，她还告诉妈妈她清楚自己的问题，而且最近一段时间自己的考试成绩有所提升。宁无伤是懂事的，她小时候就明白需要独自扛起自己的事情，找到最适合自己的生活方式。

宋自得凭借着头脑聪明、强有力的"母爱"，以及命运之神的眷顾迅速冲入了这个本来不属于他的地方。对于选课这样的事情，他的态度是很放松，他既不会让父母参与，也不会自己去仔细斟酌。甚至他不会主动告诉父母选课,以及如何操作等,等到他们问起来的时候才会略说一二。因为他知道,如果父母知道了,他们肯定会参与其中,而且妈妈会"过分参与",他特别不喜欢父母"插手自己的各种事情"。当然,对于人生目标等问题,他还是会跟父母讨论,经过多次商讨,他们达成的共识是先参加高考,至于其他的等高考之后再说。选课和平时上课在宋自得看来是"很小的个人问题",当然是自己做主。然而,他的"自己做主"显得过于"放纵",这让他既不顾目标和规则,也放弃了资源,学分不够和挂科也在意料之中。

学校管理者坚信,"教育是生活的过程,而不是对将来生活的准备"。学生早晚都要进入社会,因此,他们给学生提供更加真实的情境,让学生能够自主学习、学会独立、学会取舍、学会利用规则和学会争取资源。自由选课的真实性在于,这是一个个人与自己、个人与他人、个人与规则不断交互的过程。选课的过程中,一个人要知道自己要什么(目标),通过什么途径获得(规则),有什么条件支持(资源)。当然不只是这么简单,选课的过程充满着计算和人心的博弈,也充满着个人的取舍、挣扎和纠结。

或许是为了营造真实的情境,或许是改革步伐的推进,学校经常发生一些变化。在大多数学生毫无准备的情况下,新的变化就已经发生。就像上文也提到过的,从2017年春季学期到2019年春季学期,选课的机制变化了3次。2019年春节假期期间,F中的选课机制发生了一次较大的变化,由原先排好的课程课位教师等让学生选课,变为"先选后排",即学生先选课,学校再按照选课的需求进行排课。但是这个新的选课机制似乎忽略了一个问题,那就是学校现在所提供的资源是有限的,无法满足学生千差万别的个性化选课需求,会出现很多不可预料的情况。而且选课时间恰好定在农历大年三十上午。突然的改变让寒假里原本沉寂的校园论坛炸开了锅,一时间各种声音迭起。

有学生出于强烈的责任感想及时救场,于是第一时间就开帖子站出来公开和学校"叫板",来自衔接班的DFW在学校论坛上开帖细数了学校选课的变化和新机制不合理的地方，达到了"平息众怒"的效果："我提出对选课的观点不是为了个人利益，而是看不惯学生在选课反馈群中七嘴八舌地议论，甚至有些同学还带着脏话吐槽，把反馈群硬生生变成了一个纯粹的吐槽群，但是这解决不了任何问题，让这个群失去了原本应有的反馈功能。他声称自己在这次选课中并没有"吃亏"，唯一不完美的就是体育课被安排在了第一节课。

选课不如己意的YSX非常认同帖子的内容，并表达了自己的遗憾："也许学校是想改掉某些我们不知道的弊端，我相信学校有自己的理由，但是现在的改革带来的弊端远大于利。"同样在这次选课中"吃了亏""掉课"5门的WZM在理性克制自己的情绪之后指出："选课要求主副科俱全、没有课程冲突、时间尽可能合理，这是一个没有多项式算法的问题。再加上学生们的高考选科、职业规划使问题更加复杂化之后，是完全无法在短短一个寒假内得出解的，更何况是几天之内，通过课表也可以体会到。"

同样来自衔接班的陈碧玉似乎早就看透了学校的意图："学校这么安排，本意就是逼着大家去思考，去自主思考。但毕竟之前都是安排好的，所以这个转变的过程十分痛苦。大家在选课时的纠结、挑选、期待，选课后的失望、愤慨、争论，这就是大家正在思考的一个过程。而当你某一天真正想明白了，你真的想要什么，你会很感谢以前这些不美好的经历。因为这是一个人的成长过程。"她和学校教务处负责教师经过多次沟通之后，公开发出了如上观点。

面对不断变化的情境、规则和资源，总有一些人能很快适应，有一些人在探索中缓慢前行，还有一些人可能面临"出局"的危险。不管经历如何，愉悦还是痛苦，平坦还是泥泞，明晰还是困惑，他们可能都会获得一些经验和成长。的确，这些都是事物和情境所给予的教育，也可以称之为卢梭意义上"物的教育"。那么，人的教育呢？

三、选课的"门道"

自由选课并非一件简单的事情,它是学校提供的一种制度环境,对于学生来讲,最重要的是在这样的制度环境中如何"学会选择"。

(一)明白自己要什么

高一上学期将结束,学校开展了第二轮选课。选课规则有所变化,对于高一新生来说,本次选课要选高中部剩余6个学段的课程,高二的学生需要选完剩余2个学段的课程。虽然每个人都经历过一次选课,但新的变化对他们来说还是充满着新的挑战。

温可心第一学期的选课是失败的。她坦言自己还在用初中的经验来衡量高中遇到的新情况,规规矩矩地把课表填得满满的。关键的原因是,她一开始对于自己想要什么并不清楚。这次选课使她再一次面临同样的问题:自己未来的目标是什么?其实在入学不久之后,学校就要求学生在网上系统填报"目标管理系统"的相关内容,目的在于督促学生"自主学习"。由于刚入学什么都不清楚,她根本还没有确定明确的目标,也没有想过自己要考什么样的学校,只是偶尔和父母提起过以后想从事的职业类型。学校的倒逼机制让她不得不去思考这些问题,为此她才反复跟父母商量,从选课到高考报考专业,再到以后从事的职业,而这一切都源自"选课"。

一开始,温可心对于未来的想法是天马行空的,她喜欢艺术,就想要学设计。父母都是经济学出身,熟悉财务和会计工作,平时接触和讨论这方面的事情也比较多,他们鼓励温可心大学报考时可以考虑财经类专业。至于设计方面,他们也有考虑,支持温可心以后开一个自己的"个人工作室"。但在当前,经过反复讨论优劣利弊之后她打算报考经济类。因为她觉得从小受父母的影响,自己也有一定的兴趣,而且父母积累的经验对她也很有帮助。所以不管是从个人目前的能力和兴趣,还是从整个家庭的规划出发，她总算是确定了专业目标和以后想要从事的职业。目标确定之后，温可心感慨：做这样的职业生涯规划和自主选择，真的不单单是一个人能够独立完成的，个人的想法和家庭其实是没法分开的，虽然现在是自己在做选择，实际上也是父母和她共同讨论协商后作出的选择。

基本确定目标之后，选课就容易多了，除了给自己留出一定的空闲时间，在考虑高考选考的科目和个人兴趣的基础上，温可心也会更加注意课程之间的层次感和搭配，如前两个学期选择历史必修课程，后两个学期她选了拓展个人兴趣的课程，如"中国古代文化史"和"史料研读"。就像她说的，这次选课并不是她一个人完成的，妈妈陪着她一起经历了完整的选课流程。两个人一起看课程，规划科目，一起选择直到确定课程表。由于妈妈对她的学习和兴趣非常了解，遇到她决定不了的时候，妈妈就帮她做了决定。课程表出来之后，她看着自己的这一番规划和安排，心中多了些安定，少了几分慌乱。

F中管理者曾说："学生在选择的过程当中难免有人会作出非常多的选择，结果忙不过来，便会产生不良的后果，学生在这个过程中是可以学会自我调整的。"温可心就经历了这么一个过程，尽管有些痛苦，但在妈妈的帮助下她调整了策略，逐渐学着以自己的目标为导向选择自己的课程、活动和团队。看到身边一些优秀和耀眼的同学，她不禁感慨："往往走在前面的人，是真正明白自己想要什么，并为之坚持努力的人。"

赵自如就是温可心说的这类"优秀"的人之一。赵自如初中读的是衔接班，初三毕业后直升进入F中高中部。如今，她已经拿到了美国某著名大学的录取通知书。她现在一周只有4门较为轻松的课需要获得学分，如"英文原著阅读""电影经典研读"。最近她在学AP课程，在国内学完并考试合格后，可以到美国抵换本科所要修的学分。除了学习之外，她还承担了这届毕业典礼的筹备工作，作为主要负责人之一，她经常会和同学讨论或跟老师一起开会。高中三年转瞬即逝，时间虽然紧迫，她却把一切都安排得井然有序，过得充实无比。

赵自如认为，高中三年自己之所以能够从容不迫，得益于她很早就确立了出国留学的目标。她认为较早确立目标非常重要，这是父母和她一起决定的。初中时她就想去美国读高中，父母觉得她年龄太小，"三观"（世界观、人生观和价值观）和思想还没有完全成熟。于是他们就达成共识决定在本科时出国，差不多在初三时已经确定好了要去什么样的学校。所以出国留学这个决定是他们经过深思熟虑后作出的。

由于早早确定了目标，在选课这件事上，赵自如总是知道自己需要什么，适合什么，能够从所选课程中获得自己想要的东西。F中的语文课和英语课将阅读和写作分开，她很喜欢这种模式，"英文原著阅读"和"西方文学选读"不仅能够让她锻炼英语表达能力，还能训练她的思维方式和开拓视野，她坦言自己不爱看书，这种"专书阅读"的授课方式能够帮助她迅速地掌握一些经典著作的思想精华，如英文原著阅读《1984》带给她的冲击和震撼至今难忘。至于说到写作，"创意写作"教师营造的自由而安静的氛围她早就听学长学姐说过，百闻不如一见，上完写作课她的确能够"在舒适的状态下直面自己和写作"，自然而然地就能写出真实的东西来。

赵自如从来不会选择过于困难和耗费较多精力与时间的课程，平时的课业学习对于赵自如来说都在她的能力和时间可控的范围之内，并且她各方面发展比较均衡，没有对某个科目十分热爱，也不追求"成绩巨好"或学到极致。她聪明地掌握了相应的学习技巧，所以只需要用少量的时间就能将课程内的学习任务完成，还能拿到较高的分数。高中三年，她的成绩一直很好，平均分达到了95.8分，GPA4.54，在整个年级名列前茅。但申请美国的大学不仅需要GPA和学业成绩优秀，标准化考试（Standardized Examination）成绩和课外活动经历也是必不可少的项目。于是从高一刚开始选课她就给自己留出足够的自习时间，以便能够准备托福考试、SAT考试和参加其他活动。

其实，所谓"多元选择"最直接的意义在于，它强调学生发展方向的不同，以及个人兴趣爱好和能力的不同。发展方向直接通向最终目标，目标不同意味着个体选择的差异。自由选课制成功的前提在于学生拥有清晰

的目标和个人规划,此时我们追问的是:清晰的目标和个人规划缘何而来?

古希腊人将刻在德尔菲神庙的"认识你自己"当作"最高智慧",中国古代也有"知人者智,自知者明"的箴言,都在告诉我们人终其一生不过是为了"认识你自己"。

(二)充分掌握规则

小学三年级妈妈到北京从事博士后研究工作,宋自得就跟着妈妈一起到北京并进入私立学校读书。小学的后半段他基本上过着"自由闲散"的日子。初一进了一所民办学校,由于管理混乱、学校环境差,父母不得不考虑将他转入一所口碑不错的公立中学,这时离中考也就只剩下一年多的时间。大多数时间,宋自得的成绩在初中班里是垫底的。中考前的这段时间,宋自得的妈妈频繁地和班主任联系,高度关注儿子的学习成绩,全力配合各科教师帮助宋自得一边学习新课一边复习旧课。在班主任的努力安排和妈妈的督促下,他不断冲刺,从班里的60多名上升到40名左右,不断追赶后再上升到30名左右,最后中考考了班里的第11名,以裸分550多分考到了F中高中部。

宋自得爱好自由,不喜欢被管束,喜欢彰显个性,表现自我。得知F中实行自由选课之后,他暗自欣喜,终于不用再像初中那样死板,每天上着同样的课,刷着相似的题,现在他完全可以"放飞自我"。

选课通知下来后,还附带一份"选课说明"。看到填满了3张A4纸的选课说明,他觉得有些无聊,草草看了一遍,他相信自己明白选课的精髓就可以了:无非就是要尊重大家的喜好和兴趣,彰显个性和自由,还有什么更复杂的吗?看到微信群里有人严肃紧张地问这问那,他反而觉得这些人过于谨小慎微,心态放轻松就好,何必那么紧张,"自己的课自己做主就好了"。选课系统开放之后,他不假思索,根据课程名称和兴趣爱好,几乎不考虑课程之间的关系和课程背后学分结构等问题。而且,

他没有特别明确的学习目标和长期的规划，因为他觉得过早定下目标没什么用。

宋自得很快就选完了课，第一学段的课程表出来之后，他对于自己有4大节（8小节）自习课很满意，但是他似乎没有意识到课表中存在的最明显的问题：他没有选语文课。课程表如表3.6所示。

表3.6　宋自得课程表（2017—2018年度第一学期·学段一）

时间/节次/课程	周一	周二	周三	周四	周五
第1节（08:00—08:45）		高一英文原著阅读中级	物理荣誉课程1SL 2班	化学必修1 5班	地理必修1 3班
第2节（08:50—09:35）					
第3节（09:45—10:30）	中国学《政治与法治》2班			中国学《政治与法治》2班	书院戏剧节剧组
第4节（10:35—11:20）					
中午（11:50—13:20）					
第5节（13:30—14:15）	化学必修1 5班	地理必修1 3班		高一英文原著阅读中级	物理荣誉课程1SL 2班
第6节（14:20—15:05）					
第7节（15:15—16:00）	男子足球初级1班	数学必修1 7班	议事会等书院活动	男子足球初级1班	数学必修1 7班
第8节（16:05—16:50）					
第9节（17:00—18:30）					

宋自得第二个学段的课程安排，仍然是4节自习，只有一天是满课，一个自习课相当于一个半小时。他觉得有自习课很必要，可以稍微放松放松，毕竟课间太短，只有10分钟，上完一节课就得接着奔赴下一节课实在太累。因此，自习课对于宋自得来说基本上就意味着一个字"玩"，不是在书院活动室打游戏就是刷剧或和同学聊天。然而和第一学段一样的问题依然存在：他只选了一门语文"说理写作"课，没有选其他语文课，这意味着他的学分是不够的。

伴随选课产生的问题是，一个学段刚过去宋自得就出现挂科的现象。此时他并没有把这个问题当回事，继续按照自己原来的方式选课。整个高一过去后，他有6门科目挂科。宋自得说自己上课的时候还算是认真的，基本上会跟着教师的节奏走，没有出现什么大的差错。但该段考试成绩下来，他却不及格。在询问其中一门课的授课教师时，教师对他的评价是："他（宋自得）其实很聪明，但平时的作业基本不做，而且课堂上没有完全投入。平时不做作业的后果就是他'过程性评价'的分数非常低，期末段考成绩也不及格，这样的话我只能给他挂科。"另一位写作课教师也有相似的反馈："平时每周学案和几周一次的小作文他很少完成，催他交作业他总是拖着，但是在上课讨论的时候他其实挺爱表现自己的，最后的大作文写得倒是还可以，给我的感觉是他想憋大招来惊艳课上的其他同学。"

宋自得一开始并不清楚一些课程的评价方式，他也不知道平时的作业是按次计算到过程性评价分数中的，而过程性评价会被计入课程最终的得分。他想当然地以为课程得分就是最后考试的得分，凭借自己聪明的头脑在考前突击复习完全来得及，即使有些内容错过了，自己下课看看完全能够弄懂，他心想中考的时候不就是这么过来的吗？对于每周需要完成的学案和作业他从不在意，只是象征性地写一点，至于说提交作业的DDL，他更是不太在意。直到挂科这么多次之后，他才意识到原来自己就"败"在平时的作业这些"过程性评价"上。

说到语文课，高一选课时宋自得没有弄清楚选课规则。例如，语文阅读和写作的学分是分开的，需要分别修够相应学分才能满足毕业要求。高二第一学期选课的时候，一位关系不错的朋友提醒宋自得"注意选课说明要求的学分"，但是他当时已经选好课了，不想再改动了。宋自得不按规则行事导致的结果是，高二即将过完，他的语文学分还没有修够，并且有几门已经挂科的课程还需要补考。照这样下去，他很有可能因为无法"完成国家规定的学习内容"而拿不到F中的毕业文凭和高中毕业证。宋自得表面上装作一副无所谓的样子，其实心里并非完全不在意。后来在他妈妈

"奋力争取"下事情出现了转机,学校答应想办法帮他完成学分,补上成绩。管教学的副校长告诉他:"每周作业和平时小测是过程性评价的一部分,你如果不交就是0分,期末这部分成绩就没有,这是基本的规则。你总是用自己的一套逻辑做事,这是不对的,要充分掌握规则,才能获得自己想要的东西。"

宋自得意识到这的确是自己的问题,不过他心里也有一丝委屈,他说一直没有人跟他强调这些事情。虽然他散漫,自律性差,经常管不住自己,喜欢打游戏,缺乏自我管理,但他认为自己并不是目无规矩的人,内心反倒是希望有人能够在他迷惑的时候给他有效的启发和影响,让他醍醐灌顶。他甚至希望有一个能够理解他的教师对他采用"因材施教"的方法,在学习上遇到困难或者需要帮助的时候能够给予相应的指导。遗憾的是,遇到的大多数教师都只是告诉他"这么玩着是不行的"诸如此类的话,但是并没有给他指明方向,他觉得这反倒让他更加叛逆和反感。

"搞不清楚规则"并不是宋自得一个人的问题,副校长在2019年年初时曾说,统考录取进来的学生有的到高一结束还想不清楚自己的课程,以致高二结束的时候每年都有几十人因学分问题达不到毕业要求,高三还要继续补考。2019年年初,F中选课系统进行了一次较大的改革和调整,由原来的先排后选改为先选后排。先选后排是让学生们充分表达自己的选课规划,由学校依据规则统筹资源尽力满足,好处是学校更加了解学生的真实需求以便保证学习新规划不突破底线,弊端是排出来的课有些因为不是自己选的,学生不认可。选课后仅两天,调退课已经超过1000人次了,而两届高中部学生加起来也就1200余人。这件事在学校引起了不小的波动,还有学生专门发布帖子在校园论坛上开展讨论。

选课系统改革本来是为了减少搞不清楚规则而出现的一些学分不够的情况,但现在为所有学生制定了新的规则。选课时间紧迫,的确是谁能快速掌握规则,谁就能获得想要的。有学生简要列举了2017年春季至2019年春季两年5次选课过程F中选课规则的变化,变化如下:

2017年2月、2017年8月、2018年2月选课模式：学生自主排课表（选择课程+课位），教师有权反选指定名额的学生保证能选到这个课位的这门课，其余的根据意愿点的数量由多到少进行选择，三轮选课之后还有一周的调整时间。

2018年8月选课模式：先选（主科）后（信息系统自动）排课位，按照投点多少顺序决定是否能进入优选名单，但即便投点很多进了优选名单也有一定可能性掉课，再选艺术体育技术+补选主科，按意愿点多少排序。

2019年1月选课模式：先选课程后（信息系统自动）排课位，给了意愿点（选课币），填了小纸条，但不知道最终是怎么权衡的，即便小纸条写得很真诚，投点投了很多，也有可能掉课。还出现了两个体育、英语、语文课放在同一学段，体育课男女混淆，原所选课程课位不冲突但被踢掉换另一个没选的课程等现象。

5次选课有3次规则不同，的确可以称得上是变化多端，有学生称"太多的改变让我头脑发昏"，也有学生体验了"一学期掉9门课的绝望"，还有学生认为"如果大家真的看明白了学校的目的，其实会发现选课这个过程挺有意思，校长这么安排的本意就是逼着大家去思考"。规则的变化需要让人重新调整策略，作出选择。这让人想起F中管理者曾说过的那句话：就是要经常给他们制造一些混乱的东西，让他们自己去选择。

面临不断变化的情况，作出最佳选择对于学生的挑战来说不可谓不大。很难想象，在与紧张时间和超强压力做斗争的同时，他们还要拥有清晰的目标，掌握变化中的规则，同时还要学会挖掘各种资源，为己所用，这样才能成为一个会做选择和善于选择的人。

（三）学会利用好资源

"在F中有很多事情需要自己去摸索，我学会的最重要的一点就是如何更好地利用资源。"已经确定本科出国留学的赵自如现在已经适应了F中的管理模式，她学会了围绕自己的目标作出各种合适的选择。由于不用参加高考，对知识的深度理解和系统性要求不高，第二学期她选择了难度更低的"人文物理"来完成物理课的必修学分。在项目制课程的选择上，考虑到以后可能修读法律专业，她选择了"模拟法庭"这门课，既学习法律知识，同时也进行法庭的模拟，这让她大开眼界、体验深刻。英语学习方面，她既选了"英文写作"为自己以后写文书做准备，又选了"英文原著阅读"锻炼自己的口头和书面表达能力。选课时，赵自如不仅会考虑父母的意见，也会向身边熟悉的学长学姐打听相关课程，以收获自己想要的信息。F中多样化的课程变成了赵自如的资源，她在众多课程中，挑选出适合自己的课程。

初中就已经确定走竞赛道路的董物竞从第一学期选课时就已经表现出明显的倾向，理科课程大多选择来自B学院，包括荣誉课程和竞赛课程。当然，他也会注意课程之间的层次搭配，选1~2门普通难度的课程缓解学习压力。至于额外的兴趣爱好他基本不去发展，他不喜欢体育但是需要修体育学分，于是他选择"乒乓球初级"和"体能课"这类消耗少、对抗性低的运动项目。艺术课程方面，"流行演唱"和"昆曲研习俱乐部"被他作为单调学习生活的调味剂。除了每天上课、自习，董物竞还给自己留了一些做竞赛习题和做作业的时间。参加学科竞赛除了需要个人付出极大的努力之外，还要有指导得法的教师或竞赛教练。初中在衔接班的时候，他就跟随物理竞赛指导教师开始学习，竞赛教练的这种个性化训练在他看来是指导有方，对他很有帮助，所以他进步很快。现在他不仅能继续跟着物理竞赛教练上课，还能增加数学竞赛的课。因为他的数学水平早已经超越了高考数学要求达到的水平。他觉得现在学数学竞赛课不仅可以帮助他培养高阶数学思维能力，而且对参加物理竞赛也大有裨益。

丰富的课程资源是学生自由选择的保障，出国的和高考的、自主招生的和普通高考的、竞赛的和艺考的，都可以各取所需，以实现培养的多样化。

课程建设是一个学校发展的核心和关键,丰富的课程资源是学生选择的基础条件。F中自改革以来,调整和丰富课程体系,为学生多元选择提供最基本的课程资源,基本上形成了多元化、多层次、多类型、线上线下混合的课程体系。如图3.1所示。

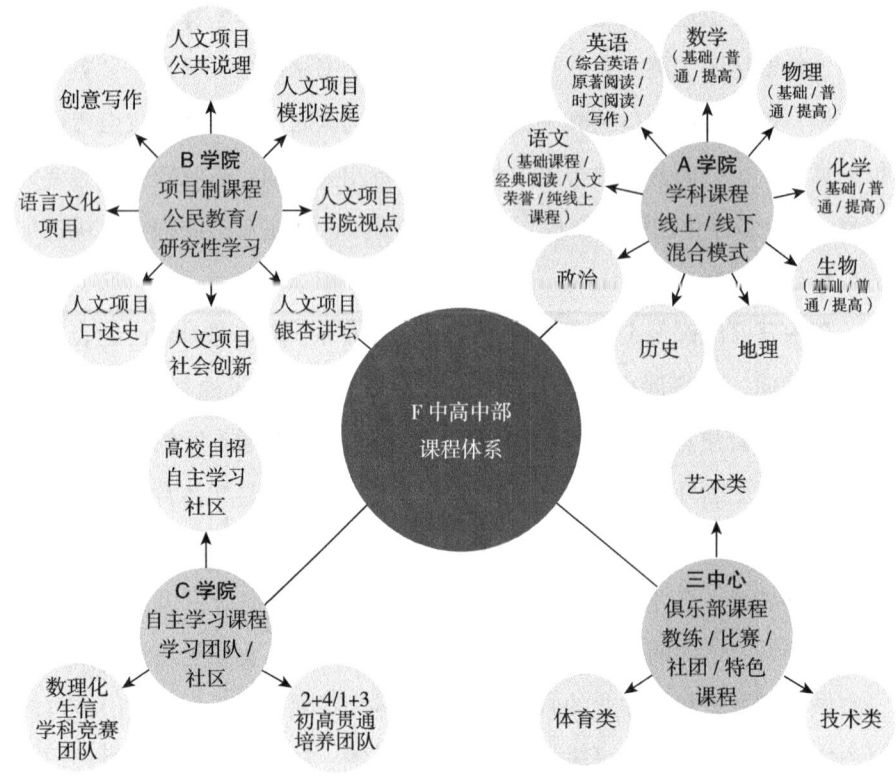

图3.1　F中高中部课程体系

多元意味着方向不同即可提供不同的内容。A学院的课程指向高考,C学院的课程指向竞赛,B学院的课程可以为出国留学做准备,三中心的课程指向艺术、体育特长方向。

多层次的内涵是"分层教学"。以数学课程为例,分为4个层次,分别是B学院开设的竞赛课程和荣誉课程,A学院开设的普通课程和基础课程,学生可以根据自己的掌握程度选择其中一个层次的课程。

多类型主要为了充分尊重学生的兴趣爱好，课程之间可以替换，不用所有人都上同一种类型的课程。以C学院的人文项目制课程为例，模拟法庭项目可以抵换政治必修学分，社会创新项目为社会科学综合项目，抵换综合实践学分，根据具体参与情况，还可以抵换政治、历史学分。

线上线下混合的课程给学生提供了更加便利的资源。网络的交互性和开放性改变了学生的学习方式，课堂常规教学与网络教学同步进行，各有侧重。网络教学在教学资源、课程作业、在线测试、辅导答疑方面具备一些独特的优势。学校还开发了线上课程，上课时间可以由学生自由选择。"古诗文必读篇目"就是按照国家课标开设的线上课程，供一些不方便线下上课、课程排不开、喜欢线上学习或自由安排时间的学生选择，课程在电脑端和手机端均可学习。2018—2019年度第一学期有49人选择这门课。课程说明如下：

1.课程内容介绍

"古诗文必读"是一门主要围绕历年高考语文必背篇目开发的线上课程。目前包含古文31篇，古诗词曲40首。

2.推荐学习流程

每篇内容包括原文注释、微课、线上自测、互动讨论等内容，每课自测和讨论被整理为一个表单，学完后可填写。

Step1：预热。在"对话"选项卡内针对预热问题进行互动。也可自行查找相关文献、图片资料分享于"笔记"选项卡内。

Step2：初读。阅读课文，解决音、形、义上的阅读障碍。

Step3：深入。观看微课视频，理解文章创作背景和主旨意义。

Step4：回顾。再次阅读，阅读没有注音和注释的"原文"，回顾查看自己对内容的理解程度。

Step5：检测与输出。完成本课自测题。自测题包括：默写、客观题、主观题（线上讨论）。

Step6：纠错与巩固。改正默写、主客观题不完善的地方。

线上测试可多次作答，满分为止。

建议全部篇目背诵默写。

3.课程体系与知识框架（还在完善中）

线上课程没有学段限制，学习相关内容并且完成相应的课程任务之后可以直接申请学分，每周进度完全由学生自己决定，目的在于让更多的学生有所选择，可以自主学习。

除了丰富的校内资源，F中提倡包容和开放，目的在于吸纳更多的社会资源。例如，举办书院戏剧节期间，邀请中央戏剧学院、北京舞蹈学院等学校的研究生担任不同书院戏剧节剧组的指导教师。再如，经常邀请已经毕业的校友回到学校参加活动，与在校学生分享，如在北京大学就读的MCH几乎每两周或一个月就会回到学校一次，帮助学弟学妹处理各种事务；在清华大学就读的大一新生YDN和同学也会适时回学校参加活动，近期他们被邀请参加一场"招生咨询会"，给学弟学妹开展自主招生和高考的答疑会。

自由选课制之下，学校就像是一个各种资源的聚集地。学生需要充分研究和理解资源的意义和价值，学会利用各项资源来实现学习的目标。如何利用资源是需要学习的，而那些身在其中而不知使用或者不知如何使用的学生是值得关注的，他们或许会不断"试错"，遭遇各种"打击"。

四、小结：自由选择还是被选择

正如在绪论中提到的，课程改革的核心在于处理"自由"问题。自由意味着尊重学生个性，注重不同个性之间的差异，重视学生兴趣，即看重学生内在的冲动和作用。"卢梭将儿童的内在冲动作为选择和组织课程的依据"[1]，这是他重视"童年的位置"的表现。杜威将其推进一步，将儿

---

[1] 约翰·S.布鲁巴克.教育问题史[M].单中惠，王强，译.济南：山东教育出版社，2012：307.

童的个性和差异看作是教育的起点，提醒人们不要忽视儿童身上蕴藏的"充满生机的冲动"❶。他认为每个儿童都有很强的个性，教师不能千篇一律地对待儿童，当然每个学生也要有机会显露他的真实面目，这样教师就能够熟悉学生，理解学生，采取合适的教育方案。换句话说，在卢梭和杜威看来，教育需要重视并引导儿童的内在冲动。

不过，当今学校教育改革将杜威的思想又往前推了一步，将儿童的内在冲动和个性差异奉为价值，正如F中管理者提出的，"孩子的个性和差异，我们不把它当作差距，而是当作价值"❷。每个学生都是独特的，应该有他个性的发展、成就自己的过程。为此，他们"要培养学生的自主学习能力。以前的学生学习是被动的，学校用工厂式、模式化来塑造一样的学生。现在我们要激发学生的自主学习意识，让他们能够顺应个性发展。我们把人与人之间的个性差异当作一种优势和资源来看待，而不是用一把尺子去丈量。如果你看到的是差距，想着要弥补、要追赶，就会变成一样的；如果你承认它的丰富性，承认它的个性意义和价值，就得发展学生的自主学习能力"。❸

F中并不把教育看成一种筛选，高考在学校管理者眼中就是一场不得不参加的"游戏"，他们看重的是学生的选择，不同学生的多元选择。学校不断地赋予学生更多的选择权，让学生在学校这片水域去尝试，去体验，去自由发展。现实的情况是，并非所有人都适合这种"多元选择"和"自主学习"的模式，甚至一开始有大批学生是不适应的。然而，他们在学校中遭遇了什么？的确有人在不断地试错中获得了成长，也有一部分人在不断试错中体验挫败而一蹶不振，甚至自我怀疑、自我否定。问题的症结或许不在于自由和选择太多，而在于经验太少，在于来自成人的经验和教育太少。

---

❶ 约翰·杜威.学校与社会·明日之学校[M].赵祥麟，等译.北京：人民教育出版社，2004：251-284.

❷ F中管理者在教育集团总校成立时的讲话。

❸ F中管理者在某届创新教育年会上的讲话。

更深层次的问题在于，什么样的学生会作出合适的选择，或者说擅长选择；什么样的学生不会选择，或者选择失败？

事实上，人们的选择不仅是基于理性的，更是基于"惯习"的——稳定的知觉、评价和行动图式系统。理性行为理论❶忽略了行动者的个人和集体历史，而约束行动者的、带有偏好的选择性结构正是通过历史（个人和集体的）才得以产生。在完成"选择"的过程中，人们总是离不开自己过去的经验和个人在家庭养成的习惯和偏好，尤其是在面临一个新的环境时，诉诸经验是"下意识的"反应；而惯习发生的作用是"通过确认自己在环境前的自主性"，使行动者确定自己在群体中的特定位置，并表现出跟这一位置相匹配的偏好。同时，"惯习时刻都在按先前经验生产的结构使新的经验结构化，而新的经验在由其选择权力确定的范围内，对先前经验产生的结构施加影响"。❷因此个体行动者的选择在某种意义上是基于惯习基础上个人和环境之间互动的结果。可以说，个体选择是基于惯习的，同时惯习也借助于各种"选择"强化个体经验。

因此，学校场域中，学生选择哪一条道路，确定什么样的人生目标和规划，与其个人经验和家庭出身有着非常密切的关系。学生的兴趣、个性及所表现出来的差异也是长期个人经历和家庭浸染的结果，即社会出身的结果。不同选择所带来的不同结果看似是学生"自由选择"导致的，但在很大程度上是社会出身的结果：学生选择课程，课程也在选择学生。这意味着，个体的"自由选择"可以说是"被选择"的结果。正如布尔迪厄指出的：在学校教育资本相同的情况下，社会出身的差别仍然与重要的差别联系在一起。❸首先，人们对一种严格的和可严格控制的能力要求越少，对文化的一种熟习要求就越多。其次，人们越远离最具"学校教育"特点的空间，最"正统的"空间，冒险进入所谓"自由"文

---

❶ 皮埃尔·布尔迪厄.文化资本与社会炼金术——布尔迪厄访谈录[M].包亚明,译.上海：上海人民出版社，1997：170-171.

❷ 皮埃尔·布尔迪厄.实践感[M].蒋梓骅,译.南京：译林出版，2003：93.

❸ 皮埃尔·布尔迪厄.国家精英[M].杨亚平,译.北京：商务印书馆，2018：105.

化的不大合法却更有"风险"的领域，那么，这些差别就越大且越明显。"自由"文化不是学校教授的，尽管它在学校教育市场上获得价值，这种文化可能在许多情况下具有一种巨大的象征收益，并提供一种丰厚的区分利益。

第三章 选课的技艺：学习的开始

第四章　多样化活动：另一种学习

演出开始了。

————《米老鼠和唐老鸭》开场白

一个儿童要学习的最难的课程就是实践课，假如他学不好这门课程，再多的书本知识也补偿不了。

————杜威《学校与社会·明日之学校》

一、破旧与立新

教育革新者一改传统的知识教育模式，提倡以"活动"❶补充甚至替代学科知识的教育，活动课程在"新"的教育理念指导下，取得了与知识课程同等的地位，甚至有过之而无不及。

批评者以数据来表明知识教育的弊病和缺陷，同时也指出学生学业负担过重的事实。一篇分析PISA测试学业兴趣与学习成绩相关性的文章表明，中国大多数学生，无论对这些科目是否有兴趣，成绩仍然表现良好，亚洲学生可能相对较少以兴趣驱动去学习。❷2012年的PISA测试成绩显示，上海学生表现优异，以数学613分、阅读570分和科学素养580分，在所有65个国家（地区）中位居第一，这也是上海在2009年首度参加

---

❶ 我们使用的"活动"，既包括学生的活动类课程，即学分化的活动，如四大赛事、书院议事会活动；也包括校内外非学分化的活动，如除议事会之外的书院其他活动、社团活动、综合实践活动、研究性学习活动等。为了区别于传统的课堂教育，可将活动等同于"课外活动"。

❷ 侯杰泰.中国学生学习并非兴趣驱动：PISA的启示[A].中国心理学会.第十五届全国心理学学术会议论文摘要集[C].中国心理学会：中国心理学会，2012：1.

PISA夺冠之后，又一次获得冠军。❶这背后是上海学生平均每周做作业时间为13.8小时，同样位列世界第一，比所有参与PISA测试的国家平均值高出近一倍。于是，学生学业负担重的问题再一次引起人们的关注。导致学生负担重的原因在于学生校外学习时间过多，难以解决的问题就是"校内减负，校外增负"。几年过去了，学业负担过重的问题似乎非但没有得到有效的缓解，反而愈演愈烈。PISA 2018年的测试结果❷同样显示：在全部79个参测国家（地区）对15岁学生的抽样测试中，我国四省市（北京、上海、江苏、浙江）作为一个整体取得全部3项科目（阅读、数学、科学素养）第一的好成绩。❸与此同时暴露出来的问题是，学生学习时间较长，学生总体学习效率不高，学生幸福感偏低。

  对于传统教育弊病的认识和批评给了革新者"破旧"的勇气，对于未来的设想和期待给教育革新者"立新"的方向："我们的学生在没有兴趣的情况下，花很多时间用功取得优秀的成绩，但这些成绩是不是我们教育应该得到的，未来的学生也应该是这样吗？或者说，优秀的成绩能否满足未来大学的招生期待？能否赋予孩子应对未来那些充满挑战性工作的能力？"❹F中管理者用《全新思维》一书中谈到的六大能力"设计感、故事力、交响力、共情力、娱乐感、意义感"，表达他对于未来社会优秀人才必备能力的设想。在他看来，"这些跟分数没有任何相关的能力，却是现在教育必须思考和革新的内容"。学校教育的重心不再是以学科知识为核心的知识积累，而是需要培养学生多方面的能力，尤其是对于未来社会的适应能力。为此，课程和教学改革的突破点在于以"活动课程"弥补"学科知识"的缺陷，以"多样化"和丰富的活动来激发学生的兴趣和创造

---

❶ PISA测试：上海学生成绩蝉联全球第一，作业时间也第一[EB/OL]（2013-12-04）[2024-01-03]. https://edu.qq.com/a/20131204/014278.htm.

❷ 中国内地未参与2022年PISA的评估。内地从2009年、2012年连续两年排名第一，到2015年的排名第十，2018年回归第一。

❸ 教育部.PISA018测试结果正式发布[EB/OL].（2019-12-04）[2024-01-03]. http://www.moe.gov.cn/jyb_xwfb/gzdt_gzdt/s5987/201912/t20191204_410707.html.

❹ 资料来自F中管理者在某届中国教育创新年会上的发言。

力,用F中管理者的话说就是,我们要"把学生的时间抢救回来,就要提供一个充盈的学校生活"。

学校重视在活动和实践中培养学生的素质和能力。首先,以书院为单位参加的"四大赛事"是波及范围最广的活动。四大赛事活动的主体是书院,每到赛季,参与比赛和演出的学生都会花大量的时间和精力紧锣密鼓地准备:有的学生在球场上挥洒汗水,有的学生为准备演出的剧本连续熬夜,有的学生为了演好一个动作而反复排练几十次、上百次……赛事活动之外,每个书院还有各自的特色活动,如春秋游、开放日活动等。

其次,还有种类繁多的社团提供多样化的活动,这是除了学院课程和"三中心"课程、书院活动之外,学生自主选择和自我发展的另一大阵营。学生可以在学习之余,加入自己喜欢的社团,与更多相同兴趣爱好的同学共同完成一些有意义的探索和尝试。

再次,为了使活动发挥育人作用和功能,"三中心"将以兴趣体验为主的活动类课程,转变为以结果为导向的项目制课程,将传统意义上的课堂升级为俱乐部。俱乐部为学生提供强大的资源支持,包括专业教练资源、赛事资源、对外交流资源、校外项目与互动资源、明星效应资源、助力升学资源等。这一转变使学生活动更加专业化,学生参与更加深入。同时,"三中心"还开设了社团课程,以丰富学生选择,培养学生兴趣,区别于上面所述由团委管辖的社团活动。

最后,学校和相关的授课教师会组织并支持学生参与一些社会实践活动、公益服务活动、社会调查活动、研学、国内外游学交流活动等。

总的来说,学校提供了充分自由宽松的环境和多种资源,鼓励学生尽可能地用他们所掌握的舞蹈、音乐、文学创作、绘画、设计、体育技能等表现自己的个性。

二、"我的地盘我做主"

教育革新者相信,在自由的环境中通过多样化的活动能够释放学生天性,顺应学生的个性,挖掘学生的各种潜能。所以要营造空间,创设情境,提供资源,让学生拥有更多可以选择的活动,实现"我的地盘我做主"。F中管理者正在做的事情,就是把更大的空间和更多的活动提供给学生,目的是"把学校里的一些资源尽可能让学生更好地管理和利用起来,变成他们在校园里的实践,就是以后走向社会要做的事"。例如,校内咖啡厅是由学生自主经营的。同时,学校也鼓励学生到校外参与实践活动,鼓励学生自己创办校园媒体,如VE社团就是由学生创办的在校园有一定影响力的独立媒体。

面对多样化的学生活动和丰富的资源,不同类型的学生将会如何选择,以及他们在活动中的表现怎样,如何展现个性?

(一)多才多艺全面开花

即将去美国留学的赵自如相信她给大学的招生负责人留下的印象除了学习成绩好、有领导力之外,还有一个加分项就是多才多艺。

小学一年级的音乐课上,赵自如邂逅了京剧。音乐老师是学校京剧团的负责人之一,京剧团要招新,老师就在音乐课上选拔了一些学生。赵自如知道爸爸喜欢听戏,在得到父母支持后,她顺利加入了京剧团。除了在学校跟着京剧团老师学习外,父母还帮她请了北京京剧院的老师一对一教学,让她深入学习,一直到高二才暂停下来。京剧对赵自如的影响是潜移默化的,很多收获都已经长在她身上,如对事情深刻性和人性复杂性的体悟。正如她在申请文书中提到的,京剧更多的时候是无实物表演,需要去想象自己处于某种情境中,这让自己习得了一种换位思考的能力,能够把自己带入不同情境中去揣摩和体会人物的心理活动。而且,为了让角色更立体,演绎更生动,需要带入强烈的个人情感,因此她的同理心和共情能力同样得到了大幅度提升。相比于同龄人来说,赵自如给人的感觉是心智水平相当成熟,为人处世游刃有余,她不官腔,不高冷,跟人聊天很舒服,和人相处很随和。

多年的京剧学习让赵自如擅长表演,也喜欢舞台。她参加了两届书院舞蹈节,其中一届她既是负责人又是演员。时间紧、任务重,从招募演员、确定题材到编动作、排练演出,她都要全程负责。虽然事情千头万绪,但是对于有领导力的赵自如来说,这些事情都处理得非常妥当,包括跟赛事负责教师沟通场地,跟舞蹈节指导教师沟通并向整个剧组传达教师的意见,以及使整个舞蹈节剧组处于一个较为和谐的状态等。不过,整个过程让她觉得最为困难的是动作的编排。因为排练的过程中教师或者剧组同学总是会出现动作难以表达想要传达的思想和情感,不停地去改动作的问题。每改一个动作就需要重新排练好几遍,而且要保证动作之间连贯与流畅。到排练后期舞蹈动作固定下来之后,整个排练顺畅了不少,尽管依旧会排练到很晚,依旧会觉得很累,但大家已经形成了一个协调配合的整体,为着一个共同的目标在努力,在舞蹈教室、学校剧场,或者随便找一个场地就开始跳舞。这样的日子既短暂,又让人快乐难忘,大家在一起挥洒汗水、思维碰撞的场面就是青春的见证。

终于到了演出的那一刻,舞台上灯光亮起,她和伙伴们用轻盈的舞步跳出了优雅美丽的节拍。

为了这次演出,为了这个故事,赵自如付出了很多努力。而且,与上次舞蹈节不同,这次恰好赶上了自己参加"标准化考试"的时候。忙碌中的赵自如仍然努力地将每一天的学习和生活规划好,将该做的和想做的事情安排妥当,她不想错过舞蹈节,因为"站在舞台上的那一刻,自己就是最闪亮的"。

家庭也给了赵自如强有力的支持,舞蹈节排练和演出的那段时间,每天回家她和父母讨论的话题就是舞蹈节。排练晚了,妈妈总是特意来接她回家,给她讲述与舞蹈节团队成员的相处之道;爸爸有主见,回到家会给她出各种主意:如何表达主题,通过什么样的方式能够抓住观众,怎么才能突出舞蹈的矛盾和张力。父母的经验对她来说大有裨益,作为一个团队领导者,他们的提醒和建议都是她必须考虑和妥善处理的。

赵自如和剧组成员的努力得到了回报,D书院的表演在舞蹈节评奖环节拔得头筹,全剧组迎来了高光时刻。散场的时候,整个剧组依然沉浸在喜悦中,他们相互交流、拥抱、合影留念,来纪念这段不寻常的时光。

与舞蹈节得的巨大成功相比,社团收获是日常学习中值得期待的一些小成就。她是两个校园媒体VE社团和ZP社团骨干成员,还为另外两个学校社团负责摄影,同时她也是学校混声合唱团的团员。

除此之外,学校鼓励学生参加校外学习和实践,赵自如趁暑假课业相对轻松之余,自费出国学习和实习。

赵自如刚入高一就已确定了上大学要读法学专业,于是高一暑假,她去了美国一所著名大学参加夏校(summer school),读了法学入门课程,并拿了一个"A"的成绩。这门课程不仅让她对法学有了大致了解,还让她了解了国外大学的授课方式——小组讨论和习明纳(seminar)让她获益匪浅,既锻炼了口语,又能和大家交换思维方式,思想碰撞爆发出的火花令她开心。高二暑假赵自如又进了律师事务所实习。在律师事务所,她学习了不同类型的文书写作,翻阅案例接触案件,学习相关的法律知识,学习办理案件等。最重要的是,学习律师如何与人打交道,如何处理各种关系等。律师事务所实习经历让赵自如接触到真实生活和人性的复杂,在实践中得来的经验让她平时看问题更加透彻和深刻,也帮助她习得一些超出同龄人的成熟和理智。

其实,赵自如一家人从事的职业基本和法律有关:妈妈是检察官,姑姑是律师,奶奶曾经也是检察官。奶奶退休后就和别人合伙开了一家律师事务所,两人分别是律师事务所董事和合伙人。在对赵自如未来的职业规划上,家里人希望她也能学法律,她自己也非常认同律师这个职业。而且,爸爸一方面希望女儿留在国内从事律师工作,因为这样离他们会比较近;另一方面,又希望赵自如在国外打拼出自己的一片天地。不过对赵自如来说,这两条路中的任何一条都需要她学习法律。在反反复复的"饭桌会谈"中,一家人早早就规划好了她未来几年的发展路径,先赴美留学读本科,本科毕业后继续留在国外读硕士修习法律专业,硕士毕业之后要么回国,要么在美国一些大公司从事法务工作。

赵自如也在这一目标的指导下,一步步安排自己的学习和生活。对于未来,她充满了希望。

(二) 失之东隅,收之桑榆

整个高一,由于还未完全确定方向,安佳慧的重心主要放在课程和提高学业成绩上,她很少参加集体活动,只是保留了一些跟学习有关的兴趣类和拓展类活动。很多时候,学业上的努力会占据个人大部分时间,把其他方面的兴趣和追求挤到一边,安佳慧高一就是这样度过的。高一结束,家里人下定决心让她出国读本科,她似乎不用再为高考或出国做两手准备了。"标准化考试"的压力依旧很大,但她似乎有一种说不出的轻松,心也安定了不少,她想起在课堂上被教师曾经提起的《大学》中的那句话:"知止而后能定,定而后能虑,虑而后能安,安而后能得。"

安佳慧一开始没想过自己会去参加戏剧节。她从没接触过如何写剧本,也没表演过话剧,戏剧节对她来说显得有些专业,这让她有些望而却步。但是,妈妈并不这么认为,她相信小学一年级开始学钢琴和舞蹈的安佳慧,有这方面的潜力,于是在看到学校戏剧节剧组招募广告时,不断地给她鼓劲儿、打气。在妈妈的鼓励下,她报名参加了戏剧节剧组,不仅是一名演员,而且还兼任戏剧节的编剧。戏剧节后她才明白,为什么剧组要招募6个编剧,因为"总会有人中途退出不干,然而中途招募不现实"。

安佳慧第一次深刻地感受到周围同学"个人感很强和个性鲜明"是在剧本创作时。剧组前半段(第一学段)的主要任务是学习戏剧表演的基本原理和知识(课程学习)及剧本创作。上过几次课之后,第一次剧本讨论关于题材确定的意见,众说纷纭,一时难以确定,指导教师也无法将大家的意见统一，会议陷入僵局。指导教师让意见不一致的同学暂时搁置此问题的争论，下次开会确定主题思想和角色。散会后，安佳慧和曾经一起上过语文课的王无忧两人观点相似，于是两人留下来继续讨论。

第一个学段过去了大半，编剧组事实上只剩下安佳慧和王无忧在为剧本努力。有人因为和指导教师的意见不一致而郁闷，有人因为学业太忙而中途选择放弃，还有人虽然形式上仍然留在编剧组但却不参与任何实际的"投入性"工作，只是在外围参加讨论或者提提意见。安佳慧认为，这"哪里像是一个集体性的工作，只有两个人在工作而已，完全没有拧成一股绳的感觉"。组织讨论也很麻烦，因为大家时间总是很难统一，后来干脆很多事情她都亲力亲为，虽然这样会很累，但省却了很多不必要的沟通成本。有时候她和王无忧两人一起忙碌到凌晨，或者两人各自回家后继续熬夜讨论，有时候也会出现她自己一个人工作到凌晨三四点。学段即将结束，她们几经修改终于拿出来一个像样的剧本，得到了整个剧组的认可。

剧本问题解决了，新问题却接踵而至。第二个学段主要是排练和展演，但是原来确定的男主角莫名其妙退出了剧组，整个剧组排练不得不暂停，匆忙之间不得不找人顶替原来的男主角。人员问题解决了，但排练中依然会面临种种矛盾和纠纷。最让人头疼的是有人不投入、不积极，排练的时候不按时到场，有时甚至出现一整个剧组要等着一两个人的情况，效率非常低。安佳慧认为，每个人都会在心里给自己要做的事情排个序，而她自己会把戏剧节放在第一位，之后才会写作业，但是在有的人看来参加竞赛或者写作业是第一位的，戏剧节可能会被排在最后。这就是为什么她会日渐觉得"个人感很强"会成为一个问题，因为大家并没有拧成一股绳，心往一处想，效率自然不高。

除了剧组本身的问题，指导教师"不负责任"也让剧组陷入了需要自救的状态。安佳慧听到其他书院的教师会帮忙处理很多事情，有的教师甚至帮学生写剧本。然而，他们书院的指导教师却不太"负责任"，基本上

是撒手不管。安佳慧觉得教师专业能力的确很好,有几幕戏都是教师排的,其中的一幕戏是整个剧中最出彩的一幕。但是后来教师就不再投入那么多了,有时候上课也不过来,给导演发信息"临时有事来不了",让同学们自己排练。安佳慧和同学也有过不满:"也许在教师看来这个戏剧就是小孩子打打闹闹过家家,不太愿意投入时间和精力,但其实我们非常看重这个事情,这对我们来说很重要。"

尽管整个排练过程状况频出,但是在展演前一周完成了1-6幕的排练。最后一周加紧练习之后,所有人精神抖擞地上场了。虽然没有拿到一等奖,但是却得到了来自中央戏剧学院嘉宾老师的好评:"难以想象一群才十几岁的学生能将这样一个有年代感、沉重的故事,刻骨铭心地诠释出来,让人感受到现实的残酷。主角撕心裂肺地大吼,近乎真实的打斗场景,不管是本色出演,还是运用演技,都透着两个字:'专业'。"安佳慧的妈妈来到了演出现场,她也有些惊诧,平时看起来还算活泼开朗的女儿笔下竟然能写出如此悲怆的故事,但更多的还是骄傲,这说明女儿在艺术创作方面有一定的天赋和潜能。

不管怎样,戏剧节还是比较完美地收官了。和剧组的所有人站在台上谢幕的时候,安佳慧心里一下子空落了起来,一切就这么结束了,然而这一切都留在了她心里,变成无比清晰的回忆:排练时的汗水与泪水,演出时的投入与专注,结束后的鲜花与掌声。

光鲜亮丽的背后是废寝忘食的付出。戏剧节结束后安佳慧最大的感受就是累:"熬了很多个晚上,排练紧张的时候每天晚上十一点才能离校,展演前最后一周,每天晚上都回去特别晚;如果还有作业要写,基本上晚上就只能睡3~4小时。整个学段(第二学段)她都觉得特别累,白天上课有时会走神,有时会犯困,有时甚至会趴在桌子上睡着。父母对她给予了相当大的支持,排练期间,不管多晚结束,妈妈都来接她回家。安佳慧甚至有些感激妈妈当初对她的"逼迫",不管小时候学习钢琴和舞蹈,还是让她参加戏剧节。一旦进入高三,赶上留学申请季之后,她或许再也没有这样的机会了。

现在想起来，参加戏剧节的那个学期所经历的事情让她收获很多。剧本创作是她施展自己才华的机会，聚光灯下的表演使她释放了自己，成为剧组核心团队的成员，几个人一起共事让她交到了朋友，而且这种朋友关系用她的话说就是，因为一起经历过，所以"挺结实的"。虽然自己的学分绩点会有所波动，但如果重新给她一次选择的机会，她依然会加入戏剧节剧组。这段饱含酸甜苦辣的经历将会成为她最难忘的回忆。

也许是戏剧节开启了安佳慧的"赛事生活"，她还参加了书院杯篮球赛。在参加篮球赛期间，安佳慧才有了一种明显的"书院归属感"。赛事期间，球队成员课余时间经常一起训练，关系会自然而然地拉近。比赛越来越近，气氛日益紧张，队长的训话非常严厉，球队成员一起努力，加强练球，队员之间互相鼓励，加油打气，这让安佳慧体验到了一种"革命友谊"。比赛期间，大家作为一个团体在战斗，会变得特别有动力。安佳慧记忆深刻的是，有一次在赛场上对方一位球员猛冲过来，队里一位同学死死地守住她，虽然摔倒了，但是爬起来继续跑，坚决守住对方的进攻，当时她觉得特别感动。激烈的比赛结束了，挥洒的汗水、激动的泪水映照出所有人的奋斗和努力，大家相互鼓励、共同拼搏的样子在脑海中挥之不去。

除了赛事活动，安佳慧还参加一些社团活动和学校组织的研学活动。因为对天文感兴趣，从初中开始她就加入了学校天文俱乐部，去天文馆当讲解员，直到高中她还是会抽空去天文馆做志愿者。妈妈认为去天文馆做志愿者是观察和了解社会的窗口，非常支持她去参加这类活动。而且，学校的研学活动家里人也很支持她去，初二去了加拿大，初三去了新加坡，高一暑假去了澳大利亚，高二寒假去了北欧的挪威、芬兰和瑞典，高二暑假，她还参加了哥伦比亚大学的夏校。

除此之外，在申请季开始前，妈妈陪她去美国走访了几所著名的大学，加州大学洛杉矶分校、加州大学伯克利分校、斯坦福大学、纽约大学、波士顿大学、麻省理工学院、哈佛大学等。

丰富的经历让安佳慧在申请中获得了额外加分，她申请到了排名靠前的文理学院,即将学习社会学专业。她终于可以暂时松一口气,短暂歇息之后她将要走向新的人生起点,现在的结果对她来说是成功的,既了却了妈妈的心愿,也满足了自己想学的专业。这个结果对妈妈这么多年的苦心经营来说,可谓"如愿以偿"。

(三) 参与活动使人快乐

活动对于温可心的最大意义在于,能够让她很快找到存在感和自己的位置。

温可心在刚入学时遭遇了一段"不适应"时期,除了对校园环境的不适应,关键问题是一开始没有找到自己的位置,无法获得相应的存在感。初中时她成绩突出,还担任班长,经常组织一些班级活动,在整个学校小有名气。进入F中,习惯了排名靠前的她一下子觉得自己"不再优秀"了,为此还萎靡低落了一段时间。从不适应过渡到适应,参加服装设计社团是一个桥梁和通道,它在很大程度上给温可心带来了一些补偿性的成就感,让温可心感受到自己被认可,被关注。

她喜欢艺术和设计,钟爱汉服,加入服装设计社团最初是想做一些跟汉服有关的设计。刚加入时,她以为社团就是简单地做做衣服而已,但是逐渐她发现社团事情并不少。除了平时的讨论和设计之外,还有一些大型的展览、校内的服装和纪念品售卖及校外的服装设计比赛。如此精彩丰富的活动,以及社团指导教师热情,让温可心觉得值得花费时间参与。尽管第一个学段课程作业经常堆积,压力很大,她还是表现得非常积极主动,大大小小的活动从没缺席过,大型活动也会帮忙组织,主动帮助社长和学长学姐们干活。加入才几周,她就荣升为社团核心管理团队成员。由于对财务管理方面感兴趣,加上跟着父母学到了不少财经管理经验,于是她就独立负责整个社团的资金管理:社团在校友日会出售衣服,包括厂家定制、付款、销售、入账、常规支出等事务被她安排得井井有条。最重要的还是专业技能上的提升和收获。上过社团课之后教师带着他们进行服装设计和动手缝制，虽然有难度，但是在她坚持努力下，一个学段就已经独立做出了一套衣服，她还带着自己设计的衣服参加了北京市服装设计比赛。做衣服的确不是一件易事，从一开始的学习针线活，到后来一针一线地做成一件完整的衣服，在一个一个动手操作的过程中，温可心体会到了掌握一门技艺带来的快乐。

服装设计俱乐部每年的重头戏是"服装设计表演"——年度大秀。服装设计、模特选择和培训、场地布置、活动执行等所有环节都是由俱乐部的学生完成。温可心也是其中的一员，她参与了表演的全过程，从前期的策划到后期的排练，活动耗时很长，占用了她很多时间，花费了大量的精力。温可心觉得这个过程对一个人的沟通协调能力、创造能力，包括对于细节的认真程度和忍耐力，以及对个人意志的考验，这些对她来说是一种全方位的提升。教师和同学也看到了她的变化和进步，不再是跌跌撞撞，处理起事情来得心应手。最重要的是，温可心觉得这些事情让她感到更自在，在F中更融入了，对于她从一开始的不习惯到习惯是一个莫大的助力。参与这些活动，承担相应的工作，让她很快找到了自己的位置，也获得了相应的存在感，"当找到了自己想做而且又能做好的事情时，就会慢慢找到自己的位置；其实很多人都需要被肯定和被认可，我的存在感就是通过这些事情得到的"。

父母对于温可心参加服装设计俱乐部非常支持，因为服装设计对人的动手能力要求很高，需要自己设计并做成衣服，需要办大型的服装表演秀，需要找模特展示服装等，在父母看来这些都是实打实的锻炼，也是一个大型的项目制学习。它包括很多复杂琐碎的环节，从想法到策划到方案再到具体实施，如舞台布景、灯光设计、音乐安排、模特走台、时间如何把控、环节怎么切换等。他们感叹："当这场绚丽的大秀呈现在人们面前的时候，大多数人都被惊艳到了，孩子们真的是太了不起了！"年度大秀当天，母亲请假来观看了这场表演。她陪伴了温可心平时的忙碌与付出，也见证了温可心的成长与蜕变。

如果说服装设计俱乐部让温可心收获了动手能力，那么舞蹈节给了她

全心全意去释放美的平台。由于当时没有课位错过了戏剧节，温可心非常遗憾，这次她决意要抓住舞蹈节的表演机会。第二个学期，她如愿以偿，和另外两个关系很好的朋友小美和小丽一起进入了舞蹈节剧组。初中之前她学了5年钢琴和8年长笛，但是没有怎么学过舞蹈，好在她读过很多古风小说，书院舞蹈节的主题涉及很多古风元素，所以她报名成为编剧组的一员。在角色方面，她的好友街舞社小美长相姣好、身材出众，舞蹈功底深厚，自然地成了主角；可心跟着她学跳舞，争取到了一个比较重要的角色。

舞蹈节剧本商定对她来说是一个非常大的工程，不仅仅是因为自己要"熬夜看剧本"，而且还要想破脑袋怎么融进每个人的意见和建议，为此他们争论了好多个晚上，终于定稿。排练过程并不顺利，尤其是没有指导教师的时候，排练的效率非常低，这个时候导演和戏剧节剧组的总负责人会站出来一遍一遍地鼓励大家，但仍然会有人"消极怠工"。排练舞蹈是一件辛苦的事情，有的组员脚上磨出了血疱，也有人为此受了一些皮外伤。展演前一个月有时候即使是赶上周末也要加排，从未间断过。练完回家温可心什么都不想干了，只想瘫在床上。妈妈给了她很多安慰、鼓励和支持，就是为了让温可心能表演得开心、出色。舞蹈节演出当天，妈妈也去了。看到女儿在台上翩翩起舞，青春洋溢，妈妈的内心有说不出来的开心和激动。最重要的是，通过舞蹈节演出，温可心收获了成就感和存在感，她看到照片中的自己，是一种光彩照人的美丽和优雅。

尽管即将进入高三面临高考压力，温可心并不后悔自己花费大量时间参加活动，而且父母也很支持她参加各种活动，他们看重的是活动能开阔视野和眼界。对于温可心来说，活动的确能帮她找到合适的位置，也能够让她获得成就感。其实参加活动最大的收获是"参与活动使人快乐"。

（四）光明正大地玩耍

参加学校的赛事活动对于宋自得来说就是一个不容错过的机会，可以

"光明正大地玩耍"。初中以前基本上处于"放养"状态的宋自得,进入高中后却被妈妈管得越来越严:妈妈觉得他聪明,但是爱玩儿、学习不够努力,她希望通过严格的管理强制性地让宋自得把心思放在学习上,把时间和精力放在主要课程和科目的学习上,而不是参加一些无关紧要的活动,所以她限制宋自得的课余时间。因此对于"爱玩儿"的宋自得来说,参加学校的各种活动就成了求之不得的事情,可以名正言顺地放松自己,娱乐自己,而不会被妈妈指责,因为他参加的赛事类活动是有学分的,而且他能够把成绩提得更高。

宋自得从小就喜欢各类体育活动,随着年龄增长和学业压力变大,他对球类运动的热情却有增无减。初二那年,他是班里篮球队的队长,带着班级参加学校的篮球赛,夺得了冠军。从此以后,他对自己的运动天赋和才能更加自信。

各类体育运动他都会一些,其中足球、篮球和棒垒球打得最好,所以书院篮球杯和书院足球杯他都参加,而且连续参加了两年,直到进入高三,在妈妈的大力阻拦下他才暂时停下了奔向赛场的脚步。

其实书院会打篮球和喜欢打篮球的人并不少,但是书院篮球杯人数是有限制的,有的人报名之后会被"挤下来",或者直接进入"候补名单",甚至根本没有机会上场。宋自得倒是不用太担心这一点,作为书院主席助理,他热情地协助赛事负责人一起组织书院的整个团队参与比赛;而且他和球队队长关系不错,这倒是给他进入球队提供了便利,所以每次比赛他都有上场的机会。

虽然参加过好几次比赛,宋自得最难忘的还是高二时参加的最后一次书院篮球杯。进入淘汰赛之后,每一场比赛都至关重要,这是淘汰赛的第一场,这场比赛对宋自得他们来说,是一场"不拿下,就出局的生死之战"。整支球队都非常重视这场比赛,他们加紧训练,比赛前的周末也没放松,队员摩拳擦掌,整装待发,保持着昂扬的斗志准备迎战。然而双方激烈抗衡之后,结果却不尽如人意,大家全力以赴却仍然败给了J书院。结束哨声响起的那一刻,场上所有的球员都露出了失落和遗憾的神色,他们走在一起，汗水和泪水不住地往下流。双方比分醒目地出现在场上，的确，他们输了，不管再如何失落，结果已经摆在那里。比赛就是比赛，输了就是输了。胜败本是人生常事，在 F 中更是稀松平常的事，"胜不骄，败不馁"才能走得更远。人们喜欢赢得比赛，但是也不得不接受"有可能会输掉比赛"的结果。

  宋自得一开始主要把参加比赛当成一种放松心情的手段，并没有把赛事当成和考试一样特别严肃的事情。然而经过几次比赛之后，除了打篮球本身的快乐之外，他突然间意识到自己可能比想象中更在意书院杯比赛本身，在意比赛的输赢，因为一群人都是为着一个共同的目标在努力，和队友及书院观众的心共同起落的感觉很好，这让平时自由散漫惯了的宋自得深刻体会了什么是"团结感"和"归属感"。结束了书院篮球杯的赛程，宋自得生出了依依不舍之情，想到明年在这个球场上还会有新的学弟学妹代表 Z 书院出战篮球杯，但是那已经和他无关了，不禁有一些伤感：他也许再也没有机会穿上"那件战袍"，为 Z 书院的荣誉而奋勇拼搏了。

  球类运动中，宋自得也很擅长足球，由于家里离学校特别近，只要有机会，他就跑去学校踢球，参加足球赛是他高中两年的"必选题"。高二参加的最后一场书院杯足球赛虽然输给了对方，但宋自得觉得"虽败犹荣"。比赛中的宋自得非常卖力，他不停地奔跑，身体中仿佛拥有一股巨大的能量，或许是预感到这是进入高三的最后一场比赛，他什么都没想，完全投入比赛中去了，就想全力以赴踢一场球。

  当比赛处于胶着状态时，宋自得突然踢进了一个球。场上一下子沸腾了起来，观众大呼宋自得的名字，他有一种当了明星的感觉，好不快活。Z 书院的足球赛事成绩一直不佳，这两年的目标是"保八争七"，即不拿最后一名就算胜利，然而宋自得踢进的这一个球，让 Z 书院再得一分，这就意味着 Z 书院由倒数后两名上升到第五名，超越了原定目标。虽然这场比赛他们还是输给了对方，但球队却像是取得了胜利似的。比赛结束后，一向喜欢表现自己的宋自得听到有人夸他，心里别提有多高兴了。上课的时候脑子里一直回放当时的场景，观众的欢呼、球友的称赞和教练的鼓励让他心里美滋滋的，放学回家主动和妈妈聊起自己当时在球场上比赛时是如何进了球而力挽狂澜、扭转局面的。

比起篮球赛和足球赛，戏剧节和舞蹈节会占用更多时间，所以剧组里总是有不少人"划水，混艺术学分"，毕竟戏剧节和舞蹈节是少有的"学分和工时两开花"（学分高，书院工时长）的赛事类课程。跟宋自得搭档的编剧组的其他同学就是这样"划水"的，编剧小组在剧本上拖沓严重，制约了剧组的整体进度，为此负责人还找来小组组长宋自得训话。但是对于宋自得来说，这又是一个"自我表现"的机会，机会难得，而且他喜欢做这些事情，于是打算既然小组合作不成，孤军奋战也未尝不可。那段时间，他常常熬夜写稿子，有时候熬通宵。

刚进入排练状态，剧组的整体感觉是"一盘散沙"，来剧组的人各有各的目的，排练起来困难重重。作为编剧的宋自得来说，最大的冲突来自编剧的期待与演员的实际排练效果。写剧本的人当然希望演员能排出自己剧本中想要表达的那种情节和情感，但演员可能确实演不出来，一是两者存在一些理解的偏差，二是有些东西确实不太能够"被演出来"。两届戏剧节，宋自得既当编剧又当演员，两边都在的他总是充当"矛盾调和者"的角色。如果冲突特别大的话，一般是编剧会稍微让步，偏向演员一些，毕竟戏剧节的同学不是专业人员，要求过高反而适得其反。忙忙碌碌一个学期，戏剧节终于落幕了，书院上演的这个剧目和真实的校园生活相结合，引起了同学们的共鸣，得到了不少好评。宋自得自然非常开心，自己的名字又将在这段时间被很多人提起。

宋自得总是充满热情地参与着这些事情，不知疲倦地忙活着。在高中部的两年，除了舞蹈节、戏剧节、足球杯、篮球杯这类以书院为单位的大赛事，像棒垒球、乒乓球比赛等小赛事宋自得也都会参加，还有校园歌手大赛，他也报名参加。事实上，高一、高二两年高中部的大部分时间他都投在了赛事和文体活动上。

如果说有什么收获和成长，宋自得认为自己首先收获了快乐。至于说更大的收获，他觉得是对以后的影响：进入大学以后能走的路子更宽，他

可以选择戏剧，可以选择表演，虽然没有专门学过这些，但毕竟有着丰富的实践经验；还可以去参与足球方面的工作，即使不能踢球也可以当足球教练。

（五）不要被野果子诱惑

在董物竞看来，大多数学习之外的活动是"不务正业"，自己是专注于学习的人，而"不学习就是混日子"。董物竞无法接受每天花几个小时干一些在他看来"毫无意义的事情"，例如，花几个小时练习如何演戏，花几个小时在书院活动室聊天、讨论剧本剧情，花几个小时背台词……这些他都不喜欢，而且他既不会主动去认识这样的人，也没有这样的朋友，"只能说大家不在同一个世界，或者不在同一个层次上"，他如此道。"也许'层次'这个词用得不太好，虽然大家都是平等的，但是大家努力的方向真的不一样。"

刚入学的时候他还会为了"学时"去参与书院活动。进入高一下学期，基本上他所有的时间和精力都用在学习或者竞赛上，不会在与目标无关的事情上花费时间和精力。现在的董物竞，基本上不参加各种活动，包括学校的大部分活动、书院的所有活动（赛事和其他活动）和社团活动。当然，家里人尤其是妈妈非常支持他这么做，因为时间是有限的，不可能再去参加别的活动分散自己的学习精力。不过有一点让人担忧，他们不想让董物竞为了竞赛放弃其他科目——语文、英语、数学和化学。他们提醒董物竞："竞赛能拿个好成绩当然很好，其他主科也不能落下，要做两手准备。"董物竞和妈妈的想法不谋而合，物理竞赛和其他科目都要准备，所以大多数时间他都专注于学习，不参加任何"无关的活动"。学校确实有很多丰富多彩的活动，然而在物竞看来，这是同学们面临的"各种诱惑"，"很多人愿意投身其中，体验一把，有少部分人也的确是想清楚了（自己需要）才参加活动，但是大部分并不清楚自己需要什么"。在他看来，参加活动会花费大量的时间，但是基本上对于课程学习和成绩的提升

没有任何帮助和作用,所以他拒绝参与这些活动,用他妈妈的话说就是"在奋力登山的过程中不要老被周围的野果子所诱惑"。

由于不参与这些活动,董物竞的生活相对单调,在别人看来甚至是过于枯燥了。董物竞在家人和朋友眼里属于"理科男,很理性,感性不足",他不喜欢文艺类活动,更不喜欢体育活动,他的生活主要围绕着学习和竞赛。董物竞的时间安排基本上保持稳定。以一周为一个周期,周一、周三和周五中午他做竞赛练习题或者做作业,周二中午是数学竞赛加课,周四中午是物理竞赛加课。周一到周五的晚上下课后回到家,除了吃饭,主要任务就是做作业或者刷竞赛习题,偶尔打会儿游戏。周六一整天:上午去北京大学上物理竞赛实验培训课,下午去首都师范大学上物理竞赛课,晚上去课外培训机构上数学课。只有周日没有课,可以稍微起得晚一些,时间安排相对自由,但事实上也不轻松,毕竟有一大堆物理竞赛练习题要做,"从来做不完,压力很大"。

对于董物竞来说,做练习题是一个痛苦的过程。董物竞一直觉得"很少有人说真的喜欢学习,就是说,很少有人对学习能沉浸其中,感受到乐趣",他觉得自己是能感受到学习乐趣的人。他认为"学习带来的乐趣是侧面的,做题时能感到快乐的情况真的很少,通过做题或者考试考好之后,会有一些快乐和成就感。还有,如做完一套习题后会有很大的成就感,这种情况倒是常有"。在大多数情况下,董物竞做题时并没有很强的快乐感,甚至是痛苦的,所以他"需要靠毅力去坚持一下",这么几年下来,自己的意志的确得到了一些磨砺,如在做一件事情的时候能够更长时间地投入和保持专注。

在与堆积如山的练习题和"青春期的荷尔蒙"作斗争的日子里,他喜欢"刷刷B站看一些三次元动漫",尤其是国漫中的古装动画片,如《秦时明月》《画江湖》系列动画等。

董物竞的竞赛之路充满着挑战,为了理想中那真正"甜美的果实",他放弃了大量娱乐、游戏、集体活动,甚至是休息时间,毅然决然地走在这条路上,就像是一个孤独的战士。

（六）热闹始终是他们的

刚开学没多久，宁无伤就意识到自己的存在感不如初中时那么强，甚至跟那时"不可同日而语"，毕竟现在学校各种优秀人才聚在一起，可以说是群英荟萃。她意识到新环境需要花时间适应，让她没料到的是这个适应期竟然有些长，持续了整个高中部两年时间，她一度还经历了一段时间的"自闭期"。

看到戏剧节和舞蹈节上女生纷纷盘起头发化上浓妆，或翩翩起舞，或摇曳生姿，或潇洒俊逸，或妩媚动人，这时的宁无伤在为剧情感慨的同时总是多了一份伤感。她从小就对自己的外貌不够自信，觉得"自己长得不好看，不够高也不够瘦"。来到F中之后原来的自卑感又加重了一些。她没有参加四大赛事，一是自己着实"没有可以拿得出手的才艺"，二是自己的"颜值不够"，所以没有信心报名参加。

参加四大赛事对很多人来说，是高中生活浓墨重彩的一笔，但是对宁无伤来说，只是偶尔会提起的"饭后谈资"，或者可望而不可即的"热闹场面"。刚开始时，宁无伤很愿意去关注书院赛事的消息，她还和室友一起去看书院的各类比赛，包括她不太喜欢的篮球赛和足球赛等。她印象深刻的是第一次看男篮比赛，这是高一入学之后G书院的第一场比赛。当时球场上挤满了观众，除了是对比赛本身的关注，也有人是想拿到学时，因为书院主席和篮球赛负责人在书院群里发帖说"观看这次比赛能计入学时"。球场被围得水泄不通，宁无伤身材矮小，瞅着一个空隙挤了进去，场上此起彼伏的加油声让她顿时也激动起来，她双颊绯红，下意识地感觉手心冰凉，原来是因为紧张，心也跟着传球、截球和进球的节奏不断跳动，她第一次体验到什么叫作"书院归属感"，一个在入学教育中不断被书院的学长学姐提起的词语这时在球场上涌动。

球赛还在继续，然而随着课程越来越忙，她观看比赛的次数越来越少，即便是去看比赛也没有了往日的激情，更多只是冲着"积攒学时"去的。篮球场的激情飞扬和大声呼喊停留在了过去，她对这些东西没有兴趣,提不起精神。她宁愿在某个教室独自看小说,去图书馆上自习写作业,或者在宿舍窝着休息,也不愿花时间跑去篮球场感受那份所谓的书院归属感。尤其是进入高二以后,除了学校强制要求看的几场赛事之外,她很少再关注赛事消息了。她有时候甚至觉得,很多跟书院事务有关的东西在自己心里似乎并没有太多的位置,她几乎不再去书院活动室,书院的其他活动她也不再参加,因为她"觉得没意思,找不到意义感"。在这样一个一百多人的书院里,她的存在似乎没有被太多人注意到,心里难免会有许多沮丧和郁闷。在她看来,每个书院都只有一小部分人是持续活跃的,他们不管是赛事,还是平时活动,或者是议事会上,都常常出现在人们视野中,表现得非常活跃,然后被人记住。书院精神和归属感在他们身上体现得最为明显,他们的身影频繁出现在大家视线中,他们过得红红火火,热热闹闹。对于宁无伤来说,"那些热闹始终是他们的,我自己却什么也没有"。

至于说社团活动,宁无伤觉得自己的经历跟那些"闪耀发光的人"比起来实在是惨淡乏味。本来她想加入街舞社,因为社团招新时街舞社承诺"零基础教社员跳舞"。经过一两次集体活动之后,慢慢的街舞社就只组织内部骨干成员活动,对于"外围的普通成员几乎是不管不问",再后来"教零基础的社员跳舞这件事情就不了了之",而宁无伤也并没有因此感觉不爽,她本来也是抱着"试试看"的心态报名的,没想到这么快就结束了。开学时她还加入另外一个社团"食而上",其实就是做蛋糕、饼干之类小点心的社团。因为招新时他们在食堂现场做饼干的活动吸引了宁无伤,但是后来这个社团也像"石头沉了水底"似的并没有再泛出什么涟漪,自从招新大家见过一次面之后,就再也没有什么活动了。

宁无伤加入的"诚信水站"社团,算是她参与"活动比较多"的社团了。诚信水站是一个负责给各个楼的"非自动无人售水柜"搬运瓶装水的社团,由校团委的教师总负责,社团里学生主要的任务是定期搬运瓶装水放到售水柜中,基本上是每周每人负责一天的搬运工作。高一的时候宁无伤干活比较多,中午放学后一个人要搬14箱瓶装水到售水柜处,一般要

花费半个多小时的时间，搬完之后她经常气喘吁吁，累得满头大汗。不过偶尔她搬着的途中会遇到熟悉的人，如宿舍朋友，她们会帮她搬几箱，这让宁无伤觉得特别温暖。到了高二的时候，她变成了"诚信水站"教学楼售水柜的负责人，主要负责定期去水柜处收钱，整理之后交给负责的教师。这份社团工作对于宁无伤来说，谈不上什么实际的收获，算是一种体力劳动，虽然辛苦，但是在她看来这件事既能锻炼自己，又能给大家做点实实在在的事情，何乐而不为呢？

如果说有什么遗憾，宁无伤觉得自己还是有些被动、缺乏勇气，对很多活动没有特别大的参与热情。她觉得参与这些活动需要花费大量时间，需要跟很多人沟通，想一想她觉得真的是一种"巨大的负担"，一想到这些就会"退却"，丧失了参与的勇气。如果归结原因，也许就是"可能不太擅长那些项目，虽然觉得还是应该参加一些会更好"。倒是在她跟父母说起这些活动的时候，父母却鼓励她参加，至少他们认为这也是一种素质教育和全面发展。只不过对于现在的她来说，参加活动需要跟那么多陌生人接触的确是一件"挺恐怖的事情"，有时候她会觉得特别尴尬，她宁愿待在自己的舒适区，和熟悉的人打交道，也不愿参加活动。

为了充盈学生的时间，让学生有更多选择，支持学生自主学习，F中的确提供了宽广的平台、丰富的校内外资源、便利的场地及制度化的学分支持，让学生可以通过参与各种活动发扬个性、展示才华。然而不是所有学生都能够积极地参与活动，也不是所有人都有才华可以展示，不是所有人都能享用丰富的资源和良好的平台。

机会总是青睐有准备的人，个人目标的清晰和家庭规划的支持，让赵自如早已经表现出超越同龄人的成熟和理智。学校的各种资源和平台成了她"多才多艺"的展示舞台，她就像是一颗闪亮的星，丰富的活动经历和个人表现让周围其他人黯然失色。只是，在独自一人，夜深人静的时候，不爱看书的她也会偶尔心虚，隐隐担忧自己到底能够走多远，道路的尽头是否真的是自己想要的成功。

相比于早早做好个人规划和安排，学习、活动全面发展的赵自如来说，安佳慧虽然一开始显得略微有些被动，但得益于母亲对于整个学校信息的掌握和强有力的助推，她还是抓住了施展自己才华的机会，释放了自己的热情。虽然学业成绩会略受影响，但总体上来说她表现出"文体两开花"的状态，这对于她的大学申请无异于锦上添花。最终她还是走上了早就谋划好的道路，为了说服自己，她告诉自己，这就是适合。

在一个群体中找到合适的位置对于一个人内心安定极其重要，温可心一开始追寻的是一个让自己内心安定，而且获得存在感的位置。然而，学习上她似乎无法出类拔萃，让自己满意；但是活动却在某种程度上让她找到了补偿，弥补了那因为"不再优秀"而一度充满内心的失落感。在家人的鼓励和支持下，活动对于她来说不仅仅是活动，更是一种"实践教育"，让他们共同获得了一种充实感和愉悦感。然而高三到来时，她不得不把自己拉回到现实中。

高回报和高风险像是一对孪生兄弟，永远同时出现。学科竞赛的道路充满风险和不确定性，然而回报也来得甜美和诱人。走上竞赛道路的董物竞当然明白这个道理，为此他放弃了很多活动，这个被他和妈妈称之为"野果子"的诱惑，选择了单调生活，为的便是那彼岸一个闪闪发光的金牌，一纸提前通往象牙塔的承诺书。但是，当少有人走的路，走的人越来越多的时候，必然会有更多的艰难、险阻和不确定性，这注定会成为一个更残酷的竞技场。

热热闹闹、红红火火的活动也许总是偏爱一部分人，或者说总是被一部分人偏爱。在另外一部分人眼里，学习永远比活动重要，或许不是因为他们不爱活动，大概是因为"学习"是他们能抓住的唯一稻草。生活平淡无味的确是他们自己的选择，或许也是他们"唯一的选择"。有一种拒绝，很委婉，也很隐秘，它不会直接告诉你，你不可以，而是有诸多条件，不具备条件的人当然会望而却步，这是一种自我远离。雁过也，正伤心，只因没留下什么痕迹。

校园里充满活动、机会和选择，然而时间有限，选择一个东西，就会失去另外一些东西，取和舍总是分不开的。活动和学习、活动和活动，取

舍无处不在，选择似乎没有好坏，只有适合与不适合。如何能够取舍得当，谁能够做出合适的选择呢？

三、作为另一种学习的活动

改革者对"活动"的大力支持、鼓励和提倡在教育史上是有据可循的。布鲁巴克在《教育问题史》中描述"活动课程"时指出，"20世纪一些团体对'自我表现'（self-expression）和'自我活动'（self-activity）进行了浪漫主义的探究，这是'进步教育'运动的一些成员。他们对'活动主义'（activism）是如此的倾心，因而采取各种形式表达他们的主张，例如，'活动'学校、儿童'活动'和'活动'课程，等等。他们甚至更倾心于自由，认为只有在自由的环境中才能充分地挖掘儿童所具有的潜能"❶。作为进步教育的主要代表之一，为了凸显"儿童活动"的重要性，杜威甚至热情地主张"从做中学"来改变儿童经验与课程教学内容之间的分裂。

正如绪论中所述，我们的基础教育改革透露着"进步教育"的影子。改革者重视课外活动的意义和价值，甚至将一些课外活动赋予学分，实现课外活动课程化的转变。改革的支持者认为课外活动能够丰富学生在学校的学习和生活内容，促进学生的全面发展，提高学生的综合素质。当然也有反对者认为，课外活动占用大量资源，花费精力，但是并不能带来很好的教育效果，不如老老实实搞好知识教育。

为此，在将这种趋势扩大化之前，我们需要厘清以下几个问题：课外活动为什么兴起？课外活动与学科课程之间的关系如何处理？什么样的活动具有教育价值？重视活动是否会带来对知识的轻视？多样化的活动能否使人人都体验到"成功"？

---

❶ 约翰·S.布鲁巴克.教育问题史[M].单中惠，王强，译.济南：山东教育出版社，2012：242.

（一）从知识积累到"综合素质"

由于对教育筛选功能的过度重视，长期以来基础教育阶段的教学和学习受应试选拔方式的影响，呈现出过于看重知识教育和学生成绩的特征。教育被看作是"填充行李箱"或者"塞满黑匣子"的过程。教师的教授和学生的学习都重视知识的传授和积累，学生的头脑被大量知识所填充，甚至呈现出呆滞的、缺乏活力的特点，成绩优异者会被看作缺乏活力、高分低能等。在考试成绩作为学习主要目标的背景下，教育的结果被看作是流水线生产的标准件或知识的占有者。教育的结果是学生缺乏活力、领导力、创新能力等各项素质和能力——他们拥有了大量的知识，却不懂得如何让这些知识活起来，充满能量，富有创造力，这是传统教育最受人诟病的地方。

如何让这些躺在书本上的知识站起来，让呆滞的脑袋充满活力，让沉睡的思维富有创造性，让学生各个方面都得到发展，提升其综合素质，也就成为教育理论界和教育实践领域孜孜以求的课程教学改革目标。诚如杜威所言，"实践的方法本身是作为解决质疑问题的最便利最恰当的方式自然而然地提出的"❶。改革者继承进步教育"重视经验"的传统，鼓励学生参与课外活动和综合实践活动（包括校内和校外），注重学生自主学习能力、合作能力和实践能力的培养，"教师和书本不再是唯一的导师；手、眼睛、耳朵，实际上整个身体都成了知识的源泉，而教师和教科书分别成为发起者和检验者"。正如F中素质教育改革实践中所呈现的，学生通过参加校内外各种丰富的活动释放蕴藏在他们身上的"充满生机的冲动"、兴趣、爱好和才能，重点就在于让学生去体验、去做、去实践，才不会让学习流于"抽象的"。

如果课外活动仅仅是解决传统教育中"经验缺乏"的弊病，那么问题就会简单一些。然而事实却是非常复杂的，中学教育重视课外活动恰

---

❶ 约翰·杜威.学校与社会·明日之学校[M].赵祥麟，等译.北京：人民教育出版社，2004：250-251.

好成了大学招生录取中的一个环节。这一事实在美国具体表现得尤为充分，20世纪20年代开始，哈佛、耶鲁、普林斯顿等"在历史中大部分时间里是以学术标准为基础来录取新生"的学校，在招生录取中开始日益重视学生的"品性""人格""领导力"等非智力因素。❶而这些非智力性因素，用我们国家今天的话语表述，就是指学生的综合素质。综合素质被彻底落实到"招生录取"的环节是基于国家政策性文件的出台和推动：2014年，教育部出台了《关于加强和改进普通高中学生综合素质评价的意见》（以下简称《意见》），就改进完善综合素质评价工作进行了全面部署。《意见》完善了综合素质评价的内容，将评价内容分为思想品德、学业水平、身心健康、艺术素养和社会实践5个维度，并细化了主要考察内容和重点。

  以上政策的出台是课程改革向纵深发展的一步，但是这一步也深入触及了不同利益群体的纠葛。综合素质评价内容比如思想品德、身心健康、艺术素养和社会实践等几个维度基本上都指向活动和实践，是落实综合实践活动课程及课外活动的育人功能。然而在功利主义的大环境之下，社会竞争空前激烈，教育被看作是一个竞争与选拔的过程，育人功能受到严重影响和制约。因此，以综合素质评价为指导的课外活动本来是教育过程内部知识与经验之间的关系，却被教育外部不同群体之间的竞争与攀比所宰制。如在美国，"在最近几十年，进入这三所大学（哈佛、耶鲁、普林斯顿）及其他顶尖大学的竞争愈演愈烈，公众对这些大学几近痴迷，因此滋生了一条完整的产业链——从配需公司到辅导用书，从私人辅导到夏令营，从软件包到动辄收费高达29 000美元/每年的私人咨询顾问，都是这条绵延的产业链上的一个个环节。"❷

---

❶ 杰罗姆·卡拉贝尔.被选中的：哈佛、耶鲁和普林斯顿的入学标准秘史[M].谢爱磊，周晟，柳林，等译.北京：中国人民大学出版社，2014：（序言）1.
❷ 同❶：（序言）3.

（二）从注重教材到看重经验

教材是教师和学生之间的中介，而且这个中介的作用非常重要。传统的教育教学中，教师的确比较依赖和看重教材。好的教师能够深刻地解读教材和准备教材，在这个过程中，我们能够感受到教师对教材深入的挖掘，以及对教材的感悟和体会，包括他们对教材的阐述和解释，这无不体现着作为专业教师的"内功"。而且，好的教师并不是读教材，或者念教材，或者照搬照抄教材，而是通过"教教材"来达到"教学生"的目的。他们钻研教材，解读教材，演绎教材，能够把看似没有生命的教材演绎得活灵活现。其中，知识的结构也逐渐呈现在学生的面前或者心中。这里面当然离不开教师多年积累的经验，既包括丰富的直接经验，也包括由系统、结构化带来的间接经验。

改革后的教学更加注重的是学生的经验、体验和感悟。这是尤其值得肯定的地方，带动学生经验就能够调动学生学习的积极性和主动性。而课内外活动是最能使学生产生经验的场景，于是活动及活动教学法便被改革者推崇。活动或者活动课程的确是直面经验的，但是诚如杜威所言，经验并非全部都具有教育意义，甚至错误的经验会误导人。而且，热热闹闹的活动过去了，对学生真正的教育意义如何被提升起来？事实上，这对教师的要求更高，杜威在《我们怎样思维·经验与教育》中提道："而那些把教育同实际经验联系在一起的教师则有义务担负更严重和更困难的任务。他必须引导学生进入经验已经涉及的那些新的领域的种种可能性，并把这种知识作为选择和安排影响他们现实经验的种种情境。"❶换句话说，如何发挥经验的育人价值并不是一个轻而易举的事情，而且现实生活中的经验往往呈现出碎片化、片面化、模糊化的问题。而与之相比，教材在这方面却具有显而易见的优点，即知识的结构化、系统性、清晰化。因此，在实际的教育教学中，不能绝对偏向一方，既要看重教材的科学性和准确性，也要利用经验的鲜活性和生动性。

---

❶ 约翰·杜威.我们怎样思维·经验与教育[M].姜文闵，译.北京：人民教育出版社，2005：286.

四、小结：多样化活动中的个性差异

多元化是社会的发展趋势，也是教育的发展趋势，教育改革中的"多元化"和"选择性"也日益明显。教育改革者把握着教育发展的趋势和方向，把人和人之间的差异当作一种"优势"，尊重学生的个性和差异，所以提供多元的发展框架和模式，如不同的目标设置、不同的发展方向、不同的管理模式、不同的课程模块，以及多种类型和不同层次的课外活动。在这里，学业成绩的表现早已经不是衡量一个人能力高低的唯一标准，学业成绩突出只是"优秀"学生的一种类型。多样化和层次丰富的活动是为了给不同兴趣、个性的学生提供多元的选择机会和空间，让人人都能获得和体验"成功"。

然而，什么是个性？人与人之间尤其是高中生之间的差异是什么？多样化的活动是否能够满足不同个性和差异的学生需求吗？

需要的是何为"个性"与"差异"。可以说，个性是建立在差异基础上的。我们说到差异，一般将其分为自然差异和社会差异。众所周知，自然差异指性别、体力、智力等因素，这些因素是一个人成长和发展的基础；社会差异指社会出身、家庭环境和氛围、性格因素、世界观、人生观和价值观等。正如马克思所说人的本质在于"人是社会关系的总合"，真正构成一个人发展差异的关键因素其实主要是社会因素。

性相近，习相远。"性"是指人（或生命）先天具有的本性，即人的"类"特点，"习"才是构成人与人之间差异和个性的根本。"习"是指后天习染积久养成的习性，如你的日常行为、写字的字迹、走路的姿势、性情和喜好等各方面综合起来的气质等。放到个人身上即"习惯"，放到某一习性相同或相近的群体身上即布尔迪厄所说的"惯习"，这是一套深深印刻于我们性情倾向系统中的实践技艺。正是实践中形成的偏好系统结构才构成了人与人之间的差异和区别。布尔迪厄在《区分：判断力的社会批判》中通过各种社会统计调查和时尚采样，揭示了各种文化品位、生活趣味等文化消费，其实是各社会阶级内部、各阶层相互斗争的场域，

反映的是社会的区分与差异。实际上，任何"趣味"都不是自然的、纯粹的，都是惯习与资本和场域相互作用的产物。因此，惯习及其与资本和场域的相互作用产生的社会差异，是个体差异和个性化的深层次结构。而"将个性和差异当作价值追求"的改革者，是否意识到学生个性和差异背后不只是单纯的个体之间的差异，而更大和更根本的差异是来自社会阶层差异呢？

不仅如此，惯习还是个体在一定场域中认知、情感和行为的动力和资源。因为"社会现实是双重存在的，既在事物中也在心智中；既在场域中，也在惯习中；既在行动者之外，又在行动者之内"❶，所以当个体行动者与所在的场域之间形成一种契合关系时，就能够"如鱼得水，得心应手"。可以说在特定的场域中，惯习可以成为某些社会阶层个体行动者的优势资源。杜威也从个体行动者的角度阐述了作为资源的习惯："我们常说固定的习惯，这句话的意思也许指我们所有的种种的能力成为我们固定的资源，需要的时候随时可以用。"❷相反，如果惯习和场域出现了不吻合的情况时，行动者会感觉到"不合拍"，甚至会有一种"强烈的脱节"的感觉和行动。

正如本章第二部分"我的地盘我做主"所述，并非所有人都能在学校提供的多样化的活动中表现自己，展现才能，甚至有人没有什么才艺可以展示的：才华横溢的人可尽情表演，普普通通的人却显得黯淡无光；自信果敢的人能够大展身手，谨小慎微的人碌碌无为……而改革者所坚持的通过多样化的活动使学生展现"个性"，实际上只是一部分人表现得"个性鲜明"和"充满活力"。换句话说，多样化的活动只是一些人的选择和福利。

---

❶ 皮埃尔·布尔迪厄, 华康德. 反思社会学导引[M]. 李猛, 等译. 北京：商务印书馆, 2015：159-160.

❷ 约翰·杜威. 民主主义与教育[M]. 王承绪, 译. 北京：人民教育出版社, 2001：57.

第五章　选择书院：参与共同生活

我们的书院跟学科的课程学习是没有太大关系的，它更多是生活，是一个生活的载体。

——F中管理者

在改革者看来，传统的班级制管理这种模式，虽然有利于集体凝聚，管理上也很方便。但是，班级制到了高年级阶段会对学生成长形成很大的限制，光靠这种模式，学生的交往能力、组织能力、生活能力都提升不大。走班制和选课制结合在一起成为改革的核心变化之处。走班之后学生的行政组织该如何安排？秉承多元选择的原则，学校设立了书院，作为学生共同生活的行政实体。每个书院都有自己的特色和文化传承，书院之间彼此独立，形成一个个"部落"。

一、选择书院：择其"适"者而从之

在布尔迪厄的理论中，文化资本是具有特殊性的，也是存在最广泛的资本形式，"事实上，为了充分展示文化资本这一概念的普遍性，我们应该称其为信息资本"。在这个意义上，掌握了别人不知道的"信息"即拥有了资本。这在学校场域中表现得尤为明显，掌握信息即意味着优先享有了选择权。

---

❶ 皮埃尔·布尔迪厄.文化资本与社会炼金术——布尔迪厄访谈录[M].包亚明，译.上海：上海人民出版社，1997：166.

每到新的学年，书院都会招募自己的成员，而新来者也会从八大书院中选出自己心仪的那个书院作为高中生活的归属之地。

对于2018年9月将要入学的高一新生来说，整个8月注定是忙碌和难忘的。除了要经历高中第一次选课，还有另外一个持续时间更长一些的"选择"需要去完成，从周六持续到下一个周五，7天的时间所有学生都需要登录学校的线上系统，首先通关完成学校层面相应的考核任务，这个任务包括对学校常识和基本制度的学习和考核；新生填写申请书院的"招新试题"，经由书院"招新项目组"审核，通过后才能被书院录取，成为书院一员（图5.1）。在进入书院前，新生能接触到关于书院的材料包括书院的招新宣传文案（一般是微信推送）、招新宣传片（介绍书院特色）、答疑群组（微信群答疑）及招新试题（各书院自主命题，自由裁量）。

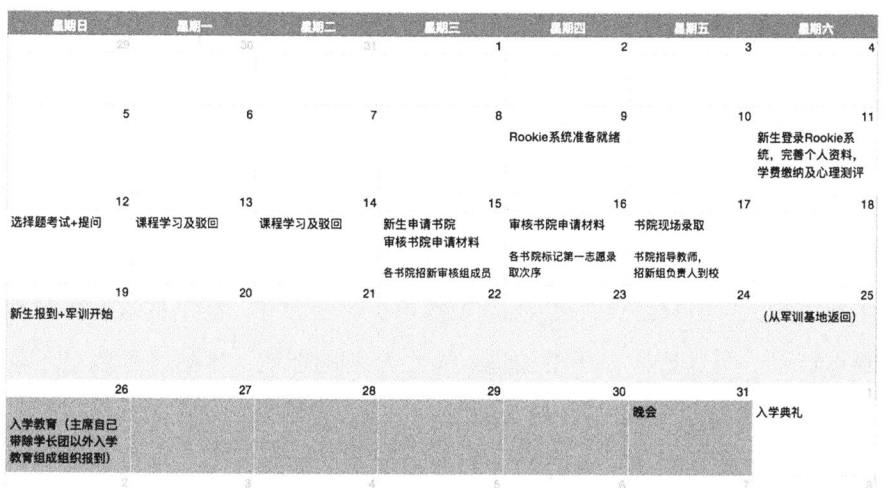

图5.1　2018届新生入学安排

（一）知之为知之

陈碧玉是父母眼中的"乖乖女"，老师眼中的"好学生"，朋友眼中的善良纯洁的人，同学眼中"别人家的孩子"。这个乖巧聪慧的女孩在选课和课程学习方面几乎没有遇到过什么大的困惑和问题：高中学习和生活被她安排得妥妥当当，所有课程平均GPA达到4.4以上，她和老师亲近友好，和同学相处和谐，该参加的活动她不会落下，该做的实验她认真完成，该做的事情毫不懈怠，她严格要求自己，各方面表现均非常优秀。进入高一之后，面对新的陌生环境她几乎能做到无缝对接，很少存在不适应的状况。在选择书院方面，按照常理和惯例，衔接班很多学生在进入高中部后一般倾向于选择进入D书院或者X书院，而陈碧玉和自己的好朋友CQY却选择了S书院。因为陈碧玉喜欢这个书院的代表颜色，朋友喜欢这个书院的盾徽，两个人的喜好加在一起就是这个书院。

之所以看起来选择得如此"草率"，是因为陈碧玉早就已经知晓，进入书院对个人生活的影响不大，而且书院的各种内容和课程学习之间没有什么关系，所以选择哪个似乎都影响不大。关键的因素是，她不喜欢和以前的老同学之间那种"暗自较劲"的感觉。如果进入D书院或者X书院，虽然看起来是进入书院形成了一个新的群体，但是里面有很多自己的初中同学，只不过是"新书院装的旧同学"而已，会遇到很多"旧相识"。他们中不少都是奔着高考这一同样的竞争目标去的，互相知道对方的"老底"，大家之间总有一种微妙的"暗自较劲"的感觉。而且她和这些旧识并不熟悉，大多只是点头之交，"不熟悉但是还要在一起"的这种感觉让她不舒服。与其这样，还不如进入一个全新的环境，不熟悉的就是不熟悉，甚至还可以"开辟一片新天地"。

董物竞就是陈碧玉所说的大多数衔接班的同学之一，他在初三的时候就已经大概确定了自己高一会进入哪个书院。董物竞清楚地记得初三时，物理竞赛的指导教师在班里明确告诉大家：选书院的时候你们都选D书院，他毫无悬念地进入了这个书院。但是让他没有想到的是，尽管很

多学习成绩优秀的同学进了这个书院,但书院活动室实际上并不是一个能够让他专心学习的地方。

董物竞喜欢去学校里相对安静的地方,他基本上不去书院活动室,觉得这个地方真的"太混乱了"。经过一段时间的观察,董物竞发现书活里总有人喜欢打游戏,还有人大吼大叫。不管是跟人讨论还是与人闲聊,有些人总是大声说话,基本上不受管束和控制。甚至有的人吃饭和点外卖就在书活里面,吃完往沙发上一躺,各种懒散的景象呈现出来,完全没有学习的氛围。虽然D书院在众多书院中显得比较"学霸",是一个看起来学习氛围浓厚的书院,但他并不觉得如此,因为它完全没有一个良好的学习氛围,而且D书院一些真正爱学习和会学习的人也不在书活里待着。自习室有时候也会有人吵嚷,但对于物竞来说这些尚在能接受的范围之内,他戴上耳机就基本上听不到喧闹的声音了。图书馆相对安静,是一个不错的选择。不过,董物竞最喜欢去的地方是地下室,因为那儿有一个教室,基本上是学物理竞赛的人常去的地方,一般每次自习有十多个人。他们学习的时候,自习室里安静无声,只有纸笔在沙沙作响。

(二) 不知为不知

宁无伤一开始不习惯使用电脑填写学校的各类材料,入学系统操作起来也不太熟练,所以入学通关题对她来说具有一定挑战性。经过几次答题遭遇了驳回又重新学习相关内容的她,折腾大半天之后终于通关了。她一边饶有兴趣地看着每个书院的宣传材料,一边感叹学长学姐的优秀。书院推出的招新文案精美动人,让人蠢蠢欲动;宣传片主题鲜明,特色突出,而且这些内容都是他们自己做的。看过这些让她眼花缭乱的材料之后,她一时之间陷入了选择困境。但是时间有限,她必须赶快确定第一志愿和第二志愿,因为还要填写书院招新试题。

橙色是让宁无伤觉得明亮而温暖的颜色,这段书院色的介绍是所有书院色介绍里最能打动她的:"橙色是欢快活泼的光辉色彩,是暖色系中最

温暖的色,它使人联想到金色的秋天,丰硕的果实,是一种富足、快乐而幸福的颜色。正如橙色一样,G书院是一个温暖、和谐的大家庭,其中又有着欢快活泼的气氛。橙色比较低调,但它也可以很耀眼,在这里可以参加各种活动,受到万众瞩目,也可以静心学习,享受踏实、安逸的高中生活。"❶于是她没有任何犹豫地选择书院色是橙色的G书院作为第一志愿。她一丝不苟地填写着书院的招新试题,每一道题都写得仔细而真诚。无伤的努力没有白费,最终的结果是她被第一志愿的G书院录取了。她和学姐王小月分享这个喜悦,惊讶地得知,她竟然和学姐选择了同一个书院,一时之间两人相谈甚欢。

和宁无伤一样,入学前宋自得对书院一无所知。但是,当宋自得知道书院制取代了传统的班级制管理,心里充满了期待。背过"四书"的宋自得记忆力相当好,入学通关题对他来说是小菜一碟。过了这一关,选书院时他颇为随意,就按照学校发的书院介绍材料里的排在前面的两个书院分别当作了第一志愿和第二志愿。因为他看到材料说书院是平行的,"选哪个应该都无所谓"。而且,他认为自己具备良好的沟通能力和与人友好相处的能力,虽然作为一个理科生,他也能跟文科生玩到一起:"敞开了想,这件事情真的无所谓。"

但书院的招新题让他觉得甚是麻烦。4道大题像是文科考试的主观题,每道题都有字数限制,有种写语文考试小作文的感觉,尤其是D书院的题目,如"如何理解书院精神""描述自己失败的经历及对这件事的看法""设想自己未来在书院中的定位"等。宋自得浏览后直接跳过,选择G书院和Z书院分别作为第一和第二志愿。结果,第一志愿的书院没录取他,他被第二志愿Z书院录取了。就像他之前说的那样,去哪个书院无所谓,所以他完全没有挫败感。后来的事实的确如他所料"报哪个书院跟自己以后上课没有什么关系,无非就是有相同爱好的人聚在一块而已"。

---

❶ 参考资料:G书院特色文化解读。

宋自得喜欢打游戏，尤其喜欢打联机游戏，入学没多久他发现，Z书院聚集了大批手游（手机游戏）爱好者，这不禁让他心里窃喜。虽然在书院活动室公开打游戏不是一件让人觉得脸上风光的事，但这的确为他找到"爱好相同的人"提供了便利。过去，他总是窝在家里打游戏，尽管初三课业非常忙，每周他也有两三个晚上抽空打会儿游戏。现在，书院活动室就成了他和小伙伴们一起打游戏的阵地：几个人找个角落一坐，痛痛快快地开始一顿厮杀，打到精彩时突然爆发出一声大叫，引得周围人嗤之以鼻而他们却浑然不觉。

当然，也有同学举报过书院活动室"聚众打游戏"的现象。一时之间引得教务处将整个书院活动室暂时封闭了一周，书院主席和自治会开议事会对书院所有人进行了严厉的"批评教育"。书院活动室重新开门之后的确会安静几天，然而一段时间后又恢复如常，打游戏的打游戏，吃外卖的吃外卖，聊天的聊天。

也许，如学校管理者所说，书院本就和学科教学关系不大，"安静"不是它的特点，它是学生的生活社区，充满生机和乐趣才是它的本色。

二、"个人"在书院中生活

对"应试教育"的诸多质疑归根到底都会回到我们对这个问题的思考和讨论上：教育一个活生生的人到底意味着什么？教育不仅仅传授知识，还要培养一个人的品格；不仅让一个人学会谋生，还要赋予一个人与别人组建集体，共同生活的能力。

选择书院，参与书院公共生活，是F中每一个学生都会经历的"公民教育"的历程，不论是出于自愿，还是出于学校制度的规定。F中公民教育分为"知"和"行"两个板块，每个学生在每一个板块要分别修够2个学分，这个部分的学分作为校本课程的学分。"知"的部分是由C学院提供的人文项目，学生通过选课来完成。"行"的部分是放到各书院

去完成的，依据学生参与书院活动的情况来获得相应的学时❶（有的书院叫作"工时"，即书院工作时长的简称），学时攒够即可获得相应学分。

（一）天生的"领导者"

赵自如喜欢"张罗事儿"，而且人缘极好，小学到初中班干部的名单里从来没有少过她。在衔接班担任班干部的时候她就已经规划过进入书院后自己将会如何参与书院生活，当然也包括竞选书院主席。竞选公告一出，她就早早准备好材料和演讲内容。竞选当天，她神采奕奕，自信满满，有声有色地汇报自己的个人经历、具备的能力及对书院的规划和自己能给书院带来的贡献。提问环节，她得体大方，不紧不慢地回答着大家提出的问题。最终，她赢得了上一届自治会的认可，以及书院大多数同学的支持，以得票数第一名的结果成功当选为D书院主席。通过学长学姐和前几届自治会留下来的口碑她了解到：D书院平时的风格比较"高冷，不接地气"，而且，前面有两届书院自治会内部不够团结，矛盾不断。她打算在这些事情上有所作为。

赵自如希望扭转书院的"高冷形象"，在组建自治会的时候她花费了一些心思，将性格开朗、善于沟通的人放到重要位置上。而且她注重自治会内部的团队建设，使自治会在处理问题时尽量能"齐心协力"。自治会每周一次内部会议，她鼓励大家把心态放松，不要有过多心理负担。同时，还提议大家一起订奶茶等饮料，营造"茶话会"的轻松氛围。除了在内部做一些调整之外，赵自如也努力尝试加强书院与书院之间的交流，发展书院之间的友好关系。她和X书院、J书院的主席在初中时是同班同学，于是他们联合组织了书院之间的"海陆空杯"足球友谊赛，加强了书院之间的交流。书院之间的"大联欢"组织起来了，赵自如就把自己抽身出来，剩下的事情交给活动部负责组织管理，她不喜欢亲力亲为，自己只是

---

❶ 学时或者工时，即指书院学生工作时长，每一年学时的数量不太一样，2020届毕业生规定的学时数为80小时。

起了一个"领导性的作用",这样做很符合她的领导风格:要让大家的作用凸显和发挥出来,这样整个团队才有动力和活力。

赵自如的领导能力强是有目共睹的。认识她的教师对她评价很高,学习好、能力强、综合素质高,甚至连学校管理者也对她也赞许有加。身边的同学和朋友认为她就是学校想要培养的"杰出公民"和"优秀的代表",她在学弟学妹中也广为人知,有不少学生以她为榜样。

如果说有什么遗憾的话,赵自如认为"书院学生自治"和想象中存在着不少差距。她知道书院是一个公共生活社区,也是公民教育的平台,在担任主席期间,尽可能地鼓励更多人参与书院公共生活。她领导的这一届书院自治会整体上很和谐,不像过去那样内部矛盾重重。但她所面临的最大问题是"议事会不太像议事会,没有议事,倒是像通知大会,主要起到的是通知作用而不是讨论作用"。高二的时候,学校放松了对议事会的要求,由原来的隔周召开改为每个书院可以根据自身情况自行召开。赵自如认为本来议事会就不太受大多数同学欢迎,学校将议事会的作用弱化之后,就更没有多少人觉得议事会是必须开的了。议事会要求书院所有人参加,面对所有人的事情一定是对所有人有用的、对书院整体有用的,大多数情况下只能是通知或者说明,如活动通知,书院宪章修改说明等。

第二个问题是议事会的"参与度提不上来",但这并非她这一届书院自治会面临的独特问题。如果实行书院全员自治,当前书院的人数有150人左右,无疑是太多了。赵自如感慨:"我们自治会作为书院管理层,对自己的事情很重视,尽心尽力,但是其他人会觉得,书院宪章跟我没太大关系,投个票通过完事儿,有没有无所谓!"这种情况下,议事会很难达到学生全员参与的程度,难以使多数人得到收获,因为参与做事情才能有所收获。有段时间,学校一位教师写文章公开批评S书院管理问题。为此,S书院召开了一次议事会和该教师进行了公开辩论,场面一度陷入对峙和僵局。赵自如认为双方都没有给自己找到一个正确的位置,将实质问题模糊化,而不去考虑如何解决。

（二）从"低落"到雄起

（1）无声的失落。安佳慧刚入学的时候还没有完全确定要出国留学，两边都要兼顾让她压力巨大。入学之后，她发现身边多了很多"大佬"——打竞赛的同学，和他们一起上课让安佳慧怀疑自己的学习能力，她甚至有些遗憾自己当初没有报过奥数班。再加上自己选书院时被第一志愿刷掉，感觉自己是一个"特别笨的人"。自信心受到打击之后的安佳慧只有靠拼命学习获得一些存在感，为此她每天努力学习，两耳不闻窗外事，把自己一个人封闭起来，不参加任何跟学习无关的事。大半个学期过去了，虽然安佳慧的成绩优异，GPA达到4.5左右，但是她的情绪一直比较低落。妈妈早就发现她的不对劲，终于忍不住和安佳慧长谈了一次：她不希望安佳慧只会学习，希望安佳慧向外延伸，多做点事情，把自己的视野打开。她告诉安佳慧，可以去参加书院的自治会。当安佳慧诉说书院中的一些不合理的事情时，妈妈会采用激将法："你不要总是说别人组织得不好，你没有去做就没有发言权，你可以参与进去，你可以把事情做得更好。"经常被引导和鼓励的安佳慧对参与自治会动了心，"等我高一第一学期先把成绩搞好稳住了，再去搞书院活动"，她这么告诉妈妈。

（2）被"推了一把"。高一寒假期间安佳慧确定了要出国留学的目标，这段时间妈妈多次提起让她参与"自治会"的事，她拗不过，竞选前被妈妈狠狠"推了一把"。由于自己是被调剂到J书院的，一开始她只用"学习成绩好"这一个标准来衡量人，因此对书院同学评价不好，觉得周围很多同学都特别"混"。加入自治会之后她逐渐发现，J书院有一群非常优秀的人，他们在自治会的工作和在书院赛事活动中的付出，改变了安佳慧对整个书院的看法，也改变了安佳慧评价一个人的方式。过去，她看一个人最主要的衡量标准就是看一个人成绩好坏，或者有没有特长，甚至只看一个人的数学成绩如何，物理成绩怎样，理科成绩是否优秀。现在，她承认自己这个衡量别人的方式是很极端的，应该更加多元地去看待和评价一个人，如一个人成绩不好，但是可能特别擅长处理人际关系；一个人数学成绩不好，但是却对历史充满兴趣，具备丰富的历史知识。总之，她现在会佩服"不同方面优秀的同学"，只要一个人有激情去投入做一件事情，她就会欣赏和认同这个人。

（3）挑战与机遇共存。在担任自治会成员期间，安佳慧清楚地意识到自己虽然有权力去"管理"，更需要她去承担一些责任，这并不是一件轻松的事情但却能够获得很多锻炼的机会。她曾经担任了下一届新生入学教育志愿者，也是书院招新小组——线上系统审核的小组成员，这些工作是在寒假期间进行的，会占用比较多的时间。不过她通过妈妈的帮助还是合理安排了自己的时间，并没有耽误太多学习时间。

安佳慧是自治会中一个部门的部长，这个部门的工作相较于其他部门，显得颇为烦琐，主要负责同学们的"行分"（公民教育中"行"部分的得分）的计算和整理等工作。"行分"主要看在书院的工作时长，而工作时长有很多种呈现方式：书院值日、书院几项赛事活动、书院的常规活动、书院各个项目（例如，招新项目、校友日项目）工作等。安佳慧需要跟所有项目组的组长联络，整理参加者的工作时长，也会要求部门其他同学检查登记的时长是否准确。担任部长期间，安佳慧和副部长对整个书院的"行分的赋予机制"进行了完善，包括"行分"的获得渠道，行分的赋予数量等，对此还召开书院议事会进行了修改书院章程的事情。同时，原来书院的这个部门特别小、人也很少，她还招募了一些新部员，新部员帮忙做"行分"的管理工作。

除此之外，安佳慧还会在自治会或者议事会上当着所有人的面发表一些讲话，代表部门汇报部门工作，或者公开发表对书院发展的观点和看法，这些事情让她被更多的人认识和认可。相比于第一学期的默默无闻、刻苦学习，后来的她逐渐在书院里小有名气，崭露锋芒。

过去的辉煌让她怀念，现在的遗憾就在眼前。让安佳慧失望的是，下一届这个部门面临着分裂的危险："下一届接班人之间矛盾闹得特别大，部长和副部长后来都辞职了；副部长的性格跟很多同学都合不来，后来得了抑郁症。"安佳慧怀念自己那一届的自治会，成员之间比较和谐，如果

有人提出观点，也许另外一些人会不同意，但是大家会尊重这个观点，互相理解，互相讨论，成员之间也偶尔会相互帮助。安佳慧发现下一届自治会同学表现得非常自我："我不接受你的观点，所以就和你决裂，虽然主席挺好，能力也很强，可是闹矛盾的人太多了，自治会甚至面临着分崩离析的窘境。"这种"每一个人都挺强的，就是不能容忍别人"的状态让安佳慧感到无奈。

（三）乐于表现自己

只要是能在众人面前表现自己的事情，宋自得都比较喜欢做。高一刚入学他就报名参加了自治会，一开始他是奔着"书院主席"这个位置去的。竞选通知一下来他就积极地填写材料、报名，准备演讲。材料审核通过后，他就开始准备最后的环节——演讲和答辩。演讲安排在周三下午，这天中午他没打游戏，也没睡午觉，反复想着自己的演讲稿应该怎么改，自己在台上应该如何表现才能获得同学们的认可。待所有候选人到齐，书院同学一个个落座之后，演讲正式开始了，宋自得也一改往日松松垮垮的状态，西装革履显得神清气爽。走上演讲台，聚光灯打在身上，他下意识地看了看周围，有熟悉的同学朝他笑了笑表示鼓励。宋自得保持着适度的紧张感，他真诚地阐述着自己关于"分而治之"的书院设想，因为确实是这么想的，所以讲起来逻辑清晰，吐字流畅。演讲很快结束了，提问环节他被"书院归属感"这个问题难住，或许他还没有仔细想过这个问题，或许他根本不觉得这是个重要的问题，努力思索之后他作出了回答。投票环节，他显得更加放松，内心没有太多波澜，他希望被选上，被选上之后就能够被更多的同学认识，也能认识更多同学，当然，还能顺便干点"不一样的事情"，说不定还能轰动书院，带来不小的影响。

投票结束后公布了入榜名单，宋自得未能如愿当上书院的主席，不过由于才华多样，及较好的说理能力，他仍然被选入了自治会，担任主席助理一职。虽然结果不尽如人意，但他内心还是有一些小小的愉悦，主席助

理也能够让他有机会在书院"表现自己"。

正如宋自得预料的那样,书院里最难处理的问题是"聚众打游戏"。尽管"书院活动室使用规定·附属规定"的第一条是"禁止在书院活动室聚众打游戏。"但在书院活动室打游戏的现象还是屡禁不止。

宋自得既是那帮打游戏者之一,又是自治会成员,管理打游戏的人,"两边都是"的状态在某种程度上促使他思考对书院的重新布局:分开管理。在宋自得看来,打游戏没什么,只要不大喊大叫就行:"打游戏的人可以几个人缩在一个角落,只要你不影响到别人。"为此,宋自得在担任主席助理期间,曾经向自治会提议,在书院活动室专门划出来一个"游戏区域"。其实他主要是想把书院划分为几个区域,几个区域之间有明确的分工,而且每个区域应该有自己的一套规章制度,如学习区,进去之后不能打游戏,也不能干一些跟学习无关的事情;休息区,提供休闲和娱乐设施,供大家放松和休息;游戏区,专门提供给打游戏的人,前提是不能大喊大叫。

宋自得这个看似完美的议案,却在自治会开会讨论时被否决了。而且他一直没法作出具体的操作方案让这个"分而治之"的策略得以落地。宋自得承认分区管理操作起来有一定难度,耗费的人力、物力、财力也不少,于是这个提议就被搁置了。之后他在书院自治会参与其他事务的积极性也在逐渐降低。

在宋自得看来,书院自治会既是"传声筒",又是"背锅侠",因为自治会的主要作用有两点:第一是传达教务的信息;第二个是书院太乱的时候,针对相应的问题整治一番。至于说是践行学生自治,在他看来是很困难甚至是不可能的事情,因为"参与这些事情的人不多,有很多人不感兴趣,最多就是行使一下投票权,完成一些相应的工作,至于别的,本就不应该对大家期待那么多"。他看到每个人都在为自己的事情忙碌着,没有太多时间花费在这些所谓的"公共事务"上,连他自己都觉得"越来越没意思"。

说到参加自治会的好处,宋自得和盘托出,自治会对个人的发展的确

有好处，只要愿意参与。相比于书院的"普通同学"来说，他能够组织、领导一帮人做事情，不论是处理书院的日常事务，还是帮助书院做一些招新、赛事活动等，这些活动让他站在"领导者"的位置上去看问题。活动的过程中，有人支持，有人反对，这就需要领导者去选择合适的方法进行调节并解决问题。其实这就是不断地在锻炼沟通能力和解决问题的能力，虽然有时候会遇到个别棘手的问题，但整体上来说都能够妥善处理，自己也得到了实际的锻炼。

（四）由期待到平淡

温可心初中在严格的半军事化管理下学习生活，初来F中，经历着从"班级"走向"书院"的过渡期。她对于F中独树一帜的书院制充满了好奇，也带着诸多疑问。她一开始接触到的书院信息大多数是通过微信公众号的推送和网络视频平台上的宣传片，也偶尔听到过学长学姐的口头聊天，这些宣传大多是关于书院自我介绍的与众不同之处，比之"学校赋予的风格"让她觉得自由而且新鲜。和其他书院一样，Y书院也有自己的主题色——绿色，这个清新的颜色充满活力，让人心旷神怡。书院用蜂鸟做象征，蜂鸟体态妍美，色彩艳丽，代表着一种灵动活泼，象征着积极向上和努力拼搏的精神。书院文化提倡"敬""重""雅""慎"。"敬"：让别人因为我们的存在而感到幸福。"重"：过有信仰的生活。"雅"：提升自己的品位。"慎"：做自由的人。这让喜欢有格调情趣生活的温可心心驰神往。初来乍到，她看到一切都是新鲜的，书院活动室的布置温馨舒适，听说这是由学生设计和装修的，也是由书院学生共同管理维护的。活动室包含历届学长学姐留下的多种形式的书院文化，获得的荣誉、取得的成绩、书院的变化历程等，具有浓厚的传承味道。活动室一角还有一个小卖部，方便书院同学购买零食和一些日用品，如此有生活气息的设计在以前的学校是难以想象的。

温可心惊讶的同时也暗自感叹，这里被学长学姐们布置得的确像是一个温馨的生活社区。书院文化中尤其强调"家"的概念。在活动室的墙壁上贴着学长学姐对"何以为家"的解读：

  家，这个字的引申义有很多，不只是我们现在和父母一起生活的组织。Y书院，像是精神上的家，在我们累了的时候可以供我们休息。

  第一次感受到家，是我们剧组（书院戏剧节）在磨合时，之前大家的意见很多，排练效率很低。之后大家都作出了改变，像是一个温暖的集体，更像是一个家。

  家是潜移默化的感受吧，一开始只觉得找到了一个集体，而后来我开始以身为一个Y书院人而感到自豪，最后我会爱它，爱他们所有人。

温情脉脉的表述足以打动温可心，她甚至一度相信，这里就是一个可以让人产生归属感的"家"，她期待着自己在接下来的三年将会有一个温暖而充满希望的高中生活。

除了"家"文化，书院着力宣传的是"学生自治"文化，即学生在书院中实行自我管理，通过"自治"的模式共同管理公共事务，以此培养和锻炼学生关注公共事务的热情，处理公共事务的能力，以及和他人共同生活的能力。温可心从没听过这样的描述，觉得很"高端"，她想起来学校的培养目标——有领导力、创新力和思想力的杰出公民。她暗自忖度，在这个环境中，自己能够成为各方面表现优秀的那一拨人吗？

书院的确有很多活动，但是第一个学段课业过多，服装设计社团的活动也不少，时间紧张让她只能放弃了一些书院举办的活动。参加活动少，和书院同学待在一起的时间不够长，自然而然归属感就弱了一些。除此之外，议事会的体验感不好也让她去除了心目中学生自治"高端"的标签，她意识到一开始对于书院的认识不仅有些标签化，而且还受宣传文案的影响产生了一些理想化和不切实际的期待。

在参加完第一次议事会之后，她对书院有了新的认识，而且更加明白，作为高考生的她，书院对她来说，意义和作用可能真的不大。

第一次书院议事会是在图书馆三层报告厅匆忙举行的。S书院刚开完议事会，同学们正在准备离开奔向自己的下一个课堂、项目或者活动时，议事会约定的时间到了，还有大批学生被堵在图书馆报告厅的门口。报告厅里有几个同学忙着整理摆放杂乱的桌椅。大概超过约定时间一刻钟，议事会负责人才允许同学们陆续进场，差不多又忙活了15分钟左右，议事会终于开始，开始之后仍然有零零星星的同学入场，有的人因为找不到报告厅迟到了。

这是新生入学后的第一次议事会，为了活跃气氛，也为了让同学们互相认识，自治会的同学组织了一些互动性很强的"破冰"活动。"破冰"活动强制大家与不认识的同学重新组成小组开展活动，为此大家要相互换座位，场面 度混乱。这个过程中，越来越多的人觉得活动有些无聊，于是开起了小差。温可心觉得不认识的人被强行拉到一起搞活动的确有些尴尬，这并不能达到让大家互相认识的目的，反而有些浪费时间。在越来越了解书院自治之后，一次偶然的机会，她和同学讨论起书院第一次议事会时说："要知道议事会是给书院成员讨论书院共同事务的，以这种没什么实际意义的活动方式来占用议事会时间其实是对议事会的浪费和错误使用。"

后来的议事会也有同样的毛病，"不是只发布通知，就是搞一些意义不大的活动，如修改书院的章程，其实没有太多人去关注""对于普通同学来说，议事会虽然也起到一些管理作用，但它并不是那种强管束性的集体，很松散、宽松，其实就算不参加议事会影响也不会太大，有一些人会选择请假，找个能说得过去的理由就行"。议事会的整体感觉是"效率很低，没什么用"，她有时甚至会产生怀疑，"为什么要开会呢，直接在微信群里或者线上跟大家说，大家一起投个票就好了，完全没有必要刻意安排时间和地点，兴师动众地开这个会，对于大多数人可能都没有什么可议的"。

议事会的经历让温可心打消了参加书院自治会的念头。温可心初中时一直担任班长，具有一定的领导能力和组织能力，她本来想参与自治会做一些事情。但是和家里人沟通之后，他们觉得目前自治会对她的意义不大，反倒不如做一些兴趣类的活动，如参与服装设计社团的活动。

三、共同生活的困难

学生自治是书院运行的根本，其出发点在于让书院所有同学有更大空间和更多机会参与公共事务，然而书院制在实际运行中并不那么顺利，学生自治的道路充满困难：忙碌的学习和快节奏的生活让很多学生不愿意花费时间在书院公共事务上；书院活动不少（有自发的，有学校组织的），但书院的归属感却一直是个问题，书院学生逐渐分化为一个个小团体，而且越来越多的人游离于书院之外。这一系列问题都让学生共同生活和学生自治步履维艰。

（一）疏离：参与度和凝聚力低

书院事务的参与度低一直是老大难问题，与之相伴的是书院的凝聚力不高的问题。每逢书院换届大会，几乎每个书院的候选人都会谈到书院归属感和凝聚力的问题，"书院归属感"变成了一个需要不断被强调和重视的话题。G书院自治会的JWS通过与学长学姐交流和自己的观察认为，前两届学生（18届和19届）的书院归属感要强一些，到了他们这届（20届）开始走下坡路，除了学校规定的学生必须参加的"心智活动"❶外，书院也组织了多种促进凝聚力的活动，但作用似乎并不显著，为此他也有些无奈。刚刚卸任的D书院主席说："议事会参与度低的问题一直存在，书院议事会是面向全体的，面向全体的事情一定要是对所有人都有用的事情，大多数情况下就只能是做一个通知或者动员。当然，书院章程修订的事也

---

❶ 心智活动，由学校组织外包给专业的素质拓展活动公司，以书院为单位开展的素质拓展活动，以增强书院学生交流和凝聚力为宗旨。

是关乎全体的，主要是同学们可能并不关心，觉得跟自己没什么关系，差不多就得了，随便投个票通过就好。而且，如果真的实行全民自治，以书院这个人数来说，无疑是太多了，根本不可能完全民主。即使像罗马那种完全民主，最后还是被颠覆的，这是不可能完成的。"他认为，像这样的活动并不能让学生获得收获，而且各个书院的问题比较相似，但学校管理者们想的问题比较宏观，似乎并不能关注到学生的个体问题。不过他坦言，个体生活与共同生活之间本身就是一对矛盾，一个书院的管理如此，一个国家的管理更是如此。经历过自治会磨砺的他对书院管理问题看得比较透彻，他会保持一个好的心态来面对这些问题。

（一）忙碌：任务多与节奏快

在F中校园对学生进行粗略的随机观察，你会发现这里似乎与别的高中没有什么不同：行色匆匆的学生各自忙碌着自己的事情，他们很忙，很紧张，压力很大。不同的是，他们忙碌的事情并不只有上课、学习和考试。例如，小夏除了上课，还会在课余时间上一些辅导班，每天两个小时去辅导机构学习，周一、周三、周五是数学，周二和周四是英语。这学期（高二上学期）开始，周末一天两节，一节四个小时学托福，大概会持续2个月直到考试，所以这段时间可能比平时更忙一些，但他觉得这不是什么问题。小茹今天的To do list是这样的：两个英文的PPT，剪辑两个小的宣传片，做一份海报，出一份微信公众号文案，做一个文案排版，还有一个问卷链接。她一边数着自己要做的事情，一边计算着每件事情大概需要的时间，然后说："所有任务做完大概要到晚上十一点半了，不过今天十二点前可以睡觉了。"小茹把晚上时间安排得妥妥当当的，每个任务都预留出时间，她自认为效率还是非常高的，如果效率低的话，这些活儿估计熬到凌晨2点都做不完。问及参加书院议事会的感受时，他们两人不约而同地回答：没什么意思，而且自己没有太多时间去参与书院讨论的问题，谈不上有什么深刻的体会。

其实，像小夏和小茹这样忙碌的学生不在少数，很难从学生口中听到"不忙"或者"压力不大"这样的字眼，白天不够用，他们就从晚上睡觉的时间里挤出时间赶做各种DDL。忙碌的他们如同滚轮中的仓鼠一样不停地奔跑打转，直到跳出滚轮或者累得精疲力尽。在F中，晚上不熬夜是很稀少的情况。笔者曾经做过一个小调查，问卷结果显示：96.82%的学生平均每天睡眠时间不足8小时，其中48.41%的学生睡眠不足7小时，13.64%的学生睡眠不足6小时。

（三）分裂：学习与活动分离

"共同生活"之所以面临巨大的困难，除了学习任务重和学习节奏快之外，背后更大的问题在于学生的学习和生活面临着一种可悲的"分裂"。首先，个性化的课程表让每个人都面临流动的课堂和学习，传统的固定化学习集体被切割成一个个学习个体。选课制的初衷在于促进因材施教和学生"个性化"的学习，然而"学生需要"和"个性"或许并不意味着各不相同，完全推行自由选课制似乎在最大程度上尊重和强调了学生的个性和差异，但忽略了其中的"相似"与"共同"。其次，书院作为活动的载体，与传统的班级制相比，既缺乏统一的引导，又缺乏共同的经历。传统班级制的弊端是过于整齐划一，但是好处在于学生和教师之间拥有共同的学习经历和生活经验，而且这些经验是真实的、长期的和深刻的，他们之间极易形成某种"共同感"，共同利益相似，而且共同交流充分，这是杜威对于一个共同体构成要素的两点基本要求。然而在书院，虽然以活动为载体将学生聚拢在一起，但是学生之间并不会形成特别稳固的共同体：其一，学生之间可能并不存在或者缺乏共同的学习经历；其二，参加活动的人可能各自目的不同，而且不同类型的人目标迥异，有的出于喜欢，有的出于自我表现，有的出于训练技能，有的出于"混学分"等；其三，参加活动其实只是一部分学生的选择，另外有很大一部分学生甚至选择"逃避"活动或者"回避"参加。可以说，"课程"和"活动"是分离的，学生之间

缺乏共同的经历；而且，学习是流动的，共同活动的人也是多种类型不断变化的，共同生活的确面临着容易"分裂"的问题。

（四）圈层化：井水不犯河水

对于很多学生来说，书院的空间和活动让他们一下子认识很多人，社交面前所未有地被扩大，但这实际上只是一种"人际泡沫"。社交面扩大并不能直接带来深层次的友谊和陪伴，由于表面爱好"社交"，但没有深入交往的朋友而感到"孤独"的大有人在。就像访谈中S书院主席讲到的："针对目前的书院制，归属感的最大来源是集体荣誉，如当书院赛事活动拿奖的时候，大家就会特别自豪、特别骄傲，但其实拿奖并不是一件容易和常有的事情。还有如果书院举办的活动特别符合一些学生口味，这群人会比较有归属感。书院除了议事会之外，没有什么其他的契机把大家聚合起来，让大家一起做同一件事情。虽然自治会的例会鼓励大家旁听，但其实基本上是主要成员在开，来旁听的人非常稀少。"这并不是一个书院的问题，其他书院也都面临类似状况，参加自治会的同学"自成一拨"，他们有参与诸多书院公共事务的权利，相应地也承担了同等的甚至是更多的责任；热衷参加书院赛事的同学各自寻找他们的团体，打球、唱歌、摄影、跳舞、弹琴等；喜欢打游戏的同学经常会占领书院活动室，为此某书院活动室还因此被学校封闭一周；热爱学习的学生常常觉得书院活动浪费时间，如一位参加竞赛的同学YZB坦言，自己从来不喜欢参与书院活动，能不参加就不参加，他基本上不去书院活动室；也有一些对什么事情都不太感兴趣的学生，他们不愿意与人沟通，几乎所有事情都表现得非常被动。

由此可见，虽然书院名义上是一个整体，实际上学生因为某些共同兴趣、爱好、品位等自发形成了一些小团体和小圈子。相比于整个书院，小团体内部相当团结，但是团体之外的人似乎并不能自由进入，圈子与圈子没有任何交集。正如学生们所感受到的：如果你看不惯或者不喜欢一人，你有很多种方法和他没有任何交集。从书院到社团，从选课到参加活动，圈子与圈子之间井水不犯河水，构成一种微妙的平衡与和谐。

四、小结：共同生活的形式化

什么是民主生活共同体？相较于将"民主"理解为一种宏大的政府联合形式而言，杜威的阐释显得更加亲切也更为深刻动人："它（民主）首先是一种联合生活的方式，是一种共同交流经验的方式。人们参与一种有共同利益的事，每个人必须使自己的行动参照别人的行动，必须考虑别人的行动，使自己的行动有意义和有方向……"❶在《民主主义与教育》中，杜威用"家庭"来描述他心目中理想共同体的内涵，这极其符合我们对书院的期待，成为学生共同生活的社区——家，给予每个成员成长的力量。不得不承认，建立亲密的关系和归属感首先需要有共同的经历和经验。如在课堂，学生共同学习某些知识、技能和价值，共同解决问题等。走班制和选课制让学生拥有了"个性化"的"私人订制"的课程表，虽同在一个书院，他们所学和所关心的东西却相差甚远。拥有共同经验并非易事，因此如何将一个个碎片化的经历拼接成共同的经验是书院共同生活面临的一大困难。

另外，共同体凝聚力来自越来越多的人考虑自己行动对别人和整个共同体的影响，就会扩大交流的范围，打破人们之间相互隔离的屏障，形成一些亲密连带和共同生活。事实上，大家都很忙，有的人忙着赶作业，有的人忙着参加比赛，有的人忙着打游戏，有的人忙着上辅导班……总之，各自忙碌。忙得没有太多时间思考或参与那些"看起来"跟自己关系不大的事情。实际上，大多数人并没有充足时间和足够兴趣与热情去认真思考公共议题，一些受访者说他们有更重要的事情去忙，认为参与书院公共事务有些"浪费时间"，另外的一些受访者对书院组织的公共活动"不感兴

---

❶ 约翰·杜威.民主主义与教育[M].王承绪，译.北京：人民教育出版社，2001：97.

趣"。访谈结果显示，热心参与公共事务和参加书院自治会的大多是担任过学生干部、熟悉书院管理事务的学生，或者积累相关经验和履历，为了以后从事社会政治活动的学生；极少有同学是真正热心公共事务和热衷共同生活建设的。所有受访者中，参与自治会的人中只有个别学生没有做过学生干部经历，其他参与的同学，无一例外在进入高中前都曾担任过班干部或年级干部。而且，在书院事务分配中，也呈现出"能者多劳"的态势，这无疑使书院学生自治笼罩着一层浓厚的"精英治理"氛围，精英忙得不亦乐乎，而大众似乎并不热情，书院议事会逐渐成为少数人的舞台，整个书院似乎也分裂为多种类型的群体，这些使得书院共同生活和学生自治呈现出形式化的特点。

第六章 自我与他人：在关系中成长

> 传统教师的权威性和控制性很强，这个和现在不一样，如何给学生更多的空间，那就要限制教师的空间。
>
> ——F中管理者

> 我走进一间亮着灯的社团活动室，里面有一个人独自坐着。我不知道他是谁，不知道他为什么在那儿。这一瞬间我感到人的灵魂如此孤独，每个人都带着自己的秘密，远远地相望，我们多半不会走进别人的故事中，像星星各自有需要遵循的轨迹。
>
> ——F中教师

社会环境和学校制度的变化导致人与人之间的关系也在发生变化。过去的教育中，班主任和班集体作用不容小觑，"过去的教师管理学生有手段，第一个，教师有权力，可以惩罚学生；第二，可以用班集体来压制学生个体"❶。然而F中的改革让以上两点完全发生了变化："第一，学校没有班集体的概念和感觉，学生自己的问题属于个人，没有班级的压制；第二，学校不认同'集体感'的说法，我们倒是想说'团队感'，集体精神和团队精神不是一回事，集体是对个体的压抑，更消极一点。但是，这并不是说你不能跟大家一块做事，而是你要表现出自己的贡献，在团队中发挥作用，这会显得更积极一点。"❷选课制和走班制之下，学生不再有一个固定的"班集体"和"班主任"，但是却多了"书院""学长学姐"和"导师"，而且这些都建立在学生自主"选择"之上。与之相应，人与人之间

---
❶ 资料来自：F中校长访谈。
❷ 资料来自：F中校长访谈。

的关系也面临着多种选择。例如，自由选课不仅仅是选课程，也是选教师和选同学；除了课程教师，学生还要选择"学业导师"；参加活动不仅仅是在实践中锻炼自己，更是一种选择"团队""圈子"和"朋友"的"社会交往活动"；包括学生的自我认知也在不断发生着变化，他们不得不思考"我是谁，我从哪儿来，我要到哪儿去"。

一、教师与学生

过去，教师基本上是被安排好的，现在，却要让学生来挑选教师。就像F中管理者在总结现在学校的师生关系时所指出的："教师是被动的，学生是主动的，与之前相反，这是一种方式的转化。把学案给学生之后就不用再做了，这节省了教师的时间，提高了效率，将教师的重复劳动变成学生自主解决问题。"这是师生关系的"倒转"，学生站在了学校舞台的中央，教师是为学生服务的，服务的目标在于促成学生的"自主学习"。

师生关系之所以发生如此变化在于改革者对于传统教育中教师角色的批评与反思："传统教师的权威性和控制性很强，这个和现在不一样，如何给学生更多的空间，那就要限制教师的空间。"❶改革者提倡"以学生为中心"的教育，教师和学生之间的关系也大受影响："教师应尊重学生的人格，关注其个体差异，满足不同学生的学习需要，创设能引导学生主动参与的教育环境，激发学生的学习积极性，培养学生掌握和运用知识的态度和能力，使每个学生都能得到充分的发展。"❷总之，教师要尊重学生的主体性地位，鼓励学生的个性发展，教师被要求从讲台上走下来，"到学生中间去"，和学生建立更加亲密友好的关系。

虽然教育改革提倡"民主平等"的新型师生关系，但在现实的教育教

---

❶ 资料来自：F中校长访谈。

❷ 教育部.基础教育课程改革纲要（试行）[EB/OL]．（2001-06-08）[2023-07-14]. http://old.moe.gov.cn/publicfiles/business/htmlfiles/moe/moe_309/200412/4672.html.

学中，并非所有的学生和教师的关系都是遵循着同一种模式。尤其是在F中多元选择的环境中，对不同类型的学生来说，师生关系亦是一种"选择"的结果。

基于以上论述和访谈资料整理的结果，我们从"自主与信赖（跟随）"和"亲密与疏离"两个维度来考量师生关系，将师生关系划分为以下几种类型。具体分类如图6.1所示。

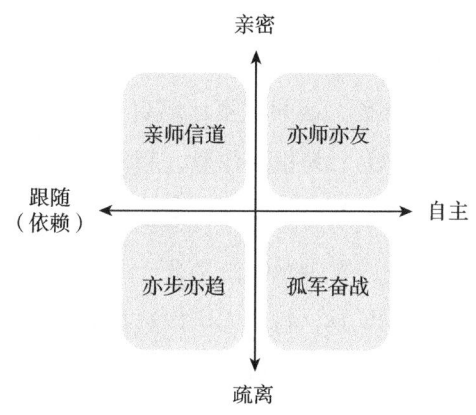

图6.1 师生关系矩阵

需要说明的是，实际教育教学中每个学生与教师之间的关系更为复杂，学生可能依据学习阶段变化和教师的关系有所变化；而且师生之间的关系可能是几种模式融合的状态。划分类型只是为了比较清晰地"切割"而呈现出不同类型学生与教师之间关系的典型状态。

（一）亦师亦友：更像朋友

这种师生关系的主要特点是学生首先有一个明确的"自我意识"和"自主意识"，强烈的主体性思维让学生表现得"个性鲜明"，而且拥有明确的个人目标和人生规划。在制度的框架下，教师是他们的"大龄学伴"，提供他们需要的课程、学分并答疑解惑。而在私下，他们和教师是一种比较平等的对话关系，更像是朋友。当然，他们会选择自己喜欢的教师建立更加熟悉的圈子，而对于不喜欢的教师，也会保持一种必要的尊重。

赵自如喜欢教师seminar式的教学，课堂主要是小班制的研讨课，上课大家围成一圈，讨论教师给的让学生提前看的阅读和讨论材料。讨论的氛围比较好，也有一些观点的交锋，赵自如在讨论中从来不会人云亦云，她总是有自己独立的看法，教师也欣赏她的自信状态和主动表达。

因为一直比较向往讨论课的模式，所以赵自如在选课时选这种类型的课程也比较多，课堂氛围总体上来说比较轻松。赵自如选的"创意写作"课程，是在教学楼204教室，这间教室让赵自如心里充满了轻松的回忆。教室的墙上贴着学生的作品、海报和作业，颜色很鲜亮。桌子上摆着教师买的鲜花，阳光照射进来，整个教室显得温暖明亮。上课的时候大家会围成一个近似圆形的大圆圈，教师跟学生坐在一个圈里共同完成课程目标和任务。教室里有各种毛绒玩具，每个人可以选择其中一个毛绒玩具抱着坐下，虽然是在课堂上，但是学生可以随意调整坐姿，选择一个最为舒适的状态，听课、分享、写作。上课之前的5分钟是热身时间，学生自由写作，写什么都可以，这个内容不用共享，教师这么做的主要目的是让每一位学生把自己的情绪情感调动起来。赵自如问过授课教师，教师告诉他，这些是从国外的工作坊里学习过来的。上这门课在大多数学生轻松愉悦，赵自如很喜欢。教师和学生之间的关系很平等，教师经常混在学生中间跟学生一起讨论，以至于有时候都无法分辨出来。

赵自如经常主动和教师沟通，除了学习上有困惑的地方，她还会跟自己喜欢的、与自己"合得来"的教师建立良好的私人关系。例如，她跟"创意写作"课的教师很早就成了"朋友"："高一时上她的课，那时候遇到一些情绪上的问题，都会去咨询她，她也会和我讲她自己的私事，我们俩这种沟通方式就是交换式的、互相的。这种关系比较舒适和安全，很像是朋友关系。即使后来没再选她的课，我们仍然保持着比较亲密的朋友关系。"而且，老师知道赵自如是一个目标明确、有主见的人，非常尊重她的想法，两人之间讨论问题也是以协商方式为主，并没有一方完全主导着

谈话节奏，显得非常平等。赵自如对师生关系中"尊敬"这个维度比较模糊，师生关系已经淡化，甚至可以说是没有了，与其说是师生，倒不如说他们"更像是朋友"。

但是，赵自如和另外一些看起来对学生严肃和严格要求的教师并非如此，"会掌握一种适度的界限感"。她会表现出尊敬，而且并不会想与之有进一步的私人交流，他们之间的沟通主要围绕学习任务，就像是"普通同学间的那种关系"。

（二）亲师信道：掌握"分寸感"

亲其师，信其道。和"亦师亦友"型的关系不同，这种类型的师生关系中学生并不会使自己的个性表现得过于鲜明，他们会表现出对教师的某种"跟随"或者"依赖"。这并不是说他们缺乏自我意识或人生规划，重点在于他们在教师面前表现出既"尊重"又"亲近"，既"主动"又"乖巧"的状态，深得教师们的喜欢。

陈碧玉就是这样一个"好学生"。她深受不同教师的喜欢，从小学到高中，几乎每个教师都挺喜欢她的。陈碧玉分享了她的秘诀，其实就是三个字：分寸感，一定要把握好分寸感。

"分寸感"基本上是陈碧玉在F中行为处事尤其是与人交往的首要原则。具体来说，陈碧玉认为自己会表现出一种主动和开朗的性格，但同时又表现得乖巧，这样教师就会很喜欢："我觉得好多人都有一个误解，认为他们在教师面前需要展现出一个听话的样子，这样教师会比较喜欢，或者说教师喜欢那种非常守规矩的学生，其实这种情况是非常少的。我从小到大上的学校都很优秀，教师也很优秀，他们的分辨能力很强，对于一些完全按照要求完成任务的学生，他们反而没有一种额外的欣赏。其实这里最重要的是分寸感，你怎么把这件事情做好的同时，又能充分展现出你的创造力。"

平时的作业中，陈碧玉就贯彻了这个原则。教师之所以喜欢她，是因为很多作业她会花心思写得让教师眼前一亮，甚至要做到让教师有一种"被惊艳到"的感觉。例如，在"论语"课上，教师给的作业是"写一个关于孔子弟子子路的介绍"。陈碧玉断定"大部分人会去搜百度百科，在网页上随便下载一些内容就算完事儿了"，但是她却不会这么做。她会看网页上是如何介绍的，但重点是她会看网页上没有介绍什么，这是她可以充分发挥自己想法的地方，于是她会很有激情地把自己的想法全部写出来。陈碧玉猜想，教师看到后，"那么多份作业，只有这个人是用了心的，他肯定会心花怒放，因为规定动作是给大多数人的，而教师想看到一两份惊艳的作业"。同时，陈碧玉也认为，一方面你要展现自己一定的创造力，但另一方面你又不能表现得过于突出，或者过于反叛，你仍然要保持对教师足够的尊重，让教师有种权威感。

陈碧玉"会跟大多数教师主动建立友好的关系，因为这对自己很有帮助"，她的策略就是保持对教师的"跟随"和"依赖"，让教师有足够的成就感和存在感，包括当陈碧玉跟教师讨论问题，或者当她接受教师的帮助之后，她总是会表达自己的感激之情，同时会夸赞教师在专业上的过人之处。在陈碧玉看来，这是"人之常情，人们都喜欢听一些顺耳的话，喜欢被尊重、被赞赏，甚至被捧起来"。她自认为自己比较擅长处理这种关系，"有时候哪怕是牺牲一点自己不太看重的东西，让对方觉得舒服就好，自己也觉得能过得去"。因为这么处理之后，"再过一段时间对方会回报给我更多，两个人的关系就建立起来了，也变得更加亲密了"。这是陈碧玉根据自己性格设计出来的与别人交往的规则和相处方式，不过这需要个人的"情商稍微高一点，我从小就擅长干这活儿，表现出了情商高的特点"。

（三）孤军奋战：特立独行

和"亦师亦友"型的师生关系有一点相似的地方，"孤军奋战：特立独行"这种师生关系，学生展现出了鲜明的个性和强烈的"自我意识"，

甚至有一些学生还表现出"特立独行"的状态。这类学生有着清晰的目标意识，除非是学业中遇到的一些比较困难的问题，大多数情况下他们都会依靠自己或者求助于父母来解决问题，较少依赖学校的教师。在F中，这类学生以竞赛生居多。

尽管董物竞知道上课"戴耳塞"、不听课是对教师的不尊重，但是"如果认定上课的那个教师还算比较和蔼，不是特别严格的话"，他毫不犹豫地就直接戴上耳塞做自己的事情了。由于董物竞面临的是新高考的"选考制"，他对于非选考科目基本上都"应付了事"。而且他这么做得到了父母的大力支持，他们认为在时间有限的情况下，的确应该让时间投入在最重要的事情上。于是董物竞基本上是花最少的时间完成必修学分。

对于选考的科目，他觉得一个好教师必备的基本素质是"能把课讲好"，这也是最本职的工作。如果学习上遇到问题，董物竞习惯性地会先尝试自己独立思考和解决。当然，如果自己有解决不了的问题，他也会问教师，但是跟教师的沟通一般都是在课堂上或者课间，下课后他很少主动找教师沟通问题，也没有太多这种需要。

平时学习，董物竞更多地依赖自己的自律性。他的自律性一向不错，总是能够管得住自己，上课基本不看手机；写作业或者自习的时候手机设置为静音，很少打开。而且，他自认为"抗干扰能力很强，不容易受到别人的影响"。身边经常有人夸物竞自律性强，他自己却觉得，学竞赛的人本就是目标明确，应该有自己明确的学习规划，"自律性"和"抗干扰能力"是应该具备的素质。

至于生活上的问题，董物竞觉得没有必要去找教师。他的生活相当简单，在学校就是上课、做竞赛题，偶尔参加一些项目；出了学校就是做作业、做竞赛题、上辅导班，偶尔打打游戏；在家里，董物竞从来不用帮忙做家务：一是妈妈不让他做家务浪费时间，想要等到考上大学以后，或者本科毕业出国留学的时候再教他做家务，因为到国外他需要自己做饭；二是他学习时间紧张，有时候作业都不一定能完成，更别谈帮忙做家务了。总之，他的生活就是学习和竞赛。他喜欢这种简单的生活状态：一是"没

那么多破事儿"需要操心；二是学习的任务重，压力大，"毕竟没那么多时间"。时间，对于董物竞来说真的是太宝贵了。甚至在他看来，如果自己真遇到了一些问题，与其花时间找教师解决，还不如自己一个人调整。而且，"跟教师沟通其实效率并不高"。

如果要请假的话，还要去找"成长与实践体验中心"的教师，因为他们管着这些事情，如考勤、请假、发准考证等。董物竞坦言，自己和周围的一些打竞赛的同学会想方设法找各种各样的理由请假"逃议事会"或者"逃校会"。不过请假对他们来说算是一件比较容易沟通的事情，一般需要家长同意，既然选择了打竞赛，家长肯定比较看重和支持，所以请假家长都会同意，有时候家长还劝他们在那些"不必要的事情"上少浪费些时间。

(四) 重视权威

虽然温可心热情开朗，善于跟人沟通，但她并不习惯主动跟教师交流，因为在她长期形成的印象里，教师总是有一种"严肃感"和"距离感"。温可心的初中是在那种管得严、抓得紧的学校里度过的，班主任是一位严厉的教师，各方面管得比较多一些。像温可心这种成绩不错的学生，在班主任眼里就是"好苗子"，自然投入的关注也就会多一些，一般情况下都是班主任找她，她很少主动去找班主任。F中没有班主任，刚入校的时候温可心还有些不适应，虽然是宽松的氛围，可是一时之间她竟然有些无所适从，这里让她觉得很像"想象中大学里的氛围和环境，很看重自律性"，然而她似乎还没有做好准备"完全为自己负责任"。温可心意识到，现在上的一些课程不太注重知识传授，更倾向于启发拓展思维和开阔眼界，而且教师留的作业很少，如果想学得深入一些需要私下自觉地做一些练习。而自己现在重新上的课外辅导班倒是和初中教学的方式比较像，能够给她一些系统化的知识和体系化的知识框架，这在一定程度上解决了她学习上的问题。

总之，温可心不太喜欢主动跟教师沟通，除了课堂学习，她偶尔会被提问，其他方面交流很少。她不会主动去联系教师，主要是觉得自己并没有面临什么自己解决不了的困难而需要去求助教师。

宁无伤的初中生活也是在教师的严格管理之下度过的，因为担任班长，她平时和教师的沟通还算比较多，但是大部分交流内容仅限于班级管理方面的问题，关于自己学习和生活上私事的问题，她很少与班主任或其他教师交流。主要是因为平时住宿，自己学习、生活基本上都是按照学校的时间节奏和班主任的统一安排来执行和操作的，很少有个人自主规划的时间和机会。每天按照教师说的去做，"教师让干什么就干什么，每天的任务都挺明确的，因为教师会把你要做的所有事情列得清清楚楚"，基本上跟着教师的节奏，考试成绩便不会太差，加加油、努努力就能进入好学校。

宁无伤习惯了这种跟随式的教学方式，到了一个宽松、开放和自由的新环境中，她一下子有些不知所措。走班制之下，教师不是固定的，甚至一个学段就会换一个教师，她努力让自己尽量跟上每一门课教师的节奏。不过，她的节奏还是太慢，有时候跟不上教师和其他同学的节奏。然而，自己缺乏足够的勇气去和教师沟通。遇到听不懂的数学题、物理题，她更愿意问身边熟悉的同学。

宁无伤喜欢摄影，选课时她选了摄影俱乐部，和教师比较熟悉。主要是因为这位教师经常在作业中鼓励她，这让她也收获了一点小小的自信。为此，她打算以后学摄影专业。然而，咨询之后教师告诉她如果想走这条路的话，需要艺考。艺考其实是比较辛苦的，既要学习专业课，又要兼顾文化课，"两边都要顾，需要大量的资金和人力的投入"。宁无伤考虑许久，首先是经济问题；其次是时间问题，已经高二了，时间不够，所以只好放弃。

在讨论师生关系时，值得一提的是F中的导师制。学校规定："每个高一学生都要配置一位专属书院导师。书院指导教师以师长身份关注学生个体身心健康、支持学生目标管理、建立家校沟通、给予书院支持、引导

学生理解学校理念并合理使用学校资源。"按照学校规定，每个书院配置6名左右高中部教师（即任课教师，主要为青年教师）担任书院指导教师。高一新生入学后在书院进行分配和选择，指导教师和书院督导最终确认。书院指导教师任期为一年，原则上中途不做调整。指导教师在书院督导的管理下，对本书院12名左右高一学生的活动及个人规划提供支持和帮助。简单来说，指导教师的职责仅限于高一阶段，帮助高一新生适应学校生活。然而访谈中，2019届的学生大多认为自己和指导教师之间"除了偶尔开会见面之外，并没有什么太多联系"；而2020届的毕业生没有选择书院指导教师的机会，至于是什么原因，访谈中没有人知道。2021届执行了上述学校关于"书院指导教师"的规定，每一位高一同学都有一名指导教师，但事实上大多数人在选指导教师之前完全不了解情况；在学生和指导教师还没有完全熟悉时，他们就将面临着高二的分离。

过去，有了"师"和"生"，于是便有了"教"与"学"。现在，师生之间的关系发生了逆转：有学生选课，教师的课才能开得起来。为此，有教师感叹自己"像是自助餐盘里的菜，学生不吃了就直接倒掉"；有教师乐于成为学生的"大龄学伴"，而追求"教学相长"的感觉；有教师遗憾自己得不到尊重而被学生指手画脚；有人标新立异，依然故我地开创自己的教学风格反而吸引了一些学生……有不同种类的学生和需要，也就催生了不同类型的教师及相应的师生关系。在这种自由宽松的氛围下，一切都以"选择"为基础。

二、同学与朋友

不同于传统的班级制管理，书院是大于班级的生活社区和活动空间。首先，书院像是一个小社会。X书院目前每一届有75人左右，两届学生加起来有150人左右。相比于班级，这是一个较大的规模，相当于2~3个传统的行政班，而且学生的构成比较多样，这是一个学生社区，相当于一个"小社会"。其次，书院融合了高一和高二的学生，是"混龄"的组合，这种组合一是让学生的交往范围扩大了，二是让同辈群体之间找到榜样，互相学习。总之，他们可以表现个性，也可以组团活动，彼此之间组成了一个个生活圈和朋友圈。在F中，"圈子"是一个经常被学生提到的东西。班集体和教师的外部权威消解之后，书院里逐渐形成了一个个小圈子。

当然，学生的交往并不止于书院。课堂是流动的，学生之间的交往和接触也存在于不同的课堂中。除此之外，各种社团活动、社会实践活动和研究性学习活动也为学生交往创造了机会和条件。对于一个学生来说，"上午和一拨人一起上课，中午和另外一拨人吃饭，吃完饭和第三拨人一起参加活动，下午再和第四拨人一起上课，然后再和第五拨人一起参加俱乐部活动"的状态是再正常不过的事情了。

学生的交往的确不仅仅局限在一个狭小的、固定的范围之内，有多种机会和更广阔的空间。不过，"社会交往"对于每一个人来说，其需求和动力、分量和作用、策略和能力，似乎大有不同。

（一）互补多，相似少

陈碧玉的人际关系很好，认识陈碧玉的同学、朋友和教师对她评价很高，温柔、大方、聪慧、优秀。

虽然陈碧玉所在的S书院"鱼龙混杂"，但因为一些共同参与的活动，她还是能在这里交到关系不错的朋友。这些朋友基本上是在共同参加活动的时候才会有较多的交流和沟通，如在戏剧节的时候，整个团队的目标就是戏剧节，大家奔着这个目标产生了很多沟通和关联。戏剧节淡去之后，一切似乎又回归到了平淡和日常，礼貌性的招呼，问候式的交谈和不痛不痒的讨论。对于许多人来说，在F中流动的环境中，"有一个相互陪伴的知心朋友是一件难得的事情"，陈碧玉深知"广泛的社交"于自己无多大益处，有一个固定的好友才是自己"真正所需要的"。于是，她和一同进

入F中的同学——YSC逐渐熟络起来，建立了稳定的朋友关系，两个人经常互相陪伴，形影不离。

陈碧玉和好朋友YSC是初中同班同学，高中一起选了同一个书院，两人性格反差很大，YSC是一个个性张扬的女孩，擅长体育运动，平时喜欢穿迷彩衣服，把自己打扮得更加中性一些，看起来洒脱自在。陈碧玉之所以和YSC成为好朋友，是因为意识到"两个人互补，自己有时候会优柔寡断，而好朋友非常有主见，勇敢果断"。从小到大，在陈碧玉的朋友中，一般都是跟自己各方面"互补多，相似少"。她坦言自己性格有时候会有一些"矫情"，如果再遇到一个矫情的人，两个人之间万一有矛盾就会僵在那里，关系很容易破裂，如果找一个洒脱的人，两人就不容易发生矛盾和争吵。陈碧玉和朋友交往的时候，喜欢让对方帮她做一些决定，或者陪对方一起做些事情，一起经历的这些事情在她看来有助于培养自己将来与朋友相处的能力。如在选择俱乐部问题上，她和YSC发生了一些分歧，她想学生物学，YSC想学3D建模。YSC的解决方法很简单直接："咱们两个不一块学就解决了，各学各的"。但是，陈碧玉想了很久，考虑到自己想去的那个俱乐部对她的吸引力没有那么强，而且她还能通过别的方法替代这个俱乐部，最后两人一起选择了"3D建模俱乐部"。除此之外，平时的相处中YSC帮助陈碧玉比较多一些，遇到拿不定主意的事情，陈碧玉总是让好朋友帮自己分析。两人日常相处比较愉悦，而且碧玉的妈妈很欣赏YSC，认为"她是个创新型的人才，在这点上两人可以互补，她俩在一起挺好的，碧玉能从她那里学到一些自己身上所缺少的东西"。

（二）5人的squad

走班制和书院活动虽然提供了不少交友机会，可以认识很多"新同学"，但平时安佳慧既要上课，又要上辅导班，还要组织或者参加活动，很少有时间去重新结交"新朋友"；她庆幸自己初中就读于F中初中部，有几位初中同学商量着选了同一个书院,组成了"5人的suqad(小团体)"。

5个人虽然性格不太一样,选择也不尽相同,但他们都是"特别优秀的人"。这个小团体的5个人,有两个人出国(安佳慧和小佳),一个人参加艺考(小艺),一个人走竞赛道路(小冰),还有一个人选择参加高考(小町)。小佳和小艺从小学就学习特别好,是作为学霸进入F中的;小冰主攻化学竞赛,安佳慧觉得她是女生里面表现最好的;小町虽然没有某一个学科特别突出,但是综合成绩非常好,学习成绩处于上游。总之,用安佳慧的话说,都是"实力派"。在认识这4个人之前,安佳慧一直觉得挺孤独的,甚至有点沮丧。虽然也有朋友,但大家关系比较松散,没有形成固定的朋友圈。进入这个小团体之后,她觉得状态好了不少,甚至让她觉得有了某种"归属感"。

安佳慧觉得,在F中想要生存下来,必须得有自己的小团体和圈子,除非一个人的自控力超乎常人。5人小团体里,4人初中都是一个班的,本就很熟悉,安佳慧跟她们这个班的很多同学都很熟,曾一起上体育课。这个班被打散后,安佳慧就和小町熟悉起来,而且她还和小佳参加了同一个俱乐部,两个人也逐渐熟悉起来,于是大家聚在一起聊天,就互相熟悉起来。到了高中之后,他们选了同一个书院,还一起上同一位数学老师的课,几个人坐在一起学习。数学作业有时候让大家"头疼",需要他们讨论,于是他们就建了一个微信群,群名叫做"勤奋爱学习",从此"5人的squad"正式形成。

她们经常一起上课,一起吃饭,一起到图书馆自习,一起讨论学习问题,大家都是为学习而聚在一起,彼此关系纯洁无瑕。在安佳慧看来,虽然"小团体成员的价值观不一定完全一样,但是大家很聪明、很理智,情商很高,遇到问题彼此很容易沟通,不会出现什么大的矛盾,也基本上没有吵过架"。安佳慧觉得像她们这样的小团体在书院里并不多。虽然书院里有各种不同的小团体,但是他们之间经常面临各种矛盾,导致小团体破裂。

"5人的squad"平时交流最多的是学习方面，至于说其他问题，如心理和情绪上的问题，安佳慧更多是跟家长沟通。高一心里失落的那段时间，她不怎么喜欢跟同学沟通，妈妈主动和她聊天才知道她的问题所在；高二快结束时，她压力很大，不喜欢和人交流，也是在妈妈的帮助下，她的心理问题才得以解决。

（三）活泼不死板

温可心是一个喜欢被朋友包围的人，小学和初中，她身边总是有一群好朋友，关系比较紧密。交朋友是温可心进入高中后面临的一大挑战。整个初中就只有两位同学考到了F中，刚来的时候可心一个人都不认识，身边的很多同学要么是F中初中部的，要么是分校初中部的，要么是其他学校过来的，看到他们互相打招呼聊天，自己感觉特别无助，没有朋友一度让她有种"孤苦伶仃"的感觉。不过温可心并不是"坐以待毙"的人，事实上她是一个善于与人沟通的人，她的妈妈并不担心她在学校的人际交往，"无论何时何地，无论在什么环境下，她都很善于与人打交道，只要她愿意"。

知女莫若母，其实温可心在军训时就表现出高超的人际交往能力。军训期间，学校安排每次吃完饭后轮流收盘子，但是温可心每天都去干活儿收盘子，有时她还给后厨的人帮厨，于是就跟后厨的人逐渐"混得很熟"，他们经常给她吃西瓜，每次她总是叫上室友一起。结束一天的疲惫，温可心会引导舍友聊一些轻松愉悦的话题，大家都喜欢她的"活泼爽朗和热情大方"，她很快就和大家熟悉起来。

温可心喜欢把朋友撮合在一起，形成了一个联系比较紧密的"小圈子"。这样做让她感觉很开心，而且很有成就感。温可心周围总是聚集一帮"小姐妹"，只要有空，就是相约一起出去玩。显然，她是这个小团体的潜在Leader。

这个小团体基本上都是一群"性格活泼的人"，都是G书院的同学，他们的兴趣爱好非常相似，有自己的课余活动和社团。他们有很多共同语言，尤其是女生之间经常在一起聊化妆品、衣服、明星八卦和学校八卦等。当然，温可心也注意到身边其他圈子的同学：有的人"天天窝在沙发上打游戏，而且还特吵"；有的人"总是不来学校，上课老请假"；有的人"一心学习，基本不参加活动"。在她看来，他们的生活"其实是跟整个氛围脱节了"。

除了自己的小圈子，她跟其他同学基本上没有什么交流，大多数人有和自己类似的小圈子，她觉得"物以类聚，人以群分"这句话非常有道理，只有性格、兴趣相似的人才能玩到一起。她自认为属于有个性但整体上跟环境能够融合在一起的类型，她不会因为学习而压抑自己的个性，因为F中并非只有学习，还有各种活动，学校"资源丰富、平台宽广"，她想兼顾，想要全面发展，而不是只会"死学习"。

（四）搞竞赛的这帮人

那间作为物理竞赛学习基地的地下室就是董物竞在学校的核心朋友圈子经常光顾的地方。董物竞也曾想过自己朋友圈的问题，他发现从小学到初中再到高中，他的朋友圈渐渐从"打游戏"向"搞竞赛"转变。

董物竞在学校的几个好朋友都是一块学物理竞赛的同学，他们勤奋好学，有人还在北京市的竞赛中拿到了不错的名次。他们会就竞赛和学习问题进行互相讨论，毕竟经常有一些难题需要彼此沟通和交流，平时也会互相开一些玩笑，聊几句八卦增进情感。除此之外，朋友之间的其他交往并不多，跟"圈外人"的沟通则更少。

在董物竞看来，"人际交往这件事情非常复杂"，他更喜欢简单的生活，不愿过多涉入复杂的人际关系之中，这一点和他妈妈的风格很相似。在教董物竞写作文时，她的原则是"越简洁越好，一定要讲清楚事实和逻辑"：首先，选材要真实，一定要来自现实生活；其次，注重逻辑，文采好坏无所谓，但是要把事情讲清楚，要把道理说得简单明白。在妈妈的锻炼和引导下，他的作文写得还不错，逻辑清晰，语言流畅。但是后来，他渐渐地不喜欢写作文了，他喜欢逻辑性更强的数学和物理，大部分时间和精力都放在这些科目的学习上，尤其是决定参加竞赛之后，他根本没有时间去参加一些社交活动，也就渐渐不喜欢社交活动了。他现在的社交活动仅仅停留在一个非常小的、必要的圈子内——"搞竞赛这帮人"。

在董物竞的朋友圈里，大家的成就感主要来自学习成绩，"考得好就挺有成就感的，而且圈子里的人会'互膜'（互相膜拜），这种膜拜虽然有时候并不是特别健康的东西，但有时候也挺好的，能够激励人不断前进"。董物竞的意思是，圈子中会存在竞争，这种竞争大多数是良性的，能够促进圈子的人相互学习；有时候竞争可能出现问题，会破坏朋友之间的某种关系。毕竟，一旦有竞争，就会有嫉妒，虽然不一定明白地显现出来，但会造成一种若隐若现的后果。圈子里也有人会有一些体育爱好，但整体上，"真正学竞赛的人主要还是以学习为主，把成绩视为自己的存在感和价值的体现"。成绩好，就是他成就感的来源，也是快乐的来源。

（五）好朋友在校外

在谈到什么是朋友时，宁无伤毫不犹豫，"朋友就是你遇到困难时会帮她的人"。在F中她没有一个可以无话不谈和同甘共苦的好朋友，与个别舍友关系尚可，和书院几个同学也关系不错，他们都称得上是朋友，但不是最要好的朋友，因为他们之间"不谈心，做不到互相理解"。她的朋友一直不多，而且，"最好的朋友在校外"——自己初二时的同桌SWY。

相较于小学的孤独和没朋友，初中时宁无伤一开始不缺朋友，她在班里表现得开朗热情而且又担任班长，很快就有不少人和她熟识起来。她以为自己交到了一些朋友，但后来发现，有些和她成为朋友的人，是想要依靠她班长的职务获得某些资源；另外一些表面上假装和她成为朋友，但是背后却对她议论纷纷，有好几个同学一开始就是以"朋友"的名义和她相处的，但是后来却和她分道扬镳并且背后还会对她恶语相加。只有SWY，这个初二成为同桌后慢慢熟悉起来的女孩才是她真正的朋友,两人彼此理解,相互扶持。就算有时候"她不能一下子理解你,她也会愿意尝试着去理解你",虽然现在两人不在同一所学校,但两人总是"同病相怜",还是经常找时间谈心聊天,彼此鼓励、互相安慰。

在F中,宁无伤没有认识太多新朋友,有时候会和同一个初中毕业的学姐王小月,以及后来同样"校额到校"的学妹学弟联系。另外,在宿舍,舍友之间的大矛盾不多,但一些鸡毛蒜皮的小事儿却经常让她闹心。

宁无伤是一个非常守时而且遵守信用的人。和人约定好的时间她从不迟到,答应别人的事情一般她都会尽力完成,但是约定好的事情室友却经常"放她鸽子"。例如,本来约好中午下课一起去吃饭,室友却因为临时有别的安排就告诉她不吃饭了;定好下午放学后去上自习,室友看到想参加的活动就又丢下她一个人去自习了……类似这种事情并不少见,宁无伤觉得虽然彼此关系不错,但是她仍然非常介意这些事情,她受不了别人总是不遵守约定,放她鸽子。有一段时间她甚至会因为这些事情而情绪崩溃,这种感觉和自己段考没考好是一样的,让人非常沮丧。

除了被"放鸽子",让宁无伤介意的还有被"抢零食"。周末结束后回学校她习惯带些零食,有舍友总是毫无顾忌地要"分享"她的零食。宁无伤觉得不舒服,她认为和对方关系没有亲密到那种程度,而且在相处中她总是"有付出和分享但是没有回报,心里也觉得不平衡"。她偶尔会反思自己会不会有些过于计较,毕竟这些只是一些再小不过的事儿,然而对方却堂而皇之,"我能够花最少的钱,吃到每一样东西,因为你们每个人都给我分一点,并没有损失多少"。宁无伤讨厌这种论调,打消了自我反思的念头。有一天宁无伤胃炎犯了没吃晚饭,休息过后带了份盒饭回到宿舍,然而,"那个女生还要抢,我看到你的丰盛晚餐了,好想吃一口,你给我吃一些好吗?"想到自己本来身体就不舒服,对方还来跟自己抢吃的,宁无伤有一些生气,直接拒绝了。这是宁无伤第一次明确拒绝,不过很多时候她发现自己总是"磨不开面子去对别人说不,不懂得如何拒绝"。主

要是她不想把关系搞僵,但"总有人想去触碰你的底线",于是她也只能慢慢学着如何优雅地拒绝。

三、小结:关系的"逆转"与"区隔"

"师者,所以传道、授业、解惑也。"韩愈在《师说》一文里对教师角色的描述可谓是传统教师角色最直接的概括,这也是一套中国传统的"尊师重道"文化的体现,里面包含了深刻的师生相处之道。在传统师生关系中,教师是作为一个引导者的角色存在的,教师不仅要"授业解惑",更为重要的是承担着"传道"责任。教师对学生的引导是一种"教化性权力"[1],表现为一种教师权威,因为孩子们所要学习的一套我们称之为"文化"的东西,是先于他们而存在的,它不是经过儿童的"同意"而存在,所以教化的过程不是"民主"的;当然也不能说它是剥夺和强权性质的,因为它不是成人为自己的利益而剥削孩子的工具,而是为了让孩子们能够在这个世界上生存生活而进行的。正如费孝通所言:"教化过程是代替社会去陶炼出在一定的文化方式中经营群体生活的分子。担负这工作的,一方面可以说是为了社会,另一方面可以说是为了被教化者,并不是统治关系……凡是比自己年长的,他必定先发生过我现在才发生的问题,他也就可以是我的'师'了……每一个年长的人都握有强制年幼的人的教化权力。"[2]"尊师重道"的师生关系并不以"民主"为特征,教化的过程不是民主的,而且教师是代表整个社会行使年长一代的教化权力,那么教师和学生之间的关系也就不是一种同意式的契约关系。

随着时间推移,传统的师生关系面临着一些挑战,如学生的积极性和主动性可能被限制的问题。再加上现代教育中出现的"应试主义倾向",教师和学生之间的关系发生了变化:变成了以知识积累为目标的

---

[1] 费孝通.乡土中国[M].北京:人民出版社,2008:73-84.
[2] 同[1]:82-83.

"传递—接受"式关系。在这个过程中教师逐渐变成了一种绝对的权威，学生的提问和质疑往往被看作是对教师的挑战，师生之间的教育关系发生扭曲。这样的教育往往被描述为压迫性的、强制性和灌输性的，师生关系被描述为以教师为中心，师生之间存在着严重的"不平等"。

为此，在新的学校教育改革中，"教师应尊重学生的人格，关注个体差异，满足不同学生的学习需要，创设能引导学生主动参与的教育环境，激发学生的学习积极性，培养学生掌握和运用知识的态度和能力，使每个学生都能得到充分的发展"❶。教育中师生民主平等的理念被一步步确立起来，而在教育教学实践中也引发了一系列师生关系的变革和变化。例如，对于教师的评价更多引入了学生和家长的评价，这些评价也直接与教师的薪资收入挂钩；"走班制"与"选课制"逐渐被学校设立，教师开设的课程要尊重和保护学生的"兴趣"，尊重学生的"个性化"选择，教师最关心的事情之一是自己所开设的课程能不能让学生"满意"。教师开始自愿或者被要求树立"以学生为中心"的意识，原来教师主导的教育教学变成了"以学生为主体"。总之，学生占据了教育教学的中心地位，学校教育"一切为了学生，为了一切学生，为了学生的一切"，而师生关系发生了极大的逆转，教师权威在一定程度上面临着被"消解"的危机。

然而，正如涂尔干指出的，"教育是年长的一代对尚未为社会生活做好准备的一代所施加的影响"。❷教师是社会道德人格的代言人，教师权威是教育得以可能的基础。教育权威本质上既不是暴力的，也不是压抑性的，它完全是一种道德的优先性。因为，权威来源于人们对这个社会（世界）的责任和内心的信念。简单来说，权威的存在是教育必不可少的基础，权威的消解将会直接导致教育的危机。当前教育中的许多问题都和权威的失落或消解有莫大的关系，如屡见报端的师德败坏的问题、教师社会地位低下问题，尤其是我们上面所提到的师生关系的变化，一方面是由权

---

❶ 教育部.基础教育课程改革纲要（试行）[EB/OL]（2001-06-08）[2023-07-04]. http://old.moe.gov.cn/publicfiles/business/htmlfiles/moe/moe_309/200412/4672.html.

❷ 爱弥尔·涂尔干.道德教育[M].陈光金，沈杰，朱谐汉，译.上海：上海人民出版社，2006：235.

威失落所带来的结果，另一方面也消解着教师的权威。因此，我们不得不思考，在纠正过去教育中师生关系问题的同时，是否存在着矫枉过正的倾向？

同样值得讨论和反思的还有同学之间的关系。过去的"班级制"通过一种近乎强制的方式让不同的学生"在一起"，学生之间由于共同目标和共同的学习活动集结在一起；在每个人之外有一个班集体和班主任（包括其他教师）的权威，在人与人之间会因为长时间的相处形成一些稳定的竞争与合作关系。而现在，"和谁一起学习，和谁一起参加活动，和谁交朋友"都是由学生"自主选择"的，外在既没有班集体、班主任和教师的权威，学生之间又缺乏长时间相处和某些共同的学习经历。正如学生在访谈中所指出的那样，"想要和 个人疏远很容易，就像你想要和 个人熟悉起来很容易一样，有N+1种方法"。

在宽松和多元选择的氛围下，有的学生因为擅长社交、喜欢社交、积极主动而拥有各种各样的朋友，有的学生却因为不善于表现自己、内敛沉静、自卑内向而无法交到朋友。虽然传统学校中，学生也会自发形成不同的结合，但是现在由于学校提倡的"不同方向的规划"，学生之间形成形态各异的小圈子，而且圈子与圈子之间经常"互贴标签"，如"高考党""出国党""竞赛党"等，这无疑加速了学生之间相互"区分"的过程。而这"不同的方向"就像布尔迪厄说的"兴趣"❶，它是学生的"社会存在"（家庭出身、社会心理和文化风格等）和"惯习"在学校环境中的展现，也是界定着学生在学校的各种选择、为人处世及价值观，这些东西界定了与"他们""别人"相对立的"我们"的原初默契，也是大家在分类系统中不断进行组合（同一类人）和排斥（不是一类人）的基础。

---

❶ 苏国勋，刘小枫.社会理论的政治分化[M].上海：上海三联书店，2005：281-282.

第七章　不可选择：家庭及教养方式

　　F中的确资源丰富。如果家长能够去关注和利用这些资源的话，孩子可能会走得比较好一些。学校提供这么多资源让你选择，你有什么想法，你要做什么，需要自己去决定。我觉得很多家长可能把关注点放错了，他们对学校的要求太多了。

——F中家长HLY

　　如果家长对学校比较了解，他会更多地支持孩子，如果家长一开始什么都不知道，就会比较焦虑。我也是刚刚才研究透，一开始不知道怎么回事，完全摸不着头绪。别人选学校选书院，父母都很积极，我整个就是一塌糊涂。

——F中家长ZWY

　　通过前面的分析可以看出，每一个学生选择的背后不单单是学生自己在选择，而是受到家庭力量的影响。不得不承认，家庭的力量已经在参与，甚至"主导"学生在学校的各种表现，无论是成绩还是其他方面。而且，家庭参与表面上来看是家长与学校及教师的沟通，其实家庭的干预力量是更加长期和内隐的，即在于家庭对学生选择的引导和干预，以及对学生性格和行为习惯的长期培养。简单来说，家庭教养方式不同，会影响到学生对学业学习和学校生活的适应性。具体来说，与传统学校相比，在一个自由宽松和开放的教育环境中，家长的角色有什么变化？学生在家庭教育和学校环境双重作用下遭遇的困难又是什么？

一、家庭：教养方式与习惯

"儿童成长的环境及其生活经验，会影响儿童早期发育的各个方面，从大脑结构的发育，到孩童的同情能力，都会受到影响。这种影响是潜移默化、不断叠加的。"❶父母对孩子的影响从孩子一出生就开始了，而且这种作用是长期的和深层的，包括对孩子人生目标的确定和规划，对其认知和判断力、情感和社交能力，以及行为倾向的影响。例如，在F中，有的学生在入学前就确定了毕业后的道路和目标，这当然是家庭长期准备的结果；有的学生选择书院、参加活动都经过了家长的参谋、帮助；甚至有的学生写作业都需要家长一起参与和完成。当然，也并不是所有的家长都会选择"积极参与"学校对学生培养的过程中去。参与度低的家长，他们认为不应该过分干预学生的学习而保持一种开放和支持的态度；或者认为孩子学习是教师的事情，他们更专业，自己无能为力；或者出于对学校的信任，对学校教育权威的服从。

为了描述家长的教养方式对学生自主学习的作用，我们按照参与度（高/低）和对学校教育改革的了解程度（透彻/模糊）两个维度，对家长的类型做一个大致分类（图7.1）。

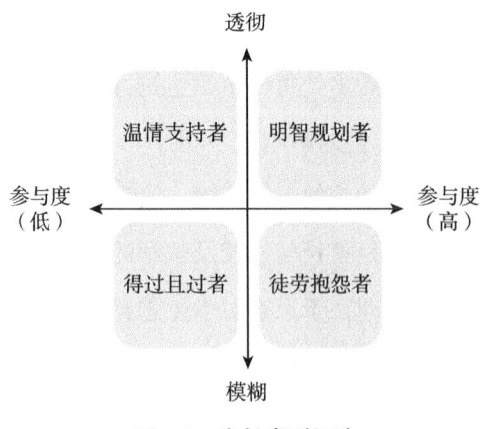

图7.1 家长类型矩阵

---

❶ 罗伯特·帕特南.我们的孩子[M].田雷，宋昕，译.北京：中国政法大学出版社，2017：123.

需要注意的是，每一个家长的具体类型不是固定不变的。例如，有的家长一开始对学校制度和资源不了解，学生的表现不如自己的期待，家长就总是抱怨，后来逐渐明白学校的制度环境之后就会有所转变——尽管仍然对学校不满意，但是会想方设法帮助孩子积极规划自己的学习和生活。

（一）明智的规划者

这种类型的家长对孩子的目标规划比较清晰，从小到大注重对孩子的精心培养，有意识地培养孩子的认知能力、社交和情感能力、自律性和自信心等各方面的素质。他们提倡或信奉"科学育儿"，重视对孩子学习和生活习惯的养成，如通过学习相关的育儿理论来丰富自己的教养知识，是典型的"学习型"和践行精致教养方式的家长。而且，他们花费心思研究学校的情况，对学校的整体制度和环境了解非常透彻，能够合理利用学校的资源达到为己所用的目的。同时，他们尤其注重同孩子之间的关系，提倡跟孩子建立友好亲密的关系，表现出对孩子的尊重，但实际上他们会通过各种方式最终影响甚至主导孩子的选择和决策。

陈碧玉妈妈是一所大学的临床医学专业的教授。她出身于一个平民家庭，母亲是小学教师，爸爸是会计。很小的时候她就明白想要出人头地实现理想，就需要努力学习，通过学习改变命运。她勤奋好学，从不懈怠，每天早上5:00起床在家看书学习，在学校表现也相当积极，成绩优秀，深受教师喜爱。后来她又考上大学，读硕士、博士，每一步都踏踏实实、稳扎稳打。博士毕业后留校工作了两年，但是这份工作并不能让她安心，她在这里"觉得自己挺怀才不遇的"。于是她毅然决然辞去工作，在陈碧玉1岁多的时候带着她奔赴美国留学，完成了博士后阶段的学习并被聘为研究助理。回国后被所在单位聘为副教授，顺利跻身名牌大学教师行列。陈碧玉爸爸出身农民家庭，家境贫寒，但是他聪明过人、勤奋刻苦，本科和硕士学的是工程类专业，现在是一家工程公司的老板。

陈碧玉妈妈强势而有主见，她认为在对孩子的教育问题上父母不能发出"不一致的声音"，否则孩子就不知道该听谁的，而且父母的权威也会大打折扣。于是在陈碧玉的整个教育过程中，爸爸从没有跟妈妈发生过冲突，他不但不干预而且很配合妻子对孩子的教育。事实上，陈碧玉的确和妈妈更为亲近，她自认为性格也更像妈妈，跟爸爸之间会有"观念上的冲突"。只是当她单独和爸爸待在一起的时候，虽然两人也会挑几个"可聊的话题"，但是话不多，不像跟妈妈似的"交流旺盛，无话不谈"。

母女俩之间的关系的确比较亲密，沟通的频率也非常高，陈碧玉在学校发生了什么事情总是会告诉她，而她也乐于知道陈碧玉在学校的各种表现。但是，她深知"独立"对一个人生活、学习和成长的重要性，所以总是在尝试着"把选择权交给孩子"。跟孩子讲清楚她可以提供的帮助，然后把"决定权"交给孩子，当然她知道这并不是一件容易的事情。因为她感觉到陈碧玉在很多事情上总是要征求她的意见，经常会看她的"脸色"行事。为了更好地支持女儿，跟女儿保持同步进步，陈碧玉妈妈不断督促自己加强学习。她支持"做父母的要加强学习，尤其是要向孩子学习"这一理念。当今社会的迅速发展和快速更新迭代，使她愿意和女儿聊各种问题，这样她跟时代就不会脱节，例如，她有时候还会特意"借她（女儿）的那些表情包用"，以防止跟年轻人之间有过多代沟，因此她一直保持一种"乐于学习"的态度。

陈碧玉妈妈清楚地意识到，和自己过去就读的中学相比，F中已经发生了很大的变化。她们这代人大多是从"管理严格的压迫式学习"模式中成长起来的。例如，"衡水中学"，她不希望女儿再经历她所经历过的"痛苦"，心里特别愿意自己的孩子去F中这样的学校，而且孩子也确实能从学校中受益。F中鼓励学生"自主选择"，让孩子意识到"学习是你自己的事情"，从客观资源和制度上给孩子提供很多机会，这是她特别看重F中的一点。当然她也深知：虽然是学生在选择，其实这背后需要家长的全程支持与高度参与，包括孩子在学校各个方面的学习、活动的参加、目标和个人未来的规划，以及最基本也是最重要的一些学习习惯的养成。她庆

幸自己在大学从事研究和教学工作，对教育领域的情况还算比较熟悉；也庆幸自己很早就开始阅读心理学的书籍，给女儿养成了良好的习惯；更庆幸自己有一种保持不断学习的开放心态。

陈碧玉妈妈很欣赏罗杰斯"人本主义理论"中"有条件地积极关注"的理念。受益于此，她经常采用"鼓励式"的策略帮助陈碧玉不断树立自信，找到自己的位置。陈碧玉算是比较让人省心的孩子，从小学开始她就表现出"乖巧"的特点，很受教师喜欢，陈碧玉的成绩一般处于班里前50%的水平。如果考试没考好，陈碧玉会比较难过，告诉妈妈自己"考得特糟糕"，实际上妈妈知道她也不会考得特别差，只是没有达到自己预期的结果。在这种情况下，她绝对不会说一些否定或者打压孩子的话，首先她关注女儿的情绪状态，然后鼓励并安慰陈碧玉，接着和陈碧玉分析"为什么没考好，是训练的次数不够，还是粗心了，或者是考的内容还没有复习到"，找到原因之后再"对症下药"。考得好的时候妈妈当然很高兴，妈妈会鼓励陈碧玉，不断地给她一些自信，让她获得成就感。当然，她也会趁势帮陈碧玉分析哪些地方还可以做得更好，如"如果你这两科再考好一些的话，你可能是班里前十"，她就这样一点一点帮女儿进步，让女儿建立自信。直到初二之后，在学习方面她就基本不用再去操心了。陈碧玉已经进入到班级前10%这个层次，她知道自己学习成绩好，知道自己的位置以后，她就会想办法保持"。这时陈碧玉妈妈不是提醒或者鼓励女儿在学习上继续往前冲，而是督促她跑跑步，锻炼身体，减轻一些压力，如她会告诉女儿"我觉得985挺好的，其实211也不错"，给女儿一些减压。

"家长就像是一个橡皮筋儿，孩子松的时候你要给她紧一紧，孩子紧的时候你要给她松一松，这是一种平衡的艺术"，陈碧玉妈妈毫不吝啬地分享着她关于如何调节女儿压力的策略。她认为要做到这一点，"说难也难，说容易也容易"，关键在于家长是否能够做到两点：第一，对孩子"有条件地积极关注"，站在孩子的角度去考虑问题。第二，帮助孩子找准自己的位置。

陈碧玉妈妈其实从陈碧玉很小的时候就已经开始和她探讨关于未来人生规划问题了。而且，她非常看重通过"客观认识"找准位置和目标。在她看来，女儿各方面都挺不错，成绩（文科和理科）、社会交往、组织能力，包括性格、情商等各个方面都有不错的表现，是一个正在"全面发展"的状态。不过，陈碧玉在艺术上似乎有一些天分，但是妈妈坚持认为这条路是走不通的。首先，虽然现在女儿有兴趣，但是不是发自内心的真正喜欢，这个并不确定。其次，她判断艺术这条路并不是那么好走，将来这个行业的发展和竞争都会非常激烈。最后，也是最重要的一点，她和陈碧玉爸爸在这方面完全帮不上忙，除了依靠女儿自己的努力，他们没有办法支持她走这一条路，因为两人没有一人从事与艺术相关的工作，也没有这方面的社会资源。

陈碧玉妈妈认为："孩子之所以有个性是因为受了家庭的影响。学校再怎么努力，家庭的色彩已经烙在孩子身上，这是个底色。"例如，一谈到跟生物学或医学专业相关的知识，女儿很明显地会表现出冲动、热情，或者会有一种非常独特的情愫在里面，这些就会影响到她的行为，这是因为妈妈是研究医学的，她就会受到妈妈的影响，包括陈碧玉现在在学校从事的生物项目，做这些让她觉得跟妈妈有共同的"沟通语言"。顺理成章地，陈碧玉未来的专业选择和职业规划便定位在生物学或医学领域。虽然妈妈并不想强加给女儿什么，但是母女俩一直不间断地在讨论这件事。妈妈会清晰地告诉她，医学院的好处在哪里，"读一个临床医学专业出来，再去跨越其他的学科都是可以的，因为医学是个很开放的专业，它可以跟很多东西都跨越并结合起来，如医学信息、医学心理、药物学，包括医学人文都可以。另外，关注人类的疾病与健康是一个刚需，所以医学是一个比较永恒的专业。当然，如果学医的话，我对她的帮助可能会多一点"。

在具体目标上，陈碧玉妈妈的原则是：给孩子确立的目标最好是力所能及的。她了解女儿，"像她这么优秀的孩子，很容易受到环境的影响，给自己制造压力。如果在一个环境中总是感受到压力而得不到释放的话，

自信就会出问题"。她不想给女儿太大压力,所以就会设定一些比较容易达到的目标,努力能够得着,不能设定一个遥不可及的目标,这样会让孩子有挫败感,长期下来对她的身心健康成长是不利的。因此她会根据陈碧玉每次的成绩来设立目标。

在谈到什么是成功和优秀的时候,陈碧玉妈妈认为,不管是选择学校,还是选择专业,你所选择的东西是自己喜欢的而且擅长的就是成功的,越是充分满足这两点,越能够站在这个领域最顶尖的位置上。当然,其他的附加东西如金钱、财富和地位也就不成问题。不管做任何一个职业,对她来说,"能做到最顶尖的那一拨",而且是自己长期喜欢和擅长的,就是她所追求的成功,也是她对女儿的期待。

(二)温情支持者

正如绪论中提到过的,温情的人文主义者是新课程改革的重要推手和拥护者。这种类型的家长奉行"人文主义"价值观,他们提倡与孩子之间建立尊重、包容、平等的关系,倡导自由教育和宽松教育,希望孩子拥有轻松愉悦的学习经历。他们支持教育改革中的"个性化学习"和"自主学习",对学校的环境持理解和支持的态度。他们反对"棍棒教育",不喜欢严格的管束,也不像"明智的规划者"那样既拥有清晰的目标,又具备长期的"精细化教养"经验。为此,虽然他们支持自由教育,提倡快乐学习,但并不代表他们没有担忧。他们其实很清楚改革之后的环境对于孩子高考是有影响的,只不过对于有所选择的他们来说,高考似乎不再是"决定人生命运的大事儿",这方面的焦虑才得以减轻。

温可心的爸爸是学财务会计专业的,大学毕业后被分配到北京一个大型国企做会计,工作几年积累了一定资金之后自己开公司,公司逐渐小有规模,前景很好。温可心刚上小学的时候爸爸开始创业,一直在外地出差,几个月才回来一次。整个小学期间,一直是妈妈送温可心上学。升入初中后,爸爸的公司进入了稳步发展阶段,空余时间会多一些,于是才有更多

时间陪伴温可心。爸爸喜欢历史，从女儿懂事起，每次开车带她出去，总是喜欢给她讲各种中国的历史故事。于是温可心从小也很喜欢历史，小学时就看过很多类似《吴姐姐讲历史故事》这类书籍，对中国历史很有兴趣。为此，温可心在历史学习上收获不少，历史成了各个科目中的强项。

爸爸过去比较忙，主要是妈妈在陪伴她。温可心妈妈也是学财务会计专业的，毕业后在当地的一家单位做会计。

温可心爸爸和妈妈从来不当着女儿的面吵架，两人偶尔在孩子面前有争论也会很快停止，尽量私下解决。而且，他们从来不在女儿面前表达自己对对方的负面评价。爸爸一直告诉温可心："不管爸爸妈妈之间有什么矛盾，处于什么状态，妈妈是爱你的，爸爸也是爱你的。"在温可心父母看来，孩子是一个独立的个体，大人之间的情绪不能传染给孩子，必要时需要控制自己的情绪，不能说爆发就爆发。还有一点他们认为非常关键：安全感很重要，一定要给孩子一个稳定的、持续的安全感，建立信任和依赖。每天晚上吃饭时，爸爸总喜欢问她在学校的一些事情，温可心把学校发生的快乐事或者烦心事和他们说，她讲的一些趣事经常把爸爸逗得哈哈大笑。有空的时候，一家三口自驾游，开车的过程中爸爸依然给温可心讲历史故事。

爸爸妈妈教育的原则是：自由、尊重、包容和顺其自然。平时他们设立的限制很少，给温可心最大限度的自由和空间，她做很多事情他们都会表现出理解和支持，即使是在学习上，父母管得也不多。温可心对比身边一些同学的父母管得又多又杂，自己父母给她的自由和尊重让她开心和愉悦。

温可心的父母从来不会跟在温可心屁股后面督促她做各种规划。他们知道有的家长会把大部分精力放在孩子身上，去约束孩子，帮助孩子培养学习习惯和制订学习计划，如从几点到几点做什么事情，做完一项打钩一项，直到把"计划表"完成。温可心的父母认为如果用这个标准判断的话，这样的父母一定不是"合格的家长"。这方面他们习惯于"顺其自然"，但是有一点他们认为很重要："对女儿要有信心，无条件地信任她。"

小学时候的温可心并不是存在感很强的孩子,她的好多朋友担任班干部、大队委,获得"三好学生",这些都没她的份儿,父母和教师的沟通和交流也比较少,整个小学阶段温可心的存在感都是比较低的,但是她玩儿得比较多,即所谓的"快乐成长"。即使是成绩表现并不突出的情况下,温可心的父母也一直在心里坚定地相信女儿是可以的,各方面是没问题的。随着温可心年龄增长,初中之后她变得越来越优秀,受到的关注越来越多,在四五十个孩子组成的团体中,即使低着头,她也能被发现。温可心妈妈总结道:"我一直相信她的能力是没问题的,你不觉得对她的信任很关键吗?有的时候你完全信任一个人,相信她能做到,她真的就可以做到。"她和温可心爸爸都是打心眼里相信女儿的,而且在他们的经验和认识中,没有什么是不可能的,包括考上一个理想的学校,找到一份合适的职业,在社会上最终所处的阶层和位置。甚至是"追星",温可心妈妈认为没有什么不可能,她告诉女儿:"你和偶像之间是平等的,他并不比你高人一等。"

他们还重视温可心自立能力的养成。他们经常允许女儿单独坐火车回老家,虽然爸爸和妈妈的老家分别在两个地方,而且相距甚远,但是两边温可心都会回去。他们经常会有意无意地告诉女儿想要什么东西要靠自己去争取,现在拥有的东西是他们亲手奋斗得来的,从来没有靠继承父辈的人脉和资源去获得一些东西,主要靠自己。他们觉得温可心以后能自己养活自己,能自给自足就可以了。

父母一直很鼓励和支持温可心跟同学朋友搞好关系,也欢迎她带着朋友来家里聚会。他们认为,即使是成人,社交需求也必不可少,更别说孩子,他们正处在成群结队的年龄,不让他们结伴是很困难的事情,他们有这种需要,朋友之间互相帮助、互相陪伴是非常有必要的。而且,现在孩子都是独生子女,有朋友,孩子不容易感觉到孤独,有人安抚和陪伴情绪能够更好地得到纾解和释放。

在教育方法上,他们很看重实践和经验,认为眼界和圈子(平台和资源)很重要,而获得这些的直接途径就是实践和亲身体验。有时候他们会

刻意带温可心去看一个公司是如何运营的。他们觉得很多家庭对孩子的教育有些抽象，孩子对社会产生不了具体的、形象的感受，这个社会到底是什么样子的，孩子并不知道。她对女儿的期待和要求是"希望你能够亲手做出来，而不是有一堆想法却什么都做不出来。我更关注的是你能否做出来，实践出来，做出来一定比想出来更重要。"温可心妈妈和一个朋友合伙成立一个新公司，前期办公室装修和布置，她会叫上温可心一起去，挑选装饰、家具、摆件等。温可心爸爸有空的时候还会带着温可心去他的公司和办公室参观和学习。一次，爸爸在没告知妈妈的情况下，带着温可心又去了办公室，颇为正式地给女儿上了一课，花了40分钟讲了一下《中华人民共和国企业所得税法》。而且，温可心爸爸还建议她假期可以去自己的公司打工，干点实际的事儿锻炼锻炼。

在未来的规划上，父母尽量不给温可心压力，他们也没有要求温可心必须考一所多高水平、高层次的学校。他们觉得女儿现在其实没有太多压力和焦虑，看到女儿现在在学校充实愉悦的状态，他们总体上认同和支持F中的教育模式，尤其是人文类课程及活动对孩子整体性格的塑造和个性的培养。她不是F中的拥趸，也有自己的反思和担忧。首先，高考现在整体上还是一种应试教育的结果，F中的模式是"2+1"，前两年散养，最后一年回归应试走向高考，她不知道这种模式对孩子的未来会有多大的影响。其次，F中似乎给学生营造了一种比较理想化的社会，这样培养出来的孩子是否会过于自信或单纯，他们走出校门进入社会以后会不会有很多弯路要走？孩子们或者太过于特立独行，或者太过于眼高手低而不太适应真实的社会？她坦言在这些方面她还是会有一定的担忧，所谓的"又有欢喜又有忧"。

纵使有担忧，他们也不会将高考当作女儿"出人头地"的"独木桥"，所以并不要求温可心考特定的某几所名牌大学，但是他们认为好的大学就意味着好的平台，进入一个好的大学就意味着孩子的眼界会不一样："我们承认不同大学之间的师资是会有差别，但是授课内容差别不会太大，对成绩的影响也不会特别大，大学之间最大的差异是资源。大学对于学生来

说最重要的是眼界和圈子,好的大学给你提供的平台会更大,你的眼界会更开阔,你接触和见识到的东西就不一样。"包括在选择F中上,他们看中的并不是完美的"应试体系"——规规矩矩、条理分明,而是以"漫不经心"的方式呈现出来的人与人之间的交往,以及学校的平台和资源。

谈到什么是成功和优秀的时候,温可心的妈妈云淡风轻地说:"我觉得起码你要让自己在社会上生活得比较体面,没有那么艰难,各方面能取悦自己,不管是物质还是精神方面的。我觉得取悦自己而不是取悦别人最重要,这不就是成功,还要什么样的成功?"并非你成为一个大学教授就意味着成功,这只能是学识方面的成功。但是,"往往越是高知的家庭会由于自己的优势地位和成功,反而更加焦虑,他们怕孩子超越不了自己"。在她看来,"高知人群并不决定一切"。由于家里一直做生意的关系,他们能认识不同阶层的人,也会接触很多优秀的人。在她看来,他们的眼界和视野、修养和水平"并不比大学教授差",他们觉得"年轻一代的前途更是不可限量,所以没有必要那么焦虑"。

(三)得过且过者

这种类型的家长看重孩子的教育,但是他们更多地将教育寄希望于学校。他们认为学校是专业的教育机构,教师是具备专业权威的,孩子的学习是学校和教师的事,在学校和教师的权威面前,他们甚至有一些妥协和退让,一般不会产生怀疑。或许是出于信任和依赖,或许是觉得自身知识和能力不足,他们对学校制度环境了解并不透彻,也不会积极主动地参与学校的教育过程。至于管教孩子方面,由于不够"科学"和"细密",他们总是倾向于选择"棍棒教育",而且也支持学校和教师对学生进行"严格管教"。他们对于子女的未来缺乏清晰明确的规划,更多的是看学校的教育和"子女的造化"。如果有对学校不满意的地方,他们一般不会反抗,得过且过。

宁无伤打小就怕爸爸:一是出生后爸爸比较忙,妈妈把自己带大,和

爸爸相处机会很少；二是爸爸虽然不轻易发火但是发起火来很吓人。从小有了心理阴影，害怕爸爸，直到小学六年级她都不怎么爱跟爸爸说话。到了初中，宁无伤懂事了，她觉得自己不应该这么对爸爸，她想起自己生病发烧，爸爸总是陪她去医院。她依然记得自己学朱自清的散文《背影》时内心那种自责和内疚，于是她尝试着和爸爸进行更多的沟通。但是随着中考临近，父母与宁无伤之间的紧张关系逐渐降温。父母希望宁无伤能够努力学习，考上一个好的高中，这样才有希望考上好大学，以后才能"出人头地，过上好生活"。

宁无伤没有辜负他们的期望，考上了有名的F中。父母脸上终于露出了笑颜。

在进入F中之前父母对于F中的了解仅限于"区重点"，至于说学校的环境和制度，他们一无所知，选课和选书院他们完全不知道是怎么回事，更不知道学校采取的是"信息化教学"，所有的学习和作业都要依靠电脑来完成。暑假收到选课的信息，一家人有些懵了，不知道该怎么操作，而且家里也没有可以使用的电脑。宁无伤求助了自己的学姐王小月，王小月曾经遇到过同样的问题，她告诉宁无伤，电脑是必备的。尽管生活并不富裕，父母给宁无伤买了一台笔记本电脑。宁无伤以前接触电脑都是计算机课上在教师指导下用的，很少单独自己使用，而且她对电脑也不太感兴趣，只能磕磕绊绊地学着如何使用。还没有进入学校，她就预感到自己可能将要面临不少挑战。

宁无伤是住宿生，每周回家一次，周末和父母在一起吃饭。宁无伤比较喜欢这个氛围，一家人在一起吃饭聊天让她觉得很温馨。周末她更愿意待在家里，愿意一家人在一起。

周末或者假期，一家人很少一起去外地旅游，一般都在家里或者附近游玩。赶上家庭聚餐时，宁无伤并不是那个"啥都不管，坐等吃喝"的孩子，她会主动帮大人做事情。除此之外，爸妈会趁机对宁无伤进行行为习惯方面的教育，如"如果大人不先动筷子，小孩子不能先吃饭，聚餐要等人齐了大家一起吃""见了长辈要问好"等。

除了道德行为习惯，父母也很在意她的成绩和排名。周末回来，他们经常会问宁无伤在学校的学习情况，但宁无伤往往和他们简单说几句就去写作业了。他们有时候希望可以有更多沟通，但是因为不知道该问什么，怎么问，聊天就戛然而止。他们坦言自己对学校的各种制度和教育理念不清楚，如查看孩子成绩的系统，虽然绑定了手机，但总是登录不上。另外，在课程学习上他们觉得自己没法给孩子提供更多的支持和帮助。在他们眼里，"这是教师的事儿，我们管不了，也不会"。虽然对学校的一些安排也不满意，如"家长会的安排比较混乱，没有解决自己的问题"，却没有提出任何质疑和意见。

在宁无伤未来的职业规划上，父母希望她以后能够"稳定"，可以从"银行职员、医生和教师这三个中选择一种"。他们知道宁无伤喜欢摄影，但是觉得以后从事这种职业可能"不太靠谱"，而且据说"艺考要花费很多钱"，所以他们并不支持无伤在学校参加摄影比赛的活动，觉得浪费时间。在他们眼里，"好好学习才是正道，整那些没用的对学习没有什么好处"。

在谈到什么是成功和优秀的时候，他们觉得如果宁无伤考上了一所好的大学，找到一份稳定的工作那就算是成功的。说到优秀，虽然他们也希望无伤能够"表现出众"，成为令人羡慕的"别人家的孩子"，但是考虑到"自己能给孩子提供的东西不多"，只要宁无伤能够过上"超过自己，工作稳定，收入不错"就可以了。至于说到自己，他们认为自己和"成功""优秀"这两个词"完全不沾边"，但是也没有想过再改变什么，"得过且过吧"。

（四）徒劳抱怨者

和"得过且过"类型有一点相似，"徒劳抱怨者"这种类型的家长认为，学校应该为学生负责，不能放任学生自由选择，应该实行比较严格的纪律管束，他们反对宽松教育。而且，他们大多是通过自己的努力奋斗获得目前的成就，认为自己有资格、有能力跟学校"据理力争"。在教育孩子方面，这类家长表现出强烈的控制欲，他们希望孩子能达到跟自己水平相当甚至是超越自己的状态，因此会对孩子表现出一些较高的"期待"和"要求"。当孩子的学业成绩表现不佳，或者不符合其期待时，就会引起他们的极大焦虑。但是，往往他们不会首先反思自己的教养方式问题，而是向学校发起"质疑"。有的家长会公开要求学校提供帮助和资源，有的家长会重新调整教养策略，有的家长仅是私下表达自己的不满、抱怨和焦虑。

宋自得的妈妈是从一个小乡村考上大学的，在学校各方面表现优秀，毕业之后被分配到地方政府机关工作。后来她自己又考取了985高校的硕士，申请了海外的博士，然后又在高校做了2年的博士后，目前从事科研和管理工作。用她自己的话说："从小到大我一路都红得发紫，放在今天就是众人眼中别人家的孩子。"宋自得的爸爸和妈妈是老乡，大学毕业后他又在985高校读了硕士，毕业后被分配到地方政府机关工作，因为工作出色，被调到北京工作。

宋自得的妈妈是一个很有主见、很要强的人，大学毕业工作后在父母都反对的情况下她毅然决定辞职读研，然后又坚持读博，完全自己做主。后来申请博士后时，在年龄超过界限被拒的情况下，她凭借自己的各种能力最终打动了导师，也和导师一起说服学院领导通过了申请。她相信"只要你想干什么事儿，就不要想那么多，不要害怕，下定了决心就一定能干成"。不管是在工作上，还是在家庭，她都表现得较为强势，工作她一般都能完成得很出色，颇受单位领导信任。家庭里很多事情也都是她在主导，从小到大在对儿子的教育方面，一般都是宋自得妈妈在负责。

宋自得妈妈很重视儿子的教育，但是也坦承自己在对儿子学习和行为习惯方面的培养是失败的，因为她很看重对宋自得"智商的开发"，但是忽略了"生活的训练"，总体上来说是有点过于"抓大放小"了。她认为自己比较擅长做全局性和整体性的、把握大方向领导层面的工作，自己的工作性质也是这样，"在项目工作中她扮演的基本上是团队负责人的角色，而且大大小小的项目一直是她带着团队，不管是行政工作，还是科研团队"。另外，她也明白自己的性格比较"粗线条，不够细腻，没有在具体的方法和细节上投入时间，甚至自己并不具备细致的教育方法这种素养"。宋自得妈妈认为自己从小到大并没有因为这些"细致的生活和学习习惯训练"而从中受益，因为父母在自己小的时候也不是这么管自己的。所以，宋自得妈妈曾经对"从小学一年级就让孩子进行学习习惯训练，在固定时间段让孩子做作业，安排相应的行为养成活动"这种事情非常不以为然："小学生就这么点东西需要学，在学校里都能弄完了，为什么课后还要给他安排呢？让他跑着玩不就得了。"而且宋自得的确表现得很优秀，虽然小学6年大部分时间并不在公立学校读书，但是进入公立学校后成绩整体不错，体育方面表现得更好（足球、篮球、地板球、跆拳道等），艺术方面也有尚佳表现（小提琴、唱歌等）。虽然中间经历过一些波折，但她顺利把宋自得送入一个不错的高中就读。总体上她还是比较满意的，她没有怀疑自己的教育方法，宋自得的智力被她开发得不错，只要勤奋努力，加上教师的管理和指导，应该能够表现得更好。她记忆深刻的是在初中，宋自得用一年半的时间就学完并复习了初中三年的知识，还在中考取得了良好的成绩。这是一件让她相当自豪的事情。

　　转折点出现在进入了F中之后，宋自得突然变得非常放松，不受任何管束，他彻底"放飞自我"了。她很少看到宋自得写家庭作业，而且参加了很多艺体活动。宋自得会跟她分享参加活动的收获，但是很少跟她说学习的事情。一聊到学习，俩人就陷入了"死胡同"，甚至聊不下去。她还发现儿子回到家以后打游戏的频率越来越高，她每天都会和儿子沟通学习和玩手机的问题，以至于"一看到儿子拿手机，就想发火，这种状态下自己被气得都快要出毛病了，甚至没有办法容忍这件事"。

　　她终于意识到自己的"无知"，对于这所儿子就读的F中她所知甚少。在她的认知里，这所学校是重点中学，设施应该不错，师资应该也挺好，教师应该很负责任，学校管理也是让人放心的。后来，在她搞清楚状况之后，自己的认知被彻底颠覆了。在她看来，F中的教学和管理着实是"太过松散了"，孩子在学校基本上没人管，而且学校的纪律管理相当宽松，连儿子上课打游戏这样的事情都没有人管，这种"不负责任"实在让她愤怒。她认为："高中阶段的孩子应该刻苦努力学习，她希望儿子考上清华、北大，所以刻苦学习是必需的。即使考不上也应该努力学习，这代表孩子的基础教育是完成了。但是如果这个阶段孩子吊儿郎当，根本不知道勤奋学习是怎么回事，那就说明他在基础教育阶段的训练没有完成。"

所以，宋自得的妈妈非常不认同F中自由宽松和开放多元的教育模式，她从第三学段开始就向学校提意见。在她看来，虽然宋自得艺体活动爆满，体育和艺术分数修得很高，但事实上他是"被边缘化的"，甚至算是学校里面的"问题学生"，这主要因为他的挂科和在书院活动室聚众打游戏等。于是他一边开始对宋自得实行更加严格的管控措施，另一边向学校反映情况，寻求学校的帮助和支持。然而她管得越严格，宋自得的反抗越厉害。她发现自己管的效果完全达不到自己期望的，因为一直使不上力，还是得找学校帮忙。

终于在第七学段，宋自得累计挂科十几门的时候，她下定决心找到学校的相关负责人来解决问题。

一开始她无从下手："家长没有把学校的这些事情吃透之前，其实是不知道找谁的。"因为这所学校不是一个传统意义上的由"年级组长—班主任—任课教师"构成的学校。孩子每上一个学段课就会换教师，她意识到找课程教师不行，她打算先找教务处主任。遗憾的是，刚建立关系，还没着手处理问题，教务主任就调去初中部，顺势把他们介绍给新任教务处负责人MFY。和MFY的第一次见面并不愉快，她觉得自己被训了一个小时，被灌输一堆大道理。耐着性子听完，她让教务处主任把宋自得叫过来谈谈话，发现MFY竟不知道这个孩子是谁，也不清楚情况，于是给她留下一句回复："那就让宋自得找我吧。"她对这位"高不可攀"的MFY不满意，暂时又没有其他办法，就要了教师的联系方式离开了学校。几封邮件发过去之后没有得到回复，她着急了，打电话找到MFY："我还得再去见你一面，因为我确实也不知道找谁，你们这里没有班主任，这就是一个大问题。"MFY拒绝了她，原因是没有时间，而且说她扰乱了学校的秩序，让她有问题去找校长。

宋自得的妈妈生气了，在找校长之前，她做了大量工作，检索并梳理了学校的规章制度，从管理学的角度做了研究。然后她从学校网站上找到副校长联系方式，急迫地反映问题并要求约见。第一次见面，她就开门见山提出了问题："这是我整理出来的学校管理问题，到操作层面上就简化为三条，我打印出来给你一份，我自己一份，到最后这三个问题不解决，我就实名举报。"她说的这三个问题是宋自得遇到的困难，但也不是特殊问题，是很多学生都会遇到的问题。第一个是选课问题，不能让学生随意选，选完之后要有调整，不然就会出现根据课程名称（或教师名字）随意选课的现象，导致最后学生必修课分数不够。第二个是班主任或者导师问题，叫什么名字无所谓，在孩子成长的过程中，要有一个教师跟学生亲近，这是成长的宝贵资源，特别重要，但现在孩子这块是空白的，这是孩子人生成长中的一个缺陷。第三个是任课教师的作业问题，现在是一周交一次作业，家长容易被孩子忽悠，想要指导和监督却无从下手。副校长安抚了她的情绪之后，承诺进一步去沟通并解决她提出的问题。

尽管如此她还是很着急，尤其是想到儿子过程性评价总得分为0分的时候。她再一次找到教务处，MFY对她态度好了一些，说给她找一个人管着宋自得，于是把"成长与实践体验中心"一位教师叫过去跟她聊。她和教师继续反映孩子没有班主任、没人管的问题，这位教师说自己就是孩子的班主任。宋自得的妈妈和教师聊完之后她主动加了教师微信，但是回去她给教师发微信，这位教师也不回复。宋自得的妈妈犯嘀咕：你说你是班主任，可是你却从来没有回复消息，你那叫什么班主任，这叫什么学校？

她再一次找了副校长。副校长针对她提出的问题作了解答，针对最基本的交作业的问题，副校长说：交作业的时间周三之前是一轮，周三之后是一轮，这是基本的规则。后来她又三番两次和副校长沟通，选课的问题和监督管理的问题也一一得到了解答。在选课的问题上，宋自得一开始并不清楚要满足学分结构才能够毕业，他现在语文课和英语课还差了几个必

修学分，学校方面会帮他想办法，让他尽量补上。宋自得内心其实本来已经打算放弃拿高中文凭了，但是在妈妈的"奋力争取"下，事情出现了转机。在监督和管理的问题上，访谈前宋自得妈妈和校长见面已经确定了实质性的方案，就是让宋自得从下周一开始上晚自习，时间为晚上6:30—9:30。

通过几个途径相结合，宋自得被暂时管起来，宋自得妈妈喘了口气，督促他按部就班地完成每天的任务。经过这一番与学校各个部门的沟通，她获得一些预期的结果，虽然代价是她上了学校的"白名单"，连副校长都说她"难缠"。宋自得妈妈感到自己挺悲壮的，自己也是出于着急和无奈，因为宋自得马上就要上高三了，她的期望就是让儿子早一点进入刻苦学习的正常阶段。她认为这些本不该是自己的工作，虽然自己有问题，但学校起码有一半的责任。悲壮之余，自得妈妈也表现出"胜利者"的喜悦：学校几个部门的老师她都"会"过，在和他们"斗争"的过程中，她一步一步地实现了自己的目标。

从上面的论述我们可以看出，在学校的教育改革中，家长角色和家庭作用的确发生了变化，不同类型的家长各有生存策略。"明智的规划者"似乎早已窥探了学校改革的玄机和脚本，提前做好各种准备，上演了一出自信、自由和自觉的好戏。他们大多目标明确、精于算计，乐于学习，善于利用学校的资源和平台培养孩子的人格和综合素质。虽然无论是出国还是选择国内高考，他们的子女一般来说在学校里面是比较适应的那部分孩子，但是他们却是容易焦虑的家长，因为他们希望孩子表现"优秀"，或者说，在社会竞争日益激烈的大背景下，他们担心孩子过得比自己差。

"温情的人文主义者"是学校改革的支持力量，这类家长以风险资本家、公司合伙人和私营企业主居多，他们乘坐改革开放的"自动扶梯"积累了大量的经济资本，跻身"成功人士"行列。这些资本可以传承给自己的孩子，所以对他们的子女来说，高考并不真的是"生死攸关的命运转折点"。虽然他们中有的人是依靠自己的奋力打拼获得今天的成就，但是他们似乎不愿意让子女承受"应试教育"带来的伤害和摧残，更愿意让孩子接受轻松一些、快乐一点的教育。尽管如此，他们对选拔性的考试——高考还是有所担忧，不过这种担忧所带来的焦虑还不足以引起他们对学校教育改革的质疑和反对。

"得过且过者"一般来自普通社会阶层，他们既不太清楚学校教育的变革，对于孩子的未来也没有清晰明确的规划，而且大多数人学历并不高，事实上并不是他们不愿意了解和规划，而是碍于学识和能力的限制，他们无法做出合适的判断和选择，所以大多数情况下他们只能寄希望于学校的教师或者依靠子女的"自力更生"和"自求多福"。这类家长中的不少人对学校大多抱信任和依赖的态度，他们仍然奉行把孩子送到学校，自己就能够"甩手不管"的策略，学好学坏既是学校的事情，也是孩子的事情，他们甚至意识不到，孩子的日常生活和学习习惯也是在家庭里长期养成的，家长是有责任的。

"徒劳抱怨者"在家长群体中并不少见，尤其是一开始对学校改革完全不了解的时候，他们倾向于站在"被服务者"角度来审视学校教育中出现的各种问题。这类家长多见于公职人员、高校教师、科研工作者等，一方面他们对于学校改革的具体内容不甚了解（也有一些是不屑了解或者不认同学校教育改革的理念），另一方面又有掌控子女发展目标与方向、节奏和学业表现的倾向，二者之间的不对称极易导致冲突，这种冲突助长了大多数家长的焦虑，而映射在子女身上，或者是反抗，或者是压抑和郁闷。

二、自我与心灵：成长的痛点

在学校自由宽松和多元选择的环境下，无论是目标清晰、规划明确，还是目标模糊、缺乏自律，无论是学习优异、成绩突出，还是经常挂科、不尽如人意，无论是活动出色、社交丰富，还是默默无闻、不善言辞，学生都会面临一些共同的问题，如忙碌、快节奏、压力大。同时，他们也会遭遇独特的困难，如脆弱、抑郁、自卑等。其实对于学生来说，15~18

岁是成长转变非常大、任务重的阶段。换句话说，这是从未成年到成年人的过渡阶段，也是面临各种前所未有困难和挑战的一段时间，需要付出比之前成长阶段都要艰辛的努力，拥有坚定的意志和坚强的心灵。在这段成长过程中，他们虽然获得了独特的收获，与之伴随的是特定的困难。

（一）孤独："耐不住独处"

回忆高中三年，赵自如经历过很多高光时刻。担任书院主席期间，她领导书院进行了"改制"，指导自治会组织和举办大大小小的书院活动，带领书院在赛事活动中取得骄人的成绩：9届足球杯中，男足拿到了7个亚军，1个季军，她担任主席期间还拿了个冠军。精彩的时刻令人难忘，当裁判吹响终场哨的时候，那种激动和开心一时无法言说，那一刻是属于D书院的荣光，也是她的荣耀。为此，在书院中她赢得了学弟学妹和同届学生的尊重和喜欢。除了书院的集体荣誉之外，高二末赵自如获得了F中"荣誉文凭"，这是属于少数人的高光时刻，不过她并没有特别激动，因为对于获得这个荣誉她早已有所预期，毫无悬念，她只是拿了自己应该拿到的，是"又一个目标完成"的感觉。

总之，她学习成绩突出，活动出色，人际交往游刃有余，是名副其实的"三好学生"。其实，对于赵自如来说，从小到大她习惯了对自己高标准和严要求，而且父母对自己的期待（虽然从未说出）也比较高，自己一点一点努力，一步一步实现目标，让优秀成了一种习惯。

在学校，赵自如是一个很受欢迎的人。她跟教师和同学关系都挺好，不但受到教师们的欣赏，而且受到同学、朋友的赞赏和喜欢，这些在很大程度上增加了她的成就感。之所以如此，是因为她具备出色的社会交往能力。家里人把交往看作一种非常重要的能力，从小就培养她与人沟通的技巧和能力，以及待人接物的原则。例如，小时候如果赵自如因为爸妈当面夸别家的小朋友而不夸自己就会生气，事后他们会特地给出解释，这是为

了维持一种礼貌性的人际关系。再如，爸妈告诉赵自如："在朋友间不要锋芒毕露，不要表现得过于自夸和傲气，要保持一种适当的温和、平易与友好。"为此，尽管家庭条件优越，赵自如的消费却很有节制，不会大手大脚。尽管她也追求时尚和品牌，但却不会到处炫耀，她偶尔也会很随意地和身边的女孩一起网购平价服装和生活用品，以使自己更加合群。除此之外，自如特别会照顾朋友的情绪，因为情商高，一众好友都喜欢和她相处。在赵自如的朋友圈中，她总是以"引领者"和"意见领袖"的角色出现。

要奔向国外名校求学的赵自如也有自己的一些烦恼，正如在前面已经提到的，赵自如"不爱看书"，其实真正的原因是她觉得自己"耐不住独处，不喜欢安静"。赵自如喜欢热闹，喜欢和人交往，甚至也喜欢和陌生人交流，但是不喜欢安静，不喜欢独处，无法好好享受所谓的"闲暇时光"。一旦独处或者闲下来，她就会觉得无所事事，迷茫郁闷。自如就像大卫·里斯曼（David Riesman）在《孤独的人群》中描述的"他人引导"型人格，他们对外界有一种博大的胸怀，能够主动适应复杂的社会环境，打破熟悉的事物和陌生事物之间的界限，缺少独处能力，经常在意和关心别人，尤其是同辈群体的赞同和支持。❶虽然学校提倡个性鲜明，但是他人导向型人格表现的"个性"始终在学校"提倡"和"许可"的范围内。换句话说，他们活在教师、同学的期待和赞赏里，把"自我"深藏于"个性鲜明"的外表之下。

（二）脆弱："畏缩"与"怯懦"

选择高考的陈碧玉是一个乖巧聪慧、让人"放心"的女孩，在学校，她学习成绩突出，自律性强，对自己要求严格，人际关系融洽，和教师同学相处愉悦；放学后，她毫不松懈，完成作业，推进项目，上辅导班；休

---

❶ 大卫·理斯曼，格拉泽·戴尼.孤独的人群[M].刘翔平，译.沈阳：辽宁人民出版社，1988：22-78.

息时间，练琴或画画。这是一个在各个方面都有所发展的女孩，用陈碧玉妈妈的话说："她是一个综合发展的孩子，各方面都挺不错的，很全面，没有出现一种像钱钟书那样很偏才的倾向。"这样一个各方面优秀的女孩本应乐观自信，大方从容，但是在成长过程中，陈碧玉越来越被自己的"畏缩"和"怯懦"所困扰。

陈碧玉一直都能感受到妈妈对她的"不放心"，她深知自己一点点的"风吹草动"都会让妈妈的内心波涛汹涌，所以很多时候她总是特别"小心翼翼"，甚至有些"畏缩不前"。她会经常主动跟妈妈汇报自己在学校的学习和生活状况。她只要主动跟妈妈聊，妈妈就会稍微宽一点心。而且，妈妈虽然看似给她自由、开放和轻松的环境，实际上却格外关心和重视陈碧玉的所有事情。如果不是特别懂事，懂得感恩妈妈对她的爱护，她的内心甚至会有一些反感这样的"高度关注"和"随时关注"。因此，面对妈妈全方位的关心，陈碧玉逐渐养成了谨慎的习惯，尽管她表面上看起来淡定从容。

虽然妈妈很希望陈碧玉在一些事情上能够独立做决定，但很多时候陈碧玉不敢自己去做决定，每每遇到事情都要跟家人商量，忖度之后符合大人的期待和要求她才去做，因为她害怕犯错误。就拿书院的赛事活动来说，陈碧玉特别想参加书院戏剧节，因为担心妈妈不同意，她犹豫了很久迟迟没有报名。报名日期将要截止的时候她终于和妈妈提起了这事儿，妈妈知道戏剧节可以抵换艺术学分，于是同意她参加，但是也提醒她要平衡好学习和活动之间的时间安排和精力投入。为了不让自己投入过多的时间和精力，陈碧玉在戏剧节只是担任了在她看来并不重要的"灯光师"角色。其实，大到自己将来想要学的专业，小到每天晚上睡觉的时间，陈碧玉基本上都会揣摩妈妈的心思，按照妈妈的期待来安排自己的学习和生活。

也许是一直被保护得太好，所以在需要面对挫折和打击的时候，陈碧玉会显得"懦弱"和"无所适从"。

成长是一个不断蜕变的过程，总会伴随着疼痛与遗憾。小时候爸爸陪伴陈碧玉的时间很少，现在爸爸依然忙碌，虽然他对陈碧玉宠爱有加，但在碧玉心里，两人之间依然有某种仍未跨越的隔阂。尽管陈碧玉知道爸爸很爱自己，让她不太能接受的是，爸爸有时候说话和动作不够文雅、含蓄，会让她生出微妙的嫌弃之心。爸爸从小生长于农村，家境不是很好，身上养成的一些习惯让陈碧玉不能理解。虽然她知道这是自己的问题，需要自我调整，不能希望改变爸爸，但心态上还没有做好完全的准备，还不知道用什么样的方法缓解心理的"介意"，现在她只能等待时间给她明确的答案。

在跟爸爸相处的过程中，她逐渐发现了自己"性格中的一些缺陷"。她说起一些从没跟别人提起过的往事。

爸爸一直身体不好，有一段时间爸爸突然病倒住进医院。她虽然非常难过，但是从爸爸进医院到做完手术出院，她从来没有去医院看过爸爸，甚至排斥"去医院看爸爸"，只是每天给妈妈打电话，从她口中了解爸爸的病情，但是并没有任何的行动。有一次她鼓足勇气打算去看爸爸，但是最后还是没能克服自己的"恐惧"与"怯懦"心理。因为她排斥看到爸爸在病床上插着管子戴着仪器的样子，她不想看，不敢看。她从妈妈眼里看出坚强，爸爸生病和手术期间陈碧玉从来没有看到妈妈哭，但是她自己会躲起来偷偷哭。现在，她会下意识地逃避"自己一直没去看爸爸"这件事情，如果当时没去看爸爸，万一最后见不到爸爸怎么办，这是她的一个心结。现在的陈碧玉觉得自己当时做得不好，一家人本来是一个整体，她却作为一个"旁观者"。她很少像现在这样审视自己，似乎并没有想象中那样沉重和纠结，终究有一天，这个伤口会被治愈，也许她能够洒脱地对自己说：原来不过如此。

（三）抑郁："得了抑郁症"

即将去美国读书的安佳慧经历了一个酸甜苦辣、五味杂陈的高中生活。从一开始她选择"高考和出国两边都要兼顾"到后来确定出国留学奋

力考托福和SAT，从一开始不愿意参加活动到"文体两开花"，从刚入学的没有存在感到参加自治会之后的崭露锋芒，安佳慧经历了从低落到奋起的过程。奋起之后的她并不是一路顺利的，最难忘的是那一段"和抑郁症斗争的日子"。

那是高二下学期第二个学段到暑假结束前的一段时间，也是安佳慧在学习上最忙碌的一段时间，因为同时忙课程学习和准备出国考试，压力比较大。一方面，平时在学校的功课不能落下，成绩不能掉下来，而且还要去校外上辅导班，同时还要考标准，托福和SAT。另一方面，安佳慧会觉得自己"孤立无援"。例如，在学校，看到准备高考的学生在教师的带领下忙碌着所谓的"正事"，作为出国留学的她却"没有人帮忙指导，只能靠自己"。而且，即使同为出国留学的学生，大家也都是各上各的课，没有统一的课程，只是偶尔聊聊彼此最近的情况，每个人似乎压力都挺大的，聊完后又分别奔向各自的辅导班，上自己的课，忙各自的事。

妈妈一直想让安佳慧出国读书，并且为此付出了大量心血。在国外做博士后的时候，妈妈就有意识地带着安佳慧，而且暑假她总是送女儿出去上夏校，一是增长见识，二是为以后出国留学做准备。从小到大妈妈都非常关注安佳慧各个方面的成长，学习、参加活动、交朋友及兴趣爱好，同时也会比较看重成绩。总之，为了培养各项能力，安佳慧妈妈花费了大量的时间、精力和金钱。在安佳慧看来，这是"一笔巨大的投资"。

本来妈妈给的压力够大了，在压力和期待之中，安佳慧接近崩溃的边缘，然而，爷爷的关心来得"正是时候"。爷爷倾尽所能地对安佳慧好，无微不至地照顾。例如，正在客厅坐着的爷爷，只要看到安佳慧出现在客厅，几乎是两秒钟内就会问"你需要什么，你要找什么，你要吃什么"这样的话。然后就开始给安佳慧准备吃的，或者拿出零食，或者拿出别的什么东西。爷爷不停地操劳，嘘寒问暖，做饭做菜，只要安佳慧稍微有一丝动静，爷爷就作出相应的回应。频繁地被家人问、被关注、被照顾，安佳慧很不喜欢，觉得压力过大。她觉得爷爷给她的压力挺大的，她很反感被这样关心，但是又觉得很愧疚，这种压力、愧疚和烦躁交织在一起让安佳慧觉得难受，但是又不能说出来。

终于有一天，她崩溃了，眼泪无法控制，一晚上没睡觉。第二天起来没吃饭就直接去学校了，枯燥、没意思，她不停地看表等待着下课，然后再去下一节课。她发现自己仍旧无法集中注意力，胡思乱想。她就这样熬到放学，回到家里躲在卧室不愿意出门，她觉得很累很累，头疼，浑身没有力气，也起不来床。第二天，她请了假没去学校，妈妈也没去上班。她还是浑身没有力气，待在自己房间里不停地哭，吃不下东西。妈妈知道安佳慧最近一段时间压力很大，担心过度劳累，身体出现问题就带她去医院，医生了解情况之后建议他们去看精神科，于是妈妈带她去了有名的"六院"。

诊断结果显示，安佳慧得了中度抑郁症。妈妈在单位处理学生工作时见过一些患抑郁症的孩子，她清楚那是一种什么状态，但是她没想到的是自己的女儿也患了抑郁症。虽然心里百般难受，但是她抑制住了自己的情绪。接下来的一段时间，安佳慧经常性地在家哭，不停地哭，有时候会请假不去学校，因为没法上学。还有的时候晚上根本睡不着觉，她笑着说："就像科比看到过凌晨四点钟的洛杉矶一样，我经常看到过凌晨四点钟的北京。"一整晚都坐在床上，太阳出来了才躺下一会儿。折腾了两个多月，在药物治疗和妈妈陪伴下，病情有了一些起色，她才能慢慢地重新投入学习之中。只不过，妈妈可能不会再像过去那样给她过大压力，让她保持心态平衡，顺其自然。

安佳慧坦言自己身边得抑郁症的同学不少，她认识的一个学妹因为抑郁症直接休学了。安佳慧觉得有部分原因在于"这个环境把学生过早地拉入了一个社会模式"。安佳慧觉得F中其实就像是一个社会，跟大学的模式是一样的，让学生提前接触大学的生活，逼迫学生学会自己对自己负责，包括选课、选书院、参加活动等。在没有班主任、没有人管的情况下，需要自己去自我管理，这也就是所谓的"自由但是有压力"。虽然表面上看大家之间没有竞争，但她还是能体会到一种激烈竞争的气氛，"这种竞争是默默的，其实到处都是竞争，表面上大家都在玩，背后大家比的还是成绩、活动、人际关系等，但是在表面上表现不出来，这其实让人觉得压力挺大的"。

在安佳慧看来，不是所有人完全受得了这种压力和背后的竞争，有些人会比较敏感或者脆弱，可能就会生病，而自己就是"生了病的人之一"。安佳慧对"自己是抑郁症患者"这件事比较坦然，只要不遇到突发性或难以接受的事情或问题，她觉得自己依然能够保持当前这种良好的状态：爱生活，也许没有那么难。

（四）娱乐："让自己愉悦"

事实上，温可心在F中"不适应"的那段时间过得特别快，一开始她还会偶尔抱怨不习惯，后来慢慢地"算是被迫，也算是主动接受了"。很快，她在这个环境中逐渐发现自己喜欢的人和事。她坦言："有时候你没有办法改变这个环境，就要去主动调整自己的节奏。我现在感觉挺好的。"渐渐地，温可心交到了一些志趣相投的朋友，如街舞社漂亮可人的女孩，戏剧社聪明伶俐的同学等，她们都喜欢把自己打扮得精致美丽，喜欢穿时尚的服装，喜欢参加各种活动，喜欢和朋友聚餐，一起出去玩，去享受生活。现在的温可心在学校过得"可心如意"，她没有什么太多的烦恼和忧愁，觉得生活最大的意义就是"让自己开心和愉悦"，尤其是去做一些让自己快乐和开心的事情。

对于高考，温可心多多少少会有些隐隐的担忧，毕竟F中前两年的模式不直接指向"应试"。她的自律性一直不强，偶尔也会担心"在学校这样宽松的氛围里，自己还是有些管不住自己"，她知道父母可能也有一些担心，F中活动多，社团也多，"除了正常学习之外其他事情很多，担心自己分配不好时间"。但从小到大，父母都不太管她这些，温可心觉得父母似乎对她非常信任，妈妈基本上不监督她写作业，也不花过多时间辅导她学习，对她的培养是旗帜鲜明的"放养"。在学习上她基本依靠自觉和辅导班,学习成绩好的时候爸妈基本不操心,状态不好的时候他们会管管。不过,这些担忧并不影响她享受现在的学校生活,对未来她还是充满希望的。

(五)淡漠:"没必要那么亲密"

在竞赛的道路上,董物竞对自己要求严格,拒绝了大多数的活动、娱乐和休闲,一心就是竞赛,这注定是一条孤独的路;更有甚者,为了投入学习和竞赛,他对其他事情包括亲情持一种"漠不关心"的态度,逐渐形成了性格冷漠(淡漠)的特点。

虽然一心投入竞赛,但是对于董物竞来说,竞赛的概率和风险是不可预估的。他遇到过不少例子,本来实力很强的竞赛选手"考试的时候崩了",前面所有的准备和努力全都白费了。还有另外一个风险,政策总在变。如有关部门开始整治五大学科竞赛❶和自主招生。❷董物竞了解到今年(2019年)自主招生的条件明显发生了变化:以前很多好的学校拿到省二等奖和省三等奖的名次都可以报,现在基本上都变成省一等奖才能报名了,而且降分幅度也变小了,基本上是只降20分左右;而清华、北大的官网写得比较保守,对于少数特别优秀的可以放宽,但是并没有说放到多宽。对于新政策的出台,董物竞理解其初衷:希望大家以兴趣为主,不希望陷入"全民竞赛"的模式和竞争之中。但这件事情毕竟牵涉他的切身利益,他希望政策施行有一个缓冲的过渡期:"制定任何一个

---

❶ 五大学科竞赛指的是:数学、物理、化学、生物、信息学。学科竞赛的内容一般涉及大学的内容,竞赛题目复杂且灵活。根据我国现行的情况,一些985、211高校自主招生总是会对五大学科竞赛的获奖者抛出橄榄枝。

❷ 据了解,2018年9月,教育部办公厅印发文件《关于面向中小学生的全国性竞赛活动管理办法(试行)》,大力整治竞赛活动,目的是:"规范管理面向中小学生(包含园幼儿,下同)的全国性竞赛活动,防止活动项目过多过滥,切实减轻中小学校(包含幼儿园,下同)、中小学生和家长负担,维护正常教育教学秩序。"具体参见:教育部.关于面向中小学生的全国性竞赛活动管理办法(试行).[EB/OL].(2018-09-21)http://www.gov.cn/xinwen/2018-09/21/content_5324236.htm.

政策，我觉得应该有一个过渡期，如可以2019年制定，2022年开始实行，可能会比较合理。"不然，那些准备很多年的人就成了"直接受害者"。这让本来就倍感压力的董物竞更多了一层忧愁。

于是董物竞加紧做题和训练，经常熬夜晚睡，这让父母开始担心起他的身体。爸妈经常提醒他要早睡，这引起了董物竞的"反感和烦躁，觉得爸妈不理解自己"。在他看来，什么时候睡觉是他自己的事情，他想得很清楚而且已经有自己的独立判断，不需要爸妈替他操心。有时忍受不了，董物竞也会给爸妈"甩脸色"，语气明显咄咄逼人，就是一副要吵架的架势，强调自己考虑得非常清楚，爸妈就"不要管了"。这时候爸妈一般默许了他的做法。董物竞觉得自己和父母之间的沟通不算太多，和他们之间的关系也算不上是亲密，虽然在一个家里，但是经常各干各的事情。

说到对亲情的体验和感受，董物竞觉得"除了父母之外，真的没什么感觉，也不关心"。他偶尔也和爸妈一起回老家，如给爷爷过90大寿，但是董物竞对亲戚们"很淡漠"，觉得这种聚会"没什么意思，就是大家一起吃顿饭而已"，父母和亲戚们之间会"聊天、打麻将"，由于他自己不喜欢参与其中，于是就回屋忙自己的事情了。他不关心他们之间的关系，对他们聊天的内容也没有兴趣。尽管爷爷奶奶、外公外婆等都来家里照顾过董物竞一段时间，但是董物竞对他们并没有什么深刻的感情，更谈不上亲近或者关系密切。董物竞觉得身边大多数同学都和他的状态差不多，和父母或者亲戚之间的关系不会特别亲密。他强调这些仅是他的"感觉和推测"，因为他和朋友之间也很少谈论关于家庭或者关于个人情绪情感的问题。他们之间谈论最多的是学习和竞赛的问题。

心情郁闷的时候，董物竞很少找人倾诉。他觉得和别人倾诉是一种效率很低的做法，自己一个人消化效率会更高一些，而且如果找不对倾诉的人，自己诉说完了不被理解就更是一件让人尴尬的事情。更有甚者对方不但不理解，甚至还会笑话自己，真的不如自己一个人承担和消化。他觉得和别人倾诉总是会影响别人，同学和朋友之间流传着一个普遍被接受的想法是：在这样自由宽松的环境中，人与人之间的距离其实没有那么近，甚至可以说是比较远的。在这种情况下，不能用自己的负面情绪去影响别人，也不要被别人的负面情绪所影响。董物竞知道身边有抑郁症患者，不过他们之间不会有什么实质的沟通和交流。虽然董物竞承认存在所谓的"友情"，但"这并不是那种亲密的感觉，大家各自会有各自的生活，没必要那么亲密"。

大多数时候董物竞的生活是孤独和单调的，经常形单影只，一个人背着沉重的书包在校园里来回穿梭。他知道前路凶险，也有过崩溃无奈，甚至会把自己一个人关在房间"撕纸或怒喊"，但已经选择的路，不管怎样他都要走完。

（六）反抗："她要求特别高"

进入F中的宋自得像是到了天堂，彻底"放飞自我"，艺术和体育活动爆满，赛事活动、歌手大赛、棒垒球比赛也都全都参加过，而且艺术和体育学分修得很高。高二快结束的时候，宋自得的平均GPA不到2.0，挂了十几门，学分结构和数量都不够。尽管如此，宋自得依旧保持着"轻松自得"的心情，他觉得自己整体上是"很适应的状态"："刚进学校就适应了，因为我感觉自己特别契合学校管理的方式，但我也知道有好多同学其实不契合这个方式，从普通中学出来的学生都不适应学校的教学方式，我可能是比较少数的适应者之一。"

仔细询问了他所谓的"契合"到底意味着什么？

一是环境宽松，让他不受管束。宋自得不喜欢绷得太紧或被管得太死，它觉得偶尔紧绷一下还行，平时就喜欢稍微放松一点。

二是自己在学校表现得有看点。他认为自己在书院是有存在感的人，并不是"沉闷无声地只知道学习"，参加各种活动给他带来了很大的乐趣，他享受这个过程。人际交往中他能和很多人建立良好的关系，还能偶尔调和同学之间出现的小矛盾。另外，宋自得认为自己获得了成长和

提升，一方面是自己以后到了大学能够走的路子更宽，如可以选戏剧，可以继续学表演，也可以学足球，即使不能踢球还可以当教练，总之这些他都是有机会的。另一方面是自己的领导力得到了提升，进入大学之后他觉得自己相对于同年龄段的人，在F中的经历让他在领导力方面具有相当大的优势。

三是他非常认同学校的教育理念。宋自得坦言他还是非常认同学校的理念，鼓励学生自主学习。这能够让人提前适应大学环境，他断言如果自己在普通高中读书三年，就算是考上了重点大学甚至是考上了清华、北大，但是到大学之后可能就彻底放飞了，因为进入大学之后就彻底没人管了。

讨论到在学习和生活中遇到的困难时，宋自得坦言：主要的问题是自己自制力的问题，自律性不够，管不住自己。尽管宋自得知道自己的散漫和不自觉，也知道自己的成绩仍然垫底儿，但他却自得其乐，乐在其中。

宋自得的妈妈深知自己的儿子长期以来养成了"松散"的习惯和性格，所以她采取的是一种"严管"措施。不过对于宋自得来说："我跟我妈完全是两种状态，她管我越严，我就越散。"

这是导致宋自得和妈妈经常发生冲突的最主要原因。宋自得妈妈很遗憾："其实每个父母都希望孩子有出息，宋自得小时候是有志向的，他想当天文学家，还想过去美国留学，但现在他连这种话都不说了，也不想了，他现在没有了志向，这是最让我觉得悲哀的。"宋自得曾经告诉她："妈妈，我真的不想学习，你知道吗？我做什么事情都很开心，但我就是不想学习。"这让她极其伤心失望，狂风暴雨一般对着宋自得咆哮。结果是，宋自得从此完全不想跟妈妈聊任何关于学习方面的问题，只要不涉及学习，他们之间的聊天还能继续，一牵涉学习整个聊天就结束了。"我妈特别希望我有良好的学习状态，学习特别刻苦，成绩特别优秀，我成绩有时好，有时差，她完全不管为什么，劈头盖脸就问我怎么考得这么差。她要求特别高，但是很少讲客观条件。"

不过，随着高三的来临，宋自得似乎意识到了，他最终都要跨过这个门槛儿,他想要考一个离家远的大学,越远越好,做更多自己喜欢的事情。到了那时,他才能拥有一片属于自己的"海阔天空"。

(七)自卑:"总是不知所措"

从过去习惯的"半军事化管理"氛围到"自由宽松开放"的环境,宁无伤花费了两年时间都没能完全适应高中的学习和生活。过去,"每天都有老师督促学习,到这儿之后没人管了,不自觉会有一些懒散",最让她难过的是,很多事情自己"总是不知所措,有时候摸不着门道儿"。英语课和语文课让她觉得眼花缭乱,小组合作给她带来的困扰多于收获,项目制学习她也不得其法,理科学习她总是跟不上节奏,参加活动时她畏手畏脚……总之,在这个偌大的校园里,她总是找不到自己的存在感,找不到自己的位置,觉得自己微乎其微,甚至她经常因此而看轻自己,觉得自己"一文不值"。

自卑感有时像一个巨大的漩涡将她整个人包围,像秋风卷落叶将她内心的热情和渴望吹得一干二净。除了对自己外表的自卑,还有两方面的自卑时不时地探出头来戳她一下。一个是学习方面,从过去的佼佼者变成现在的普通同学,在人群中没有任何辨识度,她需要消化这个事实。好在她对学习仍然充满着一种锲而不舍的精神,尽管有挫折,但是她会迎难而上。另一个是来自社交能力上的自卑。宁无伤说她也可以努力做到和身边的人自如地交往,但是这种自如是建立在逼迫自己的基础上,现在她不想继续逼迫自己了,这样让她感觉很累,不是因为她不想社交,只是因为她始终无法获得"像很多人那样很享受或者如鱼得水的能力"。

让宁无伤不知所措的事情,不只存在于校园里。

某个假期,宁无伤靠在沙发上构思着作文题目。这时,正在擦窗户的妈妈突然走了过来,莫名其妙地说:"你要是不想写就收拾一下东西,在这儿发什么呆?"知道妈妈虽然脾气暴躁但却是个玻璃心,于是她什么都没有说,只好忍着。吃完晚饭,宁无伤拿出习题写作业,遇到一道难题,

想了很久想不出答案，于是拿出手机上网搜相关解答。这时，爸爸气冲冲地过来："一回到家你就看手机，写作业还看手机，你到底知不知道用功学习啊？"宁无伤还没反应过来怎么回事，啪的一声，手机被摔到地上，屏幕粉碎。眼泪夺眶而出，连同屏幕一起碎的，还有自己的那颗心。爸爸推门出去了，留她一个人独自愤恨难过。

在被爸爸摔了手机之后，她不知道该怎么办。郁闷了很久，她打算去奶奶家待一阵子。一路上她都在想为什么爸爸会这样做，她只是想用手机搜那道题的答案。她后悔自己为什么非要在那个时间点上思考那道题，为什么不等教师讲呢？爸爸为什么不给她时间解释呢？即使爸爸让她解释她也说不出什么话来，她很少去解释什么，她也不知道自己为什么会这样。起初她只是觉得这样很酷，后来她发现自己根本无法很好地去解释什么，即使她什么也没错。

每次她都非常委屈，但是不知道说给谁听。她有朋友，不过她并不认为她的朋友会理解她。有那么一瞬间，她甚至认为自己是多余的，每天都有太多让她怀疑自己的事情发生。猛然她被自己这个想法吓了一跳，赶紧拿出耳机塞住双耳，打开手机音乐播放软件，随意播放歌单，任由灵魂穿梭在不同的音乐故事里。

后来，她写下了这样的句子：

> 在无力前行的时候才会听漫无目的歌，每次我的灵魂都会被不同风格的歌手带入他们用声音塑造的独特的世界。灵魂任性地挣脱开肉体的束缚，飘向远方，肉体停留在那个刚刚与父母发生争执的房间或者正在因某件事而束手无措甚至是失控的世界里。

从选课到选择活动，从选择书院到进入一个个的"小圈子"，每一个学生从入学开始都在经历各种各样的选择。多元选择的环境对于一个15~18岁的青少年来说，意味着通过"自由""自主"找到"自我"。就像F中管理者指出的："在学校新的生态环境里特别强调自主，学生在学校里如果不自主就不知道干什么。因为每个人都有自己的想法、自己的计划、自己的安排，做自己的事情，可能都不一样，但是这些不一定会刺激到他，会让他看到很多的不同，看到很多的可能性。他会想我是谁，我要去干什么，主体性才能被刺激出来，之后他要进行选择，他知道目标是什么，知道自己是怎么样的才能进行选择。"❶总之，学生从入学开始就在没有教师"盯着"的情况下，自主选择、自觉学习、自我调整、自我成长。

三、小结：主动选择与被选择

选择，是所有学生都要学会的第一课，也是最重要的一课。然而，不同类型的学生学习"选择"这一课的代价完全不同。造成差异的原因主要是学生身上的"惯习"，即在特定的环境和场域中展现出来的对事物的认知和判断，在一定场合表现出来的性情和情感偏好，处理问题时的行为动机与表现等。在"选择"这个问题上，学生和家长其实是绑定在一起的：有备而来者有明确的规划和策略，目标虽不清晰但经济条件好的家庭能够做各种补偿性选择，然而一些既不清楚规则又缺乏经济支持的学生将会遭受各种成长的磨难。事实上，学校的自由、宽松和开放恰恰为家庭提供了发挥作用的机会。我们不禁追问，学校的引导作用呢？

就像F中一名学生在自己文章中写的：

惹人注目者在这里成为焦点，特立独行者在这里无人问津；

它使天才尽情发光，它使常人泯然众人。

优秀者在这里登天，平庸者在这里堕落；

你可以在这里为所欲为，你最终在这里一事无成。

大家都在抱怨不被别人理解，大家都懒得花时间理解别人；

没人愿意敞开心扉，没人不感到孤独。

换句话说，它只造福一些人，

可怕的是，这种情况被默许。

---

❶ 内部资料：F中管理者在某次教育实践改革大会上的演讲实录。

第八章　讨论与结论

我们这里就是一个真实的选择环境，选择的基础是掌握信息，不掌握信息没法做选择，就是瞎选择。但是信息是谁给的？以前是统一的信息，现在是各种各样的信息。我们有充分的东西给学生选择，各种各样的活动，各类课程，选不过来你（学生）才有自己取舍和权衡利弊的问题，你（学生）才有机会成本，所以要自己规划自己。

——F中校长

2010年，我国的国内生产总值（GDP）超过日本，成为仅次于美国的世界第二大经济体。2012年7月，中国科学院发布的《中国科学发展报告》指出，自1993年以来我国GDP质量指数呈现稳定上升态势，在将近20年的发展中，GDP质量上升了46.5%，年均增速达2.3%，特别是2005年以后，中国GDP质量指数的增速明显加快。2013年至2022年，我国GDP从59.3万亿元增长到121万亿元，年均增长6%以上，按年平均汇率折算，经济总量达18万亿美元，稳居世界第二位。[1]可以说，自20世纪90年代以来，中国经济一直保持着高速发展的态势，人均收入、人民生活水平提高了很多，总体上从温饱社会向着小康社会和富裕社会迈进。生产的发展和技术的进步使社会逐步摆脱匮乏、走向富足，也使一个以"生产"为主导的生产社会不断转变为以"消费"为主导的消费社会。

在满足人民基本需要和低层次需要基础上，人们总是追求更高层次的需要。例如，当生活日益舒适，社会供应充足的时候，人们对个性化的追求便呼之欲出。不仅在物质需要方面，如款式、质量、品牌追求个性化，

---

[1] 中华人民共和国中央人民政府.中国科学院报告：近20年来中国GDP质量指数呈上升态势[EB/OL].（2012-07-27）[2023-09-03]. http://www.gov.cn/jrzg/2012-07-27/content_2193266.htm.

人们的精神需求如理想和目标、兴趣与爱好、友谊与爱情等也日益多元和分化。正如大卫·里斯曼提到的：今天的富裕社会大力鼓励人的个性化，并有条件丰富学校的娱乐生活。

今天的教育日益注重学生个性发展和差异化教学，同时也注重学生的全面发展，提倡各方面"素质"的培养。教育课程改革正是在这一背景下展开的，和传统教育相比，各方的角色都发生了一些变化。如前文所说，学校开展小班化教学，建设"去班级化"的学生社区，提供丰富多样的"菜单式"课程和活动，为学生提供"量身定做"的个性化教育。同时，学校的管理和制度也变得扁平化和宽松起来，为学生提供更多自主安排的时间和空间。学生要凸显出自己的目的性、主动性、自律性，以及时间规划能力，才能在快节奏、忙碌的校园生活中立足，成为一个"自主学习者"。教师和学生之间的关系也发生了实质性的变化，教师不再是耳提面命的"师道尊严"奉行者，而是"课程设计者和供应者"和学生的"大龄学伴"，既需要接受学生的"挑选"，又要和学生建立友好和谐的关系。除此之外，家庭及家长也参与进学校的教育过程当中，他们不再是跟着学校和教师节奏走的"听从者"，而是学校个性化学习的合作者，甚至是"引领者"，力图控制和主导学生发展的方向、节奏和细节。

从社会环境和教育系统内部发生的变化来看，最突出的特点无疑是"选择"。可以说，出生于2001年新课程改革之后的"千禧一代"，可以称得上是"选择的一代"。通过对F中"多元选择"的制度勾勒，以及学生在"选课""参与活动""选择书院""人际关系""家庭教养"等几个方面的深度描述，本书试图呈现出作为"选择的一代"高中生个性化学习、自主学习与共同生活的背后逻辑。行文至此，可以得出以下几方面的研究结论。

一、学校：小径分叉的花园

在F中领导者看来，传统教育缺乏选择性，"行政班最大的问题就是所有的学生同步地、单一地进行着一模一样的学习过程，没有选择性；我们构建了一个新系统，让学生有选择、有流动性和成长性"。[1]对于学生自主学习能力的看重，是改革者进行顶层设计的动力。注重个性化学习和自主学习意味着提供给学生真正可供选择的空间和余地，意味着宽松和包容的氛围，意味着丰富的资源和平台，也意味着相关的制度支撑。基于此，学校为目标不同的学生提供了各自的成长轨道，而且，不同类型的学生各自聚集，整个学校像是一个由不同道路隔开的花园。

（一）多元选择：丰富的资源与平台

前文已经说过，学校按学生大的发展方向分为高考方向和出国留学方向，不同的发展目标其路径也各不相同。事实上，在大的方向之下还有一些更加细微的划分。例如，国内高考方向还可以细分为普通高考、竞赛方向、艺术和体育特长生、高等学校自主招生等几个类型；而出国留学方向包括本部学生出国留学和国际部学生出国留学。其实，每一个类型的学生，都可以选择适合自己的发展方向和资源支持。

在课程设置方面，学校是通过设置不同的学院开设各类课程来满足学生需求。因为国家课程里面有8个领域，其中4个领域跟高考相关，分别是语言（语文和英语）、数学、物化生、政史地。还有4个领域暂时跟高考无关，它们是艺术、体育、技术和综合实践活动。学校据此将课程分为两大类，一类是学科类的课程，一类是活动类的课程。学科类的课程目前由三大学院开设，而活动类课程由学校成立的"三中心"和"C学院"开设。其中，活动类课程可以引入校外资源，如跟中央戏剧学院、北京舞蹈学院等高校合作；有条件的教师还可以自行邀请校外资源进入课堂和学生中间；当然，可以利用的资源远远不止于此，有些学生家长能够为学生提供资源和支持，还有来自已经毕业校友的回馈——有来自物质层面的，还有来自智力支持和文化传承方面的。其实，不管是活动类课程，还是学科

---

[1] 参考内部资料：F中管理者在教育改革实践大会的讲话。

类课程，课程之间都是具备一些层次和分类的，如鉴赏类课程与表演类课程、荣誉课程与普通课程。

看上去是学生在选择课程，但如果学生不了解选课的门槛和自己的需求，就会无所适从。可以说，其实是课程在选择学生。多元选择之下，不同的轨道有各自的路径，选择不同轨道的人各自奔向自己的课程、活动、人际交往等，他们之间虽然同在一个校园，但是却会形成一些隐性的隔离。然而，最能体会"界限感"的是"不适应"，但是又缺乏引导、帮助和支持的学生。问题就在于，虽然学校设置了不同的发展方向，也提供了相应的资源，但学生进入学校时并没有特别清晰的人生规划，也不懂得如何利用规则和资源，或者说在没有人引导的情况下，他们其实还没有学会如何选择，就会经历很长一段时间的挣扎和适应期。

（二）真实环境：自己体验自己成长

F中是一个"小社会"，为学生营造了一个真实的选择环境。正如学者管理者所言："随着孩子年龄的增长，学习方式及交往方式都发生了变化，到了高中看起来更像一个小社会，学生的交往不受班级的限制，学生的学习可以由自己选择，学生的生活是在一个学校的范围里面，而不是在一个班级的范围里面。"❶学者管理者认为在传统教育中，班主任包揽了大部分学生应该去"独立"和"自主"完成的事情，班主任把所有的事情都"管起来"了，使学生无法接触真实的教育环境，学校是一个"保护的环境"，遇到问题总是有人帮助解决，这反倒是阻碍了学生的自主性、独立性。

学者管理者坚持，"一个孩子，碰到的困惑越多，他自己要去解决的问题就越多，成长得也就越快，如果现在不让他出问题，都把它们给捂住了，并不代表问题解决了，只是没有让问题出现"。如果这些问题在走上社会后出现，孩子的损失和栽的跟头更大，"教育要让学生自己体验，自

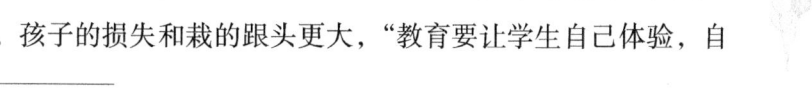

❶ 资料来源：F中校长访谈。

己成长"，培养独立性和自主学习的能力。因此，学校并不避讳总是"制造一些混乱的东西"，让学生去思考，去选择，思考自己需要什么，选择自己适合什么。

的确，一个人的独立性至关重要。传统教育中班主任的"大包大揽"的确在一定程度上限制了学生的独立性和自主能力，然而为了纠正这个问题，要把学生放入一个没有班主任约束的"真实"甚至有些"混乱"的选择环境中是否有矫枉过正的嫌疑？杜威曾指出，"商业、政治、艺术、科学、宗教，喧嚷一时，要人们注意；结果是一团混乱，无所适从。我们称作学校的社会机构的首要职责就在于提供一个简化的环境。选择相当基本并能为青少年反应的种种特征。然后建立一个循序渐进的秩序，利用先学会的因素作为领会比较复杂的因素的手段"。[1]他清楚地指出，如果没有系统性的安排、简化的环境和教师的引导，教育呈现出来的就是"见树不见林"的结果：把学生抛入真实、复杂的社会情境之下，只会使人眼花缭乱，无从下手，而所谓的独立也不过是浅表的"自我表现"。

二、学生：自主学习的分化

在学校学习和生活的各个环节，学生都需要不断作出选择，选择课程，选择书院，选择参加什么活动，选择在哪里自习，选择跟什么样的人待在一起，选择和教师保持什么样的关系……学生需要不断地去了解自己擅长什么，缺乏什么，需要什么，收获什么，简单来说就是对"自我"有清晰的认识，或者说保持一个"不断探索自我"的状态和"尝试错误"的勇气。对自我的认识越清晰，学生的目标就会越明确，这正是学校在培养学生的过程中想要做到的，让学生依据自己的目标来做选择，或者根据目标来做尝试和探索，不断完善"自己的目标管理系统"。高中阶段15~18岁的青少年心理处于一个正在成熟时期，的确会呈现出明显自主化和个性

---

[1] 约翰·杜威.民主主义与教育[M].王承绪，译.北京：人民教育出版社，2001：26.

化倾向，因此高中教育中凸显选择性的确是青少年身心发展规律的客观要求。

高中阶段是一个各方面迅速发展的阶段，认知趋向成熟，思维中凸显批判性，意志呈现出独立性和坚持性，但是情绪波动比较大，心情时而低沉时而高昂，时而郁闷时而愉悦，就像卢梭在《爱弥儿》中描述的那样："性情的变化，愤怒的次数的频繁，心灵的不断的激动，使他几乎成了一个不守规矩的孩子。"❶因此，虽然具备自主性和独立性，但15~18岁的他们并不是一个真正的"大人"或者"成年人"，在很多事情上面，他们仍旧需要成人的引导、帮助和支持。例如，在确定学业目标方面，针对F中的家长问卷调查结果显示，95.68%的家长表明自己会和孩子协商确定学业目标。然而在学生自主学习过程中，并不是每一个学生都拥有或者得到充分的条件支持。

基于上述讨论和前面所呈现的研究结果，我们未研究从学生在F中学习和生活过程中的"目标"（清晰/模糊）和"条件支持"（充分/不足）两个方面的矩阵关系来描述"自主学习"的类型，如图8.1所示。

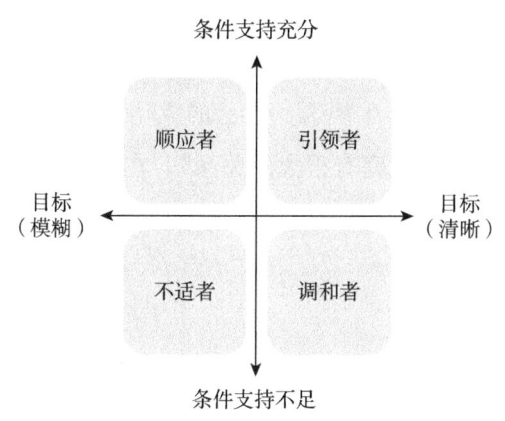

图8.1　学生自主学习类型矩阵

当然，学生类型远不止于此。事实上学校"多元选择"本身就是要将学生进行"分类"，不同类型才会有不同的道路和选择。这里的分类并不

---

❶ 卢梭.爱弥儿·论教育[M].李平沤，译.北京：商务印书馆，2010：287.

是想要探寻到底有多少种道路和多少种选择，而是从"学生在校学习的适应性"角度出发，尝试论述每一种类型学生的适应状态如何，以及为什么会如此？

（一）引领者

这类学生是学校里表现最好最能"融入"的一部分学生，目标明确，自律性强，有清晰的规划，进入学校后经过短暂的适应期便能如鱼得水，游刃有余。他们具备很强的领导力，经常能在团队中担任"领导者"角色，在学校中的存在感比较强。就像赵自如和陈碧玉一样，她们不管是选择出国，还是选择国内高考，都能根据自己的目标选择自己擅长的并且适合自己的课程、活动等，包括在处理人际关系上，他们也能够做到不矜不盈，恰如其分。

这类学生一般都会拥有强大的家庭力量支持，家庭条件优越，长期的精细化教养培养的习惯和品格，父母有意识地对孩子的未来进行规划和设计，包括对学校制度和资源的掌握，以及在家庭参与中的积极主动。事实上，为了保持子女的精英位置，父母在教育上的"投入"和"投资"超乎常人的想象。甚至有的学生坦言，自己的成功和优秀"其实跟他们（学校）没有什么关系，跟家庭有很大的关系"。在这个意义上，学校为他们提供了将家庭条件转化为个人选择优势的平台。

（二）顺应者

这类学生虽然一开始目标不甚明确，但好在家长能够提供比较强大的后盾和支持。事实上，学校鼓励多元选择和自主学习，恰好为他们提供了更加多样的自我探索和自我选择机会，对他们来说既是被动适应，也是主动选择。就像温可心和安佳慧一样，"目标管理系统"让温可心不得不与父母反复讨论将来走什么路线，选择什么专业，决定选择什么课程，参加什么活动，如何发挥自己的优势才能"找到自己的位置"。而安佳慧的"两边都要兼顾"显然会让她在这个环境中喘不过气来，既有同辈群体的压力，又有家庭的催促，她必须早一些确定目标才能在这个"群英荟萃"的环境中活出自己的精彩。

孩子的个性化选择是建立在"家庭的底色"之上的，后来他们选择了父母期待他们选择的，甚至在专业选择上都确定了同样的或者相近的专业，用他们的话来说是"谈不上热爱，但是又觉得适合"，像访谈中有家长提到的，这是"长期的耳濡目染形成的东西，很难说得清为什么"，就是一种所谓"选择性契合"。

（三）调和者

这类学生如果放在传统学校中很有可能是特别融入的一部分人，他们"两耳不闻窗外事，一心只读圣贤书"，将课程学习看作是学生在学校最重要的任务，觉得参加很多活动是"不务正业"的表现。但是在自由宽松和开放的环境中，他们却成为比较"边缘化"的群体，甚至会被贴上"死读书"的标签。主要是因为他们要么一门心思搞竞赛，要么目标笃定考上国内某所大学，因此就把时间更多地用在学科课程学习和考试上，在课外活动和人际交往上花费时间很少，甚至是不怎么参与进来。不过，他们中一部分人在受环境影响之后也会发生相应的改变，比如更多参与活动，培养人际交往的能力等。

而伴随的问题在于，这类学生一般缺乏比较充分的家庭支持。他们的家长整体上表现得比较传统，并未认识到或者说不接受学校的变化和教育改革的理念，看重孩子的学习能力和成绩，认为"学习才是硬道理"，高中最重要的是学习，不需要去参与什么"乱七八糟的东西"，至于说社交能力和参与活动这些可以以后慢慢培养。说到条件支持方面，因为他们对学校了解不多，参与不够，所以并不会提供充分的支持；至于学习，他们倒是会提供"清静的环境"，"不打扰"或许是他们支持的最好方式。

（四）不适者

适应者有各自的"欢喜"，不适者面临着一些相同的问题。首先，目标不够清晰，目标模糊导致选择混乱，跟不上学校和教师的节奏。其次，从一个传统的"被安排"的状态，到一个自主学习的环境，会面临诸如时间安排不恰当、自律性不强、无所适从等各种问题。另外，自信心缺乏的问题，因为找不到存在感和位置感，很多学生无法获得相应的"成就感"和"效能感"，因此就会导致"不自信"；越不自信就不敢主动积极地参与活动和人际交往，然后自我效能感就会越低，这是一个恶性循环。

而且，在自主学习的过程中，他们缺乏充分的条件支持。在传统的学校中，会有教师提供更多的引导、约束和支持，但是现在面对问题和选择，他们常常要自己面对，自己承担。至于说到父母，他们中的大多数人认为让孩子努力学习"是学校的责任"，家长可以配合学校的管理，但是家长既不应该，也没有相应的专业能力去管理这些。

其中，还存在另一种"不适者"，他们自以为很适应，和学校环境很契合，在学校"放任自我"，其实他们是通过放任自己达到反抗家长控制的目的。

总之，不同类型的学生由于目标、方向及所获得的条件支持不同，呈现出不同样态的学习状态和精神面貌。学校自由宽松和开放的教育环境为学生提供了个性化的课程、丰富多样的活动，以及共同生活的空间，希望每个人都能选择自己擅长和适合的，人人获得优秀和成功，实现个性化学习和自主学习。然而事实可能并不能让所有人如愿：有人游刃有余，有人不知所措，有人漫不经心，有人小心翼翼，有人光彩照人，有人黯然失色。他们用自己的真实的成长经历展现了"适者生存"的逻辑。甚至，强者表现得越强，弱者表现得越弱。

三、家庭：学生选择的依据

（一）教养方式的阶层差异

"在历史的长河中，养育儿童的特性发生了根本改变，课程、班级教育目标、学校组织形式和结构根本改变了，这意味着家校关系广泛的、历史的、跨文化的变革，是完全可能的。"❶的确如此，在社会发展和学校教育改革的背景下，家校关系发生了逆转，这也成为越来越被人们广泛注意到的事实。然而问题的重点不仅在于强调变化，还在于知晓变化的内容。第一点值得被关注的是，家长在参与学校和家庭教养方式上的确存在着明显的"阶层差异"，如研究中也反映出来的，劳动家庭和低收入家庭的参与显得更为被动，而中产阶级的家庭参与较为主动而且更加有"力量"。

正如研究结果已经指出的那样："虽然家长参与与子女学业成功紧密联系，但很多家长并不如教师期望的那样参与学校教育。缺乏参与的家长不是随机的，社会阶层是显著的因素。例如，劳动家庭和低收入家庭家长不参加学校家长会的比例为40%~60%，中产阶层家长的这一数字几乎减半，为20%~30%。"在改善发音、给孩子朗读、带孩子上图书馆、参加学校组织的活动、给孩子报名上暑假学校、向校长提意见等方面，中产阶层家长比劳动和底层阶层家长，一直都起着更积极的作用。❷帕特南的研究也表明了中产阶级的父母偏爱"精心栽培的教育"，劳动阶层和低收入阶层的家庭总是采取"自然放养的教育"，而且"高知父母致力于培养自主、独立、有自我反思能力的下一代，要让子女自尊自强，有能力做出积极向上的选择；相反，教育程度不高的家长往往把目光投向纪律和服从，要求孩子严格遵守家长定下的各种规矩"。❸家庭教育方式不同，孩子就会形成

---

❶ 安妮特·拉鲁.家庭优势：社会阶层与家长参与[M].吴重涵，等译.南昌：江西教育出版社，2015：5.

❷ 同❶：4.

❸ 罗伯特·帕特南.我们的孩子[M].田雷，宋昕，译.北京：中国政法大学出版社，2017：133-152.

不同的行为习惯、认知和判断能力、社交和情感技能等，上升到家庭所处的位置和阶层，就是所谓不同的"惯习"。

（二）不同类型家庭的分裂

这里不得不提到的第二点是，与拉鲁和帕特南等人的研究结论略有不同，研究结果显示，中产阶层内部对于培养子女和家庭参与（家校关系）也存在着较大的差异，这种差异甚至于大过中产阶层与劳作阶层和底层阶层之间差别。事实证明，中产阶层并不是"铁板一块"，他们之间并未形成一个统一的阶层"惯习"或者一致的品位和偏好。

拿不同类型的学生家长来说，首先，在对待学校教育和改革的态度上，有人认为培养学生主要是学校的责任，学校的普遍规则应该是"严格"，而另外一些人则希望选择宽松一点的学校环境，不要把孩子约束得太死，缺乏自由时间。其次，在对待高考的态度上，有人把参加高考当作追求荣誉，有人选择避开此路另辟新路选择出国留学，有人将国内读本科当作积累人脉资源的途径，有人认为只有通过高考才能保证子女跻身精英行列。再次，在对待子女未来规划上，不同职业类型的群体展现出了特有的职业特点和偏好，他们期待利用自身的资源优势帮助子女做好人生选择。最后，在具体的学习过程中，有的人较为看重子女的学习成绩和学业表现，有的人更看重子女参加实践活动和社交活动，有的人认为两者并重，缺一不可。因此，对自由宽松导向的教育改革，一些人成为学校的拥趸，一些人却深恶痛绝，一些人附和支持、为我所用，还有一些人视若无睹、我行我素。

在一个自由宽松和开放的教育环境中，学生选择的基础、动力和依据是家庭教育方式背后的惯习。家庭教育方式和家长参与的阶层差异，导致学生在校表现出完全不同的学习和生活状态。事实上所谓的学生选择，往更深层次上面去追究就会发现，学生选择什么方向、上什么类型的课程、参与什么活动，在很大程度上受家庭影响甚至由家庭决定。在某种程度上可以说，学生选择只是家长选择的学校化呈现而已。

四、共同生活：群体间的区隔

作为学生共同生活社区的"书院"看似将不同年级、不同类型的学生聚集在一起开展共同生活，培养学生关注公共事务的热忱与能力，实际上"书院制"共同生活却非常"形式化"，学生自治步履维艰。脱离"集体"限制之后的学生个人和小团体（圈子）呈现出"分裂"和"区隔"的特点。学校的做法基本上是在效仿和延续杜威对于"民主共同体"的构想和实践。

杜威对旧学校中不同阶层明显的分裂和隔离非常不满意，他曾经在《学校与社会·明日之学校》中批评道："旧学校没有被引向为所有人提供平等机会的道路，而是恰恰为了相反的目的，把阶级的界限划分得更加鲜明，给予有闲阶级和有产阶级每个人不可能得到的东西，以满足他们自矜高贵的欲望，并给他们提供消闲的方法。"❶为此，他倡导开展一种民主生活，这种民主的生活要让人们互相理解彼此的差异和不同，消除不同阶层之间的分裂和隔阂，怎么做到的呢？通过建立一个"民主共同体"。这个"共同体"最重要的具备两点，第一点是共同的利益，第二点是共同交流经验。❷

然而事实是什么呢？杜威将会在这里和布尔迪厄交锋，"共同的利益"其实对于不同阶层和群体的人本身就是不一致的，在一个"多元选择"的环境中寻求共同利益无异于南辕北辙。而"共同交流经验"的难度似乎更大，阶层惯习让具有相同品位和偏好的人"一见如故"，却让异质性的群体和个人之间"形同陌路"。而宽松开放的环境更方便具有相同偏好体系的人聚集在一起，形成一个个小圈子。不同圈子之间的分裂既是阶层差异的重构，也是阶层内部不同群体分化的再现。不得不令人感叹，去除"制度化集体"的共同生活何其艰难。

---

❶ 约翰·杜威.学校与社会·明日之学校[M].赵祥麟，等译.北京：人民教育出版社，2004：299.
❷ 约翰·杜威.民主主义与教育[M].王承绪，译.北京：人民教育出版社，2001：96-110.

五、总结：何为"多元选择"

所谓多元选择，旨在根据不同发展方向，提供适合学生的个性化培养路径和方案，鼓励和提倡学生自主学习和自我成长。它是一种旨在促进学生个性化发展的理念，也是一个相当自由和宽松的制度设计，实际上学校变成一个"小径分叉的花园"，不同轨道之间"经验"的共享和交流变得非常少。但是，由于学校和教师引导的作用被限制导致的引导力量的弱化和缺乏，加之家长力量的强势介入（或不介入），使得学生的个性化学习和自主学习分化为不同的类型，学校变成家庭资本的跑马场，这使得理念上的学生自主选择和自主学习变成了一种"被选择"。而且，看似开放宽松的学校环境，实际上更多地适合家庭条件优越的学生，隐形的区隔被无形放大，也成了共同生活的天然屏障。

（一）选择的悖论

所谓学生自由选择实际上在很大程度上是家庭整体选择的结果，取决于家庭资本与阶层惯习。因此，有人能主动选择，有人却被选择。学校教育通过多元选择的制度设计让学生通过"自己选择"完成一种"自我筛选"和"自我成长"。"选择现在风行一时，但已不再是带有过去的含义。在一个人人自由的——讲责任的——自由社会里，谁能始终不去'赞成选择'？"[1]的确如此，教育改革提倡学生的个性化发展和全面发展，在学校同样是依靠"选择"来完成的。学校提供了大量的选择机会和资源供不同类型的学生选择——多元选择。但是，选择不仅是一种"权利"，它还意味着一种"能力"，甚至是一种"资格"，也意味着是否有能力承担选择背后的责任。那么谁有能力选择呢？谁又有能力承担呢？

---

[1] 艾伦·布卢姆.美国精神的封闭[M].战旭英，译.南京：译林出版社，2011：183.

（二）开放中的封闭

学校多元选择的制度表现出自由宽松和包容开放的特点。仔细分析会发现，越是这种宽松的环境对人的目标感（雄心和抱负）、自律性、时间管理能力、人际交往和情感模式乃至于自我认知要求越高。事实上，一部分优势阶层的家长倾向于用一种精细化的教养方式培养孩子精致的学习习惯和自我管理策略；另一部分优势阶层的家长则倾向于用宽松自由的方式培养孩子；还有一部分优势阶层家长则会尽己所能地为孩子争取资源，促使自己的孩子在学校能够保持某一相对位置。经验的连续使优势阶层家庭的做法均在不同程度上与学校"多元选择"的宽松环境保持着一种"选择性契合"，他们拥有可以让家庭资本和阶层惯习发挥作用的广阔空间，尤其是前两类家长。而经验的断裂使处于不利阶层的孩子面临着隐形的排斥，他们或者习惯了传统的教学方式，或者长时间的不适应让他们变得自卑或被动。事实上，优势阶层文化合法化的路径恰恰就是在学校"多元选择"的制度设计下，通过学生自主选择实现的。

（三）谁的素质教育

其实学校环境展现得很明显，一套偏向西方化的中产阶级学习和生活方式的全方位呈现，提倡个性化课程表，鼓励学生个人兴趣，取消班级制和班主任等。一系列操作都以"素质教育"为名，强调一些"模棱两可的主观品质"❶，例如，"个性鲜明""充满自信""领导力"等。在学校场域中强调的这些主观品质，一般都被社会中产阶级家庭所享有，因此通过惯习的作用，他们的子女在选择的过程和学校环境之间形成一种"选择性的契合"，而处于不利地位的阶层（劳动阶层和低收入阶层）可能面临一种

---

❶ 杰罗姆·卡拉贝尔.被选中的：哈佛、耶鲁和普林斯顿的入学标准秘史[M].谢爱磊，周晟，柳林，等译.北京：中国人民大学出版社，2014：2.

隐形的排斥。所以,"素质"这个词并没有一个不偏不倚的中性概念,它在对一些群体有利的同时,或许会对另外一些群体不利。

六、讨论:自由的限度

当下的基础教育改革中出现了一些具有典型"博放"特征的教育理念和实践,如过于强调"学生兴趣""个性差异",主张取消班主任,取消班级,让学生站在正中央,最大限度地实现"个性化的课程表"和"私人订制的未来"等。一系列的理念和现实操作都是基于"解放学生""将约束放到最低""让学生在集体之外成长"等赋予学生充分自由的方式去实现的。

(一)自由之外有规约:规范与自由

教育改革中,公共教育机构的责任边界范围越来越小,学校由传统的"包揽封闭"变为现在的"自由开放"。在这个过程中,学校将"规范"放宽,把"约束"放到最低,破除"集体"的限制,解放学生的自由和天性。因此,学生极易滑入一种无纪律、无约束的无序状态,从而放纵自己的欲望和意志的"无限"生长。就像涂尔干指出的,"一句话,当各种倾向都得到释放,而不受到任何限制的时候,它们自己就会变得专横跋扈,这些倾向的第一个奴隶恰恰就是那个能够体验到它们的人"[1],即容易沦为自己欲望和意志的"奴隶",没有规矩,捉摸不定。

传统学校中的确会出现"管得过多"或"管得过死"的问题,而教育改革中的种种做法似乎突破了纪律的限制和约束,崇尚"个人自由"。然而,稍有不慎,"自由自在"就变成了"无法无天"。正如绪论中提到的,自由不等于放纵,"规范"和"自由"并不是两个彼此对立的东西,"自由是规定的结果,通过道德规范的实践,我们养成了一种能够支配和规定我

---

[1] 埃米尔·涂尔干.道德教育[M].陈光金,等译.上海:上海人民出版社,2006:36.

们自身的能力,这才是自由的全部实在"。❶生活在容易产生"放任"的环境里,需要规范和纪律的约束,这对于未成年人来说尤其重要。因此,学校应该承担起自身的责任,发挥公共教育机构的"权威",以"纪律精神"引导学生获得真正的自由。

(二)放手之处有引导:权威和约束

在"以学生为中心"的素质教育改革实践中,教师权威要么缺席,要么衰退,教师的引导作用大打折扣。学校不再看重教师的"言传身教",而是通过学校的制度(如"目标管理系统")育人;不再强调教师对学生的"整体性"把握,而是"铁路警察,各管一段",教师和学生之间的连带作用弱化了,教师的权威感和责任感也消解或者弱化了。

受"教育市场化"的冲击,教育变成服务性行业,学校成为"大型课程供货超市",教师变成"课程提供者"。学校为学生提供个性化的培养方案、个人课程表、选课与走班制等,一切以学生的兴趣和爱好为中心,教师课程也随着学生的喜好做出相应的调整。平等主义在学校教育中的盛行,使"校园已成为一个卖者不得不取悦买者的市场,教师迎合学生的趣味,纵容学生的懒散,教师忙于亲和、妥协,怕被指责为'权威主义'的严师"。❷师生关系俨然变为买卖知识和技能的关系,"私人订制"只为了追求个性化的高端服务。

教师是社会道德人格的代表,教师权威是一种社会权威,体现于对社会的责任,对集体和社会观念的认可,对于共同社会生活的认同,对年青一代社会化的引领。权威是教育得以发生的基础,教师所拥有的权威本质上是一种"教化性的权力"❸,它代表的是年长一代对于未成熟一代人所

---

❶ 埃米尔·涂尔干.道德教育[M].陈光金,等译.上海:上海人民出版社,2006:43.
❷ 刘云杉.自由的限度:再认识教育的正当性[J].北京大学教育评论,2016(2):27-62,188-189.
❸ 费孝通.乡土中国[M].北京:人民出版社,2008:73-80.

拥有的教育权力，同时它也是年长一代人所应当肩负的责任，为了年轻的一代和整个社会的新陈代谢。因此，破除"权威"等同于毁坏师生教育关系建立基础。

七、结语：平衡的技艺

当今社会是一个"创新"大流行的时代，国家、社会和企业都在提倡创新，教育也在鼓励创新，为此学校教育中不断推翻旧的东西，出现各种"新"的东西。然而，"守正才能创新"。教育首先是一项保守的事业，然后才能去谈各种创新，正如汉娜·阿伦特（Hannah Arendt）在谈到教育时提到的，"保守主义是教育的本质，是就保存的意义而言的，它的任务总是珍视和保护什么东西：保护孩子以防世界的伤害，保护世界以防孩子的侵犯，抵御旧的来保护新的，抵御新的来保护旧的。"❶总之，教育的保守性在于它应该奉行一种"折中"倾向，既不能太过于放任，又不能规约过多，是一种在反复实践、总结经验中不断积累而获得的"平衡的技艺"。

---

❶ 汉娜·阿伦特.过去与未来之间[M].王寅丽，张立立，译.南京：译林出版社，2011：178.

参考文献

一、中文参考文献

学术专著

[1] 阿弗烈·诺夫·怀特海.教育的目的[M].庄莲平,王立中,译.上海:文汇出版社,2012.

[2] 艾伦·布卢姆.美国精神的封闭[M].战旭英,译.南京:译林出版社,20011.

[3] 安妮特·拉鲁.不平等的童年[M].张旭,译.北京:北京大学出版社,2010.

[4] 安妮特·拉鲁.家庭优势:社会阶层与家长参与[M].吴重涵,熊苏春,张俊,译.南昌:江西教育出版社,2015.

[5] 埃米尔·涂尔干.道德教育[M].陈光金,等译.上海:上海人民出版社,2006.

[6] A.S.尼尔.夏山学校[M].王克难,译.海口:南海出版公司,2009.

[7] 保罗·威利斯.学做工:工人阶级子弟为何继承父业[M].秘舒,凌文华,译.南京:译林出版社,2013.

[8] 鲍尔斯,金蒂斯.美国:经济生活与教育改革[M].王佩雄,等译.上海:上海教育出版社,1990.

[9] 柏拉图.理想国[M].郭斌和,张竹明,译.北京:商务印书馆,2012.

[10] 约翰·S.布鲁巴克.教育问题史[M].单中惠,王强,译.济南:山东教育出版社,2012.

[11] C.赖特·米尔斯.白领:美国的中产阶级[M].周晓虹,译.南京:南京大学出版社,2006.

[12] 陈向明.质的研究方法和社会科学研究[M].北京:教育科学出版社,2000.

[13] 大卫·理斯曼,格拉泽·戴尼.孤独的人群[M].刘翔平,译.沈阳:辽宁人民出版社,1988.

[14] 费孝通.乡土中国[M].北京:人民出版社,2008.

[15] 汉娜·阿伦特.过去与未来之间[M].王寅丽,张立立,译.南京:译林出版社,2011.

[16] 赫尔巴特.普通教育学[M].李其龙,译.北京:人民教育出版社,2015.

[17] 哈佛委员会.哈佛通识教育红皮书[M].李曼丽,译.北京:北京大学出版社,2010.

[18] 格雷格·卢金诺夫,乔纳森·海特.娇惯的心灵:钢铁是怎样没有炼成的[M].田雷,苏心,译.北京:生活·读书·新知三联书店,2020.

[19] 杰罗姆·卡拉贝尔.被选中的:哈佛、耶鲁和普林斯顿的入学标准秘史[M].谢爱磊,周晟,柳林,等译.北京:中国人民大学出版社.2014.

[20] 兰德尔·柯林斯.文凭社会——教育与分层的历史社会学[M].刘冉,译.北京:北京大学出版社,2019.

[21] 劳伦斯·阿瑟·克雷明.学校的变革[M].单中惠,马晓斌,译.济南:山东教育出版社,2009.

[22] 劳伦斯·维塞.美国现代大学的崛起[M].栾鸾,译.北京:北京大学出版社,2015.

[23] 列夫·托尔斯泰.艺术论[M].张昕畅,刘岩,赵雪予,译.北京:中国人民大学出版社,2005.

[24] 卢梭.爱弥儿·论教育[M].李平沤,译.北京:商务印书馆,2010.

[25] 卢梭.论人类不平等的起源和基础[M].邓冰艳,译.杭州:浙江文艺出版社.2015.

[26] 洛克.教育漫话[M].傅任敢,译.北京:教育科学出版社,2014.

[27] 罗伯特·帕特南.我们的孩子[M].田雷,宋昕,译.北京:中国政法大学出版社,2017.

[28] 陆学艺.当代中国社会阶层研究报告[M].北京:社会科学文献出版社,2002.

[29] 马赛厄斯·德普克,法布里奇奥·齐利博蒂.爱、金钱和孩子:育儿经济学[M].吴娴,鲁敏儿,译.上海:格致出版社,上海人民出版社,2019.

[30] 皮埃尔·布尔迪厄,帕斯隆.再生产——一种教育系统理论的要点[M].邢克超,译.北京:商务印书馆,2002.

[31] 皮埃尔·布尔迪厄,J.C.帕斯隆.继承人——大学生与文化[M].邢克超,译.北京:商务印书馆,2002.

[32] 皮埃尔·布尔迪厄.文化资本与社会炼金术——布尔迪厄访谈录[M].包亚明,译.上海:上海人民出版社,1997.

[33] 皮埃尔·布尔迪厄,华康德.反思社会学导引[M].李猛,等译.北京:商务印书馆,2015.

[34] 皮埃尔·布尔迪厄.实践感[M].蒋梓骅,译.南京:译林出版社,2012.

[35] 皮埃尔·布尔迪厄.区分:判断力的社会批判[M].刘晖,译.北京:商务印书馆,2015.

[36] 皮埃尔·布尔迪厄.国家精英[M].杨亚平,译.北京:商务印书馆,2018.

[37] 皮埃尔·布尔迪厄.实践感[M].蒋梓骅,译.南京:译林出版社,2003.

[38] 齐格蒙特·鲍曼.现代的流动性[M].欧阳景根,译.北京:中国人民大学出版社,2018.

[39] 瞿葆奎.教育学文集第8卷·美育[M].北京:人民教育出版社,1989.

[40] 渠敬东,王楠.自由与教育[M].北京:生活·读书·新知三联书店,2012.

[41] 苏国勋,刘小枫.社会理论的政治分化[M].上海:上海三联书店,2005.

[42] 威廉·德雷谢维奇.优秀的绵羊[M].林杰,译.北京:九州出版社,2018.

[43] 吴康宁.教育社会学[M].北京:人民教育出版社,1998.

[44] 西莫斯·可汗.特权——圣保罗中学精英教育的幕后[M].蔡寒韫,译.上海:华东师范大学出版社,2016.

[45] 约翰·杜威.学校与社会·明日之学校[M].赵祥麟,等译.北京:人民教育出版社,2004.

[46] 约翰·杜威.民主主义与教育[M].王承绪,译.北京:人民教育出版社,2001.

[47] 约翰·杜威.我们怎样思维·经验与教育[M].姜文闵,译.北京:人民教育出版社,2005.

[48] 约翰·杜威.自由与文化[M].傅统先,译.北京:商务印书馆,2013.

[49] 席勒.美育书简[M].徐恒,译.北京:中国文联出版社,1984.

[50] 叶飞.公共交往与公民教育[M].北京:人民出版社,2014.

[51] 余秀兰.中国教育的城乡差异——一种文化再生产现象的分析[M].北京:教育科学出版社,2004.

期刊论文

[1] 程猛,康永久."物或损之而益"——关于底层文化资本的另一种言说[J].清华大学教育研究,2016(4):83-91.

[2] 陈月茹.美国高中学分制及其意义[J].全球教育展望,2003(1):22-27.

[3] 陈珂.普及戏剧教育,审美文化时代的呼唤[J].人民教育,2016(18):29-31.

[4] 顾明远.解放思想 深化改革 进一步推进基础教育的发展——纪念改革开放30周年[J].中国农村教育,2009(Z1):6-7.

[5] 胡雪龙,康永久.主动在场的本分人:农村学生家庭文化资本的实证研究[J].全球教育展望,2017(11):104-116.

[6] 黄爱华.戏剧教育的基本理念及其运用[J].戏剧艺术,2010(1):69-77.

[7] 劳伦·A.里韦拉.出身：不平等的选拔与精英的自我复制[J].北京大学教育评论，2019（3）：2.

[8] 李猛.在研究与教育之间：美国研究型大学兴起的本科学院问题[J].北京大学教育评论，2017（4）：2-22，185.

[9] 李春玲.我国社会结构现代化转型进程[J].湖南社会科学，2021（1）：104-110.

[10] 李春玲.代际社会学：理解中国新生代价值观念和行为模式的独特视角[J].中国青年研究，2020（11）：36-42.

[11] 刘云杉.超越贤能主义[J].教育研究与实验，2009（2）：13-19.

[12] 刘云杉，王志明，杨晓芳.精英的选拔：身份、地域与资本的视角——跨入北京大学的农家子弟（1978—2005）[J].清华大学教育研究，2009（5）：42-59.

[13] 刘云杉.自由的限度：再认识教育的正当性[J].北京大学教育评论，2016（2）：27-62，188-189.

[14] 林小英.素质教育20年：竞争性表现主义的支配及反思[J].北京大学教育评论，2019（4）：75-108，186.

[15] 林小英.分析归纳法和连续比较法：质性研究的路径探析[J].北京大学教育评论，2015（1）：16-39，188.

[16] 鲁洁.教育的返本归真——德育之根基所在[J].华东师范大学学报（教育科学版），2001（4）：1-6，65.

[17] 鲁洁.超越性的存在——兼析病态适应的教育[J].华东师范大学学报（教育科学版），2007（4）：6-11，29.

[18] 卢晓东.学习自由：一项不可忽视的教育制度安排[N].社会科学报，2017-06-01（5）.

[19] 荣维东.美国教育制度的精髓与中国课程实施制度变革——兼论美国中学的"选课制""学分制""走班制"[J].全球教育展望，2015（3）：68-76.

[20] 孙联荣.非行政性组织的创建——学校组织变革的实践探索[J].教育发展研究，2009（8）：35-38.

[21] 童世骏，徐辉，陈锋，等.聚焦2035中国教育现代化（笔谈）[J].中国高教研究，2018（2）：18-21.

[22] 王策三.认真对待"轻视知识"的教育思潮——再评由"应试教育"向素质教育转轨提法的讨论[J].北京大学教育评论，2004（3）：5-23.

[23] 文东茅，林小英，马莉萍，等.能力建设与高考改革同行——对浙江高考改革试点的调查[J].中国高等教育，2015（12）：7-11.

[24] 文东茅.高考改革方案对"唯分数论"的超越[J].中国高教研究，2014（10）：5-7.

[25] 杨东平.教育改革要重建教育的人文主义价值[J].中国教师，2017（9）：5-8.

[26] 叶澜."面向21世纪新基础教育"探索性研究理论纲要[J].上海教育科研,2001(2):2-4.

[27] 张斌贤,王慧敏.从神话到历史:教育中未曾发生的"哥白尼革命"[J].教育学报,2014(2):102-111.

[28] 朱红,张文杰.精英大学生家庭特征及其对子女能力素质的影响——以北京大学2016-2018级新生为例[J].高等教育研究,2020(10):71-82.

[29] 钟启泉,崔允漷,张华,等.为了每一个学生的发展——新世纪中国基础教育课程改革刍议[J].全球教育展望,2001(2):3-8.

二、英文参考文献

[1] BALL S. Education Policy and Social Class [M]. London: Routledge, 2006.

[2] BASIL BERNSTEIN. Social Class, Language and Socialization. Power and Ideology in Education [M]. New York: Oxford University Press, 1977.

[3] BECKER R. Educational Expansion and Persistent Inequalities of Education: Using Subjective Expected Utility Theory to Explain Increasing Participation Rates in Upper Secondary School in the Federal Republic of Germany [J]. 2003, 19 (1): 83-95.

[4] BOURDIEU P, PASSERON J C. The Inheritors [M]. Chicago: University of Chicago Press, 1979.

[5] BOURDIEU P. Reproduction in Education, Society and Culture [M]. Thousand Oaks: Sage Publications, 1990.

[6] BROWN AND A S, WELLS. Education, Culture, Economy and Society [M]. Oxford: Oxf or d University Press, 1997.

[7] BROWN P DILLABOUGH, HALSEY A H. Education, Globalization, and Social Change [M]. Oxford: Oxford University Press, 2006.

[8] Chen H T. Sharing, Connection, and Creation in the Web 210 era: Profiling the Adopters of Video – Sharing and Social – networ2.0 king Sites [M]. Washington D.C.: Association for Education in Journalism and Mass Communication, 2011.

[9] CORBIN J, STRAUSS A. Basics of Grounded Theory: Techniques and Procedures for Developing Grounded Theory [M]. 4th ed. Thousand Oaks: Sage, 2014.

[10] COLEMAN J, CAMPBELL E, HOBSON C, et al. Equality of Educational Opportunity [R]. Washington, D.C.: U.S. Government Printing Office, 1966.

[11] HORVAT E M, WEININGER E B, LAREAU A. From Social Ties to Social Capital: Class Differences in the Relations between Schools and Parent Networks [M]. Washing-

ton: American Educational Research Association, 2003.

[12] STRAUSS A, et al. Social Organization of Medical Work [M]. Chicago: The University of Chicago Press, 1985.

[13] STRAUSS A. Qualitative Analysis for Social Scientists [M]. Cambridge: Cambridge University Press, 1987.

[14] STRAUSS A, CORBIN J. Basics of Qualitative Research: Grounded Theory Procedures and Techniques [M]. Newbury Park: Sage, 1990.

[15] SHAVIT Y. Blossfeld Persistent Inequality: Changing Educational Attainment in Thirteen Countries. [M]. Boulder: Westview Press, 1993.

[16] ELDER-VASS DAVE. Reconciling Archer and Bourdieu in an Emergentist Theory of Action [J]. Sociological Theory, 2007, 25 (4): 325-346.

[17] JAMES S. Coleman .Coleman on the Coleman Report [J]. Educational Researcher, 1972 (3): 13-14.

后 记

"银杏叶落黄金地,红墙古韵映斜阳。"基本完成修改的时候正值秋天,当秋风掠过,却一点不觉肃杀。整个北京城都换上了迷人的装束,让人感到宁静与美好。时光也如水般静静流淌,博士求学五年加上工作四年,倏忽一瞬间。写作和修改期间,思绪总是闪现读博的瞬间,燕园这片"思想自由,兼容并包"的土地赠予我许多,也见证了我一路走来所经历的酸甜苦辣咸,最近时常想起与园子内外那些可爱人们共同度过的美好时光。中国教育科学研究院也是历史文化底蕴深厚之地,这里会聚了一大批学识渊博、视野开阔的专家学者,虽然工作时间不长,但已深深体会到它作为国家智库的作用与风范。在这样的地方学习、工作,我清晰地意识到自身的很多不足,也逐渐看到了未来努力的方向。

限于时间、精力等各方面限制,本书仍然存在诸多问题和需要改进的地方;但我把它当作一个开始。正如我第一次踏入F中的那一刻,迎接我的是未知、迷茫、恐惧和期待,现在依然如此。我依旧相信,书稿的选题是好的,只是我还没有将它做到让自己满意,目前看来只是一个相对完整的研究过程的展现。即便只是这样,也是一个让我全方位探索、成长和收获的过程。如此真实地接触和感知教育现场,和学生、家长、教师以及学校管理者一次又一次地接触,和一些人成了很好的朋友,和另外一些人共度了一段难忘的时光。正是在这一点一滴的接触中,我逐渐置身于丰富和鲜活的教育生活中,学着窥探藏于诸多现象之后的教育问题及其运行逻辑,尝试着编织一个个教育故事。

感谢我敬爱的导师刘云杉老师和热情睿智的林小英老师带我走"近"

并走"进"真正的教育教学实践；感谢漫漫求学路上给予我各种帮助和启发的亲爱的老师、同学和师兄弟姐妹们；感谢教科院的领导、同事和朋友们对书稿的关心、指导和支持，尤其是姜朝晖老师的大力推荐和鼓励；感谢曾给予我宝贵意见和建议的五位匿名评审专家；感谢知识产权出版社的于晓菲编辑和郑涵语编辑；感谢我的家人对我的包容和不求回报的付出。最后，特别感谢我可爱的受访者，没有你们的无私分享与坦诚相待，就没有如今书稿里展现出来的故事。